外国语言文学与文化论丛

四川大学外国语学院

主　编　段　峰
副主编　王　欣　黄丽君　池济敏

四川大学出版社

项目策划：张　晶　余　芳
责任编辑：余　芳　敬铃凌
责任校对：周　洁
封面设计：米迦设计工作室
责任印制：王　炜

图书在版编目（CIP）数据

外国语言文学与文化论丛 . 14 / 段峰主编 . — 成都 ：
四川大学出版社 ， 2019.11
　　ISBN 978-7-5690-3204-8

　　Ⅰ . ①外… Ⅱ . ①段… Ⅲ . ①语言学－国外－文集②
外国文学－文学评论－文集③文化学－国外－文集 Ⅳ .
① C53

　　中国版本图书馆 CIP 数据核字 (2019) 第 273471 号

书名　外国语言文学与文化论丛 14
WAIGUO YUYAN WENXUE YU WENHUA LUNCONG 14

主　　编　段　峰
出　　版　四川大学出版社
地　　址　成都市一环路南一段 24 号（610065）
发　　行　四川大学出版社
书　　号　ISBN 978-7-5690-3204-8
印前制作　四川胜翔数码印务设计有限公司
印　　刷　成都国图广告印务有限公司
成品尺寸　165 mm×240 mm
插　　页　1
印　　张　19.5
字　　数　352 千字
版　　次　2019 年 12 月第 1 版
印　　次　2019 年 12 月第 1 次印刷
定　　价　79.00 元

扫码加入读者圈

◈ 读者邮购本书，请与本社发行科联系。
　电话：(028)85408408/(028)85401670/
　(028)86408023　邮政编码：610065
◈ 本社图书如有印装质量问题，请寄回出版社调换。
◈ 网址：http://press.scu.edu.cn

四川大学出版社
微信公众号

目　录

教学改革

文学文化

教学改革

在线跨文化交际（OIE）
与本科生国际交际能力培养①

段峰 陈莉

（四川大学外国语学院，成都610064）

摘　要：本科生国际交际能力是本科人才培养的重要内容之一。本文报告了四川大学、荷兰格罗宁根大学和瑞典乌普萨拉大学三校合作的在线跨文化交际（Online Intercultural Exchange）项目的执行情况，并以此为例，对本科生国际交际能力的培养提出了建议。

关键词：国际交际能力；在线跨文化交际；世界文学

外语专业本科生国际交际能力培养是外语专业教学中的一项重大任务，其必要性和重要性无须赘述。为在培养学生的外语运用能力和专业知识学习能力的同时培养学生的国际交际能力，许多学校都结合本校实际情况，采取了行之有效的办法，取得了很好的成绩。近年来，四川大学通过海外实习实训、国际联合培养、"大川视界"交流访学、国际会议等项目，鼓励并引导学生积极融入国际化教育进程，开阔眼界，增长见识，本项目便是在此背景下开展的。

1. 项目背景与简介

在线跨文化交际（Online Intercultural Exchange，OIE）是由荷兰格罗宁根大学（University of Groningen）发起的国际大学生在线跨文化交际活动，时间区间为2017年5月—2018年9月。项目旨在提高学生的跨文化交际能力、语言能力、分析能力以及促使学生加深对不同文化的认识与反思。项目发起者为格罗宁根大学文学与艺术学院欧洲语言系的布鲁曼（Petra Broomans）教授。布鲁曼教授曾4次到我校讲学访问：2015年受外国语学院邀请到我校短期访问讲学，2016年执行欧盟项目到我校访学1个月，2017年夏作为国际周教师到我校讲学，2018年夏再次以国际周教师身份来

---

① 本文系四川大学新世纪高等教育教学改革工程（第八期）"在线跨文化交际（OIE）与本科生国际交际能力培养"项目成果。

到四川大学。布鲁曼教授与四川大学外国语学院一直保持着良好关系，因此在项目发起之初，布鲁曼教授即邀请项目负责人参加。最初，在线跨文化交际项目主要是由四川大学和格罗宁根大学两所高校学生参与，但随后瑞典的乌普萨拉大学（Uppsala University）也加入了此项目。

在线跨文化交际项目以三所学校的三门课程为基础，这三门课程分别为格罗宁根大学布鲁曼教授任课的"欧洲语言与文化传播"课程、乌普萨拉大学赫德伯格（Andreas Hedberg）教授任课的"世界文学"课程和由四川大学项目负责人任课的"中国翻译简史"课程。布鲁曼教授的"欧洲语言与文化传播"课程主要针对大学三年级欧洲语言和文化方向的学生，课程围绕"文学文体"这一关键词展开讨论，主要关注欧洲背景下斯堪的纳维亚地区文学以及欧洲国家与斯堪的纳维亚地区间的文学交流活动。借助在线跨文化交际项目，这些学生可以与来自不同文化、不同国家的学生讨论文体问题，并提高分析文学作品的能力。赫德伯格教授的"世界文学"课程针对选修文学方向的学生，围绕瑞典文学及世界文学概念、由来等问题展开讨论。"中国翻译简史"课程针对外国语学院英语专业 2015 级学生，从佛经翻译开始，关注中国历史上大规模的翻译活动以及著名翻译家。97 名学生选择了"中国翻译简史"课程，项目负责人将学生分为 22 个组，每组 4～5 名学生，分别就中国翻译史上的著名翻译家，例如严复、林纾、鲁迅、郭沫若等进行专题研究、课堂展示。"中国翻译简史"课程从文化传播的角度注重研究这些著名翻译家的翻译活动对中国文化发展的推动，以及翻译活动中蕴含的深刻历史文化含义，从而契合和深化了翻译与跨文化交际这一主题。

三门课程共选取了 28 名同学参与项目，学生分为 7 组，以各自学校的授课内容为依托，借助电子邮件、视频会议、即时通信软件、网络教学平台等线上手段就特定话题进行交流讨论，并上传讨论结果到 Easyclass 网络教学辅助平台（https://easyclass.com/home）。从 2017 年 5 月开始，在线跨文化交际项目进入初期筹备阶段，至 2018 年 9 月，四川大学学生组织座谈，交流项目心得体会和建议，本课题正式结束。

培养学生的国际化视野和国际交际能力是四川大学本科人才培养的目标之一，也是"双一流"建设的重中之重，学生的国际化视野和国际交际能力也是高校办学质量的重要体现，此项目的重要性无须多言。跨文化交际除了走出去、请进来之外，利用现代信息技术跨时空交流也是重要的方式，这也是新生代的大学生喜闻乐见的一种方式。本课题的目标是通过让学生参与在线跨文化交际项目活动，研究此类项目对于提高学生国际交际能力的有效性，了解学生在参加此项目过程中国际交际能力是否有所提高，原因是什么，还需要注意什么，为以后此类项目的开展以及学生国际交际能力的培养提供参考。

2. 项目起止时间与进度安排（2017 年 5 月—2018 年 9 月）

2.1 前期准备阶段（2017 年 5 月—2018 年 3 月）

在为期 10 个月的前期准备工作中，主要是布鲁曼教授的学生助理布恩（Nadine Boon）、项目负责人的助教陈莉和乌普萨拉大学的赫德伯格教授三人就各自学校的课程安排、学生沟通平台、项目发起书、学生组织等各项内容进行协商与沟通。

2017 年 5 月

三方工作人员就在线跨文化交际项目的宗旨、目标、操作流程等达成一致，形成了书面的项目发起书。

此外，为了项目沟通更加顺畅，增进相互了解，三方填写了工作人员的基本信息表、大学基本信息表、课程基本信息表、学习管理系统与技术表、授课内容表、评估体制表这六个表格。

2017 年 6 月—2017 年 10 月

三方工作人员就本学校的授课内容、课程安排、课程参考资料、拟选取学生人数、学生讨论任务次数等内容进行初步沟通。

2017 年 11 月—2017 年 12 月

由布鲁曼教授最先拟定学生讨论任务主题、次数和具体时间节点，赫德伯格教授、项目负责人、布恩和陈莉提出建议，确定最终方案。

2018 年 1 月—2018 年 2 月

确定参与学生名单和人数。格罗宁根大学和乌普萨拉大学分别选择 7 名学生，由于"中国翻译简史"课程选课同学较多，四川大学选择了 14 名同学参与项目。因此，共有来自三个国家的 28 位同学参与此次在线跨文化交际项目。

2018 年 3 月

试用 Emodo、Coursesite、Easyclass 等网络教学管理平台，确保三方能够顺畅使用。由于设备适配问题，最终选取 Easyclass 作为学生和老师间联系的平台。

四川大学项目负责人召集 14 名同学召开项目动员会，为学生讲解项目宗旨、流程、平台使用、注意事项等，为正式开始的任务阶段做准备。

以三位教授和两位学生助理的名义，向每位参与在线跨文化交际项目的同学发送项目倡议书，并告知学生在 Padlet 网络平台进行自我介绍，了解其他国家和老师的基本信息，为后面的交流做准备。

2.2　任务阶段（2018 年 4 月—2018 年 6 月）

在为期三个月的任务阶段，三所高校的学生共完成五次讨论和交流任务，老师提前在 Easyclass 平台公布每次任务的安排，详细介绍任务要求、需要阅读的参考文献和书目、任务完成截止时间等基本信息。Easyclass 是一个公开的网络教学管理平台，老师和同学均可以在上面发表信息、组织讨论、提交作业等，为学生和老师之间的及时沟通提供便利。

第一次任务（2018 年 4 月 2 日—6 日）

在 Padlet 平台（https://padlet.com/n_ a_ boon/worldliteratureintroduction）上进行自我介绍，例如自己的兴趣爱好、家乡、对项目的期待等。

依据学生的自我介绍，项目工作人员将学生分为 7 组，每一个小组由一名格罗宁根大学学生、一名乌普萨拉大学学生和两名四川大学学生构成。同组成员取得联系，最终确定以后讨论采用的即时通信软件包含 Skype 和微信两种。

第二次任务（2018 年 4 月 9 日—15 日）

分别选择三本译作，比较翻译作品的封面和题目与原作的封面和题目之间的异同点，并阐述学生的喜好及理由。

小组成员共同用英文书写小组讨论结果，并上传至 Easyclass 平台，供其他小组成员和老师参考、交流。

第三次任务（2018 年 4 月 23 日—30 日）

此次任务主题为"世界文学"，学生的参考阅读文献为赫德伯格教授挑选的弗兰科（Moretti Franco）的"Conjectures on World Literature"。

任务要求学生分别从自己国家文学背景出发界定"世界文学"的概念，并讨论是否可以基于三个不同视角，提炼出一个包容性比较强的定义。

小组成员共同用英文书写小组讨论结果，并上传至 Easyclass 平台，供其他小组成员和老师参考、交流。

第四次任务（2018 年 5 月 7—14 日）

此次任务主题为"文学文体"，项目负责人挑选了汉学家欧文（Stephen Owen）的"Genres in Motion"作为学生的参考阅读资料。

任务要求学生对比中国、荷兰和瑞典三个国家的文学文体的发展和演变，并选取某一年，考察这一年间哪种文体类型的文学作品被翻译得最多，三个国家是否存在差异，为什么存在这些差异等。

小组成员共同用英文书写小组讨论结果，并上传至 Easyclass 平台，供其他小组成员和老师参考、交流。

第五次任务（2018 年 5 月 28 日—6 月 4 日）

此次任务主题为"文化传播"，布鲁曼教授挑选了马林（William Marling）的"Gatekeepers"作为学生的参考阅读资料。

任务要求学生讨论作者马林是如何定义"看门人"的，世界文学背景下看门人的角色是什么，不同时代，承担文学传播任务的人员职业背景各不相同，其中是否有联系，守门人和文化传播者（cultural transmitter）有什么异同点，马林对守门人的描述是否更适用于 20 世纪 60 年代以后的文学发展等。

小组成员共同用英文书写小组讨论结果，并上传至 Easyclass 平台，供其他小组成员和老师参考、交流。

2.3　任务总结阶段（2018 年 6 月—2018 年 9 月）

（1）完成五次任务后，为了总体把握三方学生参与此次在线跨文化交际项目的情况，并为以后继续开展的项目提供借鉴，每位同学都会参与网络问卷调查（https://qsharingeu.eu.qualtrics.com/jfe/form/SV_6Gda5dcyaDdwKzj）。问卷内容涉及学生对此次项目的建议、参与感受、对在线跨文化交际项目的评价、应用沟通软件的情况等。

（2）利用布鲁曼教授 7 月初来四川大学参与国际周的机会，项目负责人邀请布鲁曼教授与两位参与项目的学生代表见面交流、讨论项目参与心得体会。

（3）为了考察中国学生对在线跨文化交际项目的评价和从中的收获，项目负责人召集14名四川大学学生座谈，学生们畅所欲言，交流期待与得失。最后，每一位学生都提交了一份书面的项目参与心得体会。基于"中国翻译简史"课程授课内容，辅以在线跨文化交际项目，项目负责人总结和反思这样的教学模式对学生能力的锻炼以及对未来教学的借鉴意义。

3．项目总结与反思

线上问卷调查（参与率84.6%）显示，首先，所有学生都认可了在线跨文化交际项目对促进跨文化交际活动的意义，80%的学生认为自己的跨文化交际能力得到了提高，在不同文化视角下考察某一话题丰富了他们看待问题的维度；其次，通过这次线上跨文化交际项目，很多学生加深了对其他文化的理解，改变了一些固有的错误的认识；最后，90%的学生认为在线跨文化交际项目加深了他们对课程的理解，他们也能将课堂上学习的知识应用于跨文化的讨论当中，认为该项目是重要的课堂辅助手段。总体而言，参与学生对在线跨文化交际项目认可度较高，普遍认为项目组织有序、目标清晰、任务明确，提高了学生参与的积极性，深化了学生对"世界文学""文学文体""文化传播"等议题的理解。有趣的是，借助此次项目，一些国外学生首次接触到"微信"，并赞扬了微信这一通信软件的便利性和及时性。

通过参与三方高校的在线跨文化交际项目，项目负责人希望能够培养学生的国际化视野和跨文化交际能力，同时能够提出培养学生国际化交际能力的相关建议，丰富和改善四川大学本科人才国际化能力培养计划。因此，在项目结束之后，为了更好地了解四川大学学生的参与情况以及学生的反馈，项目负责人组织学生座谈，并组织每位学生提交项目参与心得体会。在反馈中学生提到自己的跨文化交际能力和英语语言沟通能力得到锻炼。此外，学生们也一致认为，借助这个项目，他们了解了国外本科学生的学习氛围和上课模式，感受到了国外本科阶段学生所受到的严格的学术训练及其文献检索、阅读和分析能力。他们也反思自己，认识到自身语言表达能力的不足，以及自身专业知识、文学素养的欠缺。与此同时，学生们也提到在线跨文化交际项目加深了他们对荷兰和瑞典文化的理解，使他们认识到不同文化间文学创作和翻译活动的差异。值得注意的是，部分学生提到，参与在线跨文化交际项目的经历为他们在国内外的研究生求学申请中加分不少，尤其是在申请国外高校的时候，这一经历让他们提前感受到了国外的学术氛围。

为期一年多的在线跨文化交际项目终于告一段落，虽然是首次尝试，但总体而言，本次项目圆满结题。

以三个不同主题的课程为依托，在线跨文化交际项目发挥了辅助教学的作用，老师和同学们都主张应该将此项目继续下去。经过三方老师的讨论，四川大学的项目负责人和格罗宁根大学的布鲁曼教授决定继续此项目，结合本次项目的得失，继续探索在线跨文化交际项目对学生跨文化交际能力提升的效用。依据学生反馈以及在具体操作过程中的得失，项目负责人认为在未来的项目中，还应改进和完善以下几个方面。首先，Easyclass 平台虽然简单，易于接触，但使用感较弱，操作性不强，不便于学生和老师参与交流、讨论。在未来的在线跨文化交际项目中，项目负责人会继续寻找新的网络教学辅助平台。其次，也有一些学生认为讨论主题与课程授课内容关联性较弱，且每次任务主题连续性较差，不利于深入了解某一话题。这一方面也将是我们未来继续努力的方向。最后，由于六个小时的时差以及不同国家课程时间安排的差异，学生之间和老师之间的交流多是通过电子邮件或聊天软件，方式单一，也许在未来的在线跨文化交际项目中，会增加视频讨论的环节。这样的交流方式有利于学生和老师间的互动，更能够提高学生的跨文化交际能力、语言表达能力和应变能力。

4. 项目成果

（1）由荷兰格罗宁根大学布鲁曼教授、瑞典乌普萨拉大学赫德伯格教授和项目负责人共同撰写的论文 "Views on 'World Literature'. Cultural Transfer and Translation in the Context of an Online Internet Exchange（OIE）Project. Case Study of China, Netherlands and Sweden" 将在国际现代语言和文学协会（FILLM）的刊物上发表。

（2）由项目负责人和助教所撰写的《在线跨文化交际（OIE）与本科生国际交际能力培养》将在四川大学出版社出版的《外国语言文学与文化论丛 14》中发表。

Online Intercultural Exchange and the Cultivation of International Communicative Competence of Undergraduates

Duan Feng, Chen Li

Abstract: International communicative competence of the undergraduate students is one of the basic tasks of the university education. The thesis reports the implementation of the Online Intercultural Exchange Program among Sichuan University, University of Groningen of the Netherland and Uppsala University of Sweden and gives suggestions on international communication competence training for university students.

Key words: international communication competence; Online Intercultural Exchange (OIE); world literature

大学英语课堂学术英语听说训练有效合作学习路径探索[①]

曾　燕

（四川大学外国语学院，成都 610064）

摘　要：本研究以现代教学理论和教学法为依据，探索新型的学术英语听说教学路径。在教学实践中，利用任务驱动教学法，将知识应用和学术英语听说技能训练拓展融入合作学习的情境中，把合作学习任务与思辨性强的语言应用结合起来（如分析能力、概括能力、学术研讨及辩论能力、评价能力、文字表达能力与信息呈现技巧等）。任务驱动型学术英语听说教学合作学习模式以优化知识结构、能力结构、发展学生的思辨能力和高阶外语运用能力等为主要着眼点，引导大学生朝深层的研究性、创造性学习转化。

关键词：学术英语听说；任务驱动；合作学习

学术英语听说（English Listening and Speaking for General Academic Purposes）教学主要是为学习者提供"共性"语言知识和各个专业通用的学术英语应用与交流技能的教学，帮助各专业的学生借助课内外互动平台，提高学术报告、学术语篇等英语听力理解技巧和策略，实践、体验英语学术讲座、学术研讨及辩论，进行学术陈述、要点复述，掌握听力速记技能、图表描述技能以及学术英语表达规范和策略等，促进学习者形成语言实用能力和跨语言学术性沟通能力。通用学术英语听说教学无疑是交际性和实用性强的语言实践课程，其重要性和必要性已得到越来越多的重视，成为高校英语教育、教学模式和教学法创新的重要内容。

本文探讨以拓展学术英语听说能力为目标导向的、基于任务驱动和合作学习相融合的教学模式，致力于将不断发展的科学教学理念和方法合理地运用到学术英语听说教学中去，促进学习者深入思考、探究、深加工和整合所学知识，激励学生制定更高目标，进行有挑战性、创造性、思辨性及互动性的学术英语交流以及知识的灵活迁移，加深对自己学习行为的理解，形成一

[①] 本文为四川省社会科学"十三五"规划 2016 年度外语专项"任务驱动型通用学术英语听说教学合作学习路径及策略研究"（SC16WY016）成果之一。

种有意义、有挑战性、动态、互动的教学情境和新型课堂文化。

1. 任务驱动型合作学习设计思路

1.1 优势及意义

建构主义教学观、任务驱动型合作学习教学模式已发展成为当今国内外教学领域备受推崇的教学理念和教学法，已形成了较为丰富的教学理论和策略系统。现代教学中，人们越来越强调学习者积极主动地建构知识在学习过程中的重要作用。学术英语听说教学采用任务型教学模式，就是遵循建构主义以学习者为认知主体、信息加工主体和知识主动建构者的教学观，充分调动、发挥学生主体性，把语言运用实践和体验与深入的学习研究和思考有机联系起来。学习是一个积极的意义建构过程，即强调以学生为中心，学生为认知的主体、信息加工的主体。安布罗斯（2012：73）在关于学习科学的教学研究中指出："积极实践和实际运用的检验，促进学生对知识的建构，反思所学，并将多种技能迁移到新的情境中。"这清楚说明了教学为学生知识的主动建构创设有意义的条件与学习者主动探索构建自身新知识的关系及其作用。

学术英语听说是学生用英语进行专业学习和研究最需要的基本语言交流能力，学术能力包括概括能力、分析能力、评价能力，具体表现为听学术讲座与做笔记的能力、参加学术研讨及辩论的能力以及进行学术陈述（口头和书面演示汇报）的能力等。作为一种新型的教学法，任务驱动型合作学习教学方式（Task-based Cooperative Approach）强调"主动参与、积极思辨"，将学术性交流的真实场景结合到课程中。根据"输出驱动假设"（Output-driven Hypothesis），输出比输入对外语学习的内驱力更大，输出驱动不仅可以促进接受性语言知识的运用，而且可以激发学生学习新语言知识的欲望。教学理论和实践表明，用任务来驱动，有助于学术英语听说课堂形成"既能促进语言产出能力的提高，又能不断改进语言输入效率"的良性循环机制（文秋芳，2013：15）。

任务驱动型学术英语听说教学合作学习模式，是以学术任务为导向的英语听说训练，有利于丰富教学内容与形式，挖掘大学生创造性学习的潜能。作为具有开放性、创新性的教学理念和模式，任务导向、目标明确的学术英语听说训练合作学习法正是一条着力探索破解大学英语听说教学中"被动、低能、低效"难题的新路径。

任务驱动的学术英语听说合作学习指向将语言与技能训练和探究实践融入具体的互动任务，如利用学术研讨课题（Research Project）、小组讨论和辩论、学习报告会、小组演示（Presentation）等活动，促进学生参与有挑战性、创造性、思辨性及互动性的学术英语交流，形成一种有意义、有挑战性、动态、互动的知识建构环境。

1.2　任务驱动型学术英语听说教学合作学习模式的关键因素

合作学习区别于一般性的小组活动，也非一般的"分组学习"。建立合作学习团队能更有效地强化学习者的内在动机，改善学习态度。学习者之间通过交流、讨论等方式完成学习任务，在这个过程中，他们多使用高阶思维能力，比如推理能力、批判性思维等。

教学研究和实践证明，合作学习中，组员间的相互支持和有效合作能促进学习过程中师生之间和学生之间的情感交流，可使学习者从中得到更多的积极反馈和帮助，增强学习者的自信心和自尊心。学术英语听说任务型教学法和合作学习方式的融合，可以给学生创造一个依托任务型学习、利于合作学习合理展开的教学情境，创造真实自然的语言环境，促进学生开展有意义的交际互动语言活动。讨论、倾听他人意见、争辩、表述、评价等是合作学习的重要内容。

任务驱动型学术英语听说教学合作学习模式力图抓住合作学习中的关键因素：目标意识（探索、思考、理解、形成解决问题的技能），责任意识（担负责任、合理分工），合作意识（积极参与、相互交流、信息/成果分享、互动反馈等）。该模式的教学价值集中体现于以下几点：

第一，"任务群"强化目标意识。"任务群"是根据课程的教学大纲、学生现有的知识与能力水平、学校的教育资源和教学所要达到的目标设计若干个典型任务，每个任务之间既相互独立又相互联系，形成一个任务系统（万发，2014：8）。

第二，合作学习不只是表面组合形式的变化，而是旨在建立共同承担责任，相互激励、促进，学会有效沟通、合力挖掘潜力的富有活力的合作学习机制，形成合作学习的"学习共同体"，保持小组合作学习和活动的有效性。"学习共同体"的意义远远超过某一个任务本身。

第三，合作学习的精髓在于，以学研小组展开学术活动为主要教学形式，通过参与学习任务相互帮助、相互学习，共同讨论问题，取长补短，聚合学习动力，提高学习兴趣。

1.3　合作学习教学环节

1.3.1　学术情境下的"任务环"设计具有真实性、思辨性和互动性

实践"学术任务＋学研小组探究与合作互动"教学创新模式的核心原则是：在目标明确、实用性强、有实际交际意义、能够激发交流兴趣的语言学习情境（如英语学术讲座、研讨会专题发言、辩论等）中，开展更深层次的思考和讨论，注重学生学术参与和经历，培养学术意识，提升思维品质、学术素养与能力，释放自身和团队的创造力。

1.3.2　信息输入与输出环节学术任务设计

借助有意义的、清晰的合作学习任务、目标、责任，运用听与说学习任务融合策略，创设出"动态任务环境"，以此激发学生投入"深层的学习"，使足够的可理解性语言输入转化成有效的语言技能输出。如教学环节两大板块有机关联：基础性学术英语听力技能训练、快速笔记技巧及演讲策略学术讲座，配合学术讨论、要点概括、专题演讲、读书报告会等学术口语交流。

1.3.3　多渠道精选适合学术英语听说教学特点的多元化材料

精选适用于学术英语听说任务型教学目标的丰富音频、视频资源和阅读资料作为课程内容载体，使学习者在交流中多渠道获取信息量大的语言输入，培养学生高层次的思维能力，如阐述、分析、评价、推理、归纳能力等。教师在任务引导下合理组织学生参与学术讨论，进行科研成果汇报展示，强化学习者之间、学习者与精心制作的语言材料之间的互动，推动创造性学习方式的发展。

2.　任务型合作学习实施步骤

2.1　学术情境下促进性互动合作学习"任务链"设计

任务型合作学习的有效展开离不开良性循环的互动链。其设计理念是：在学术任务驱动的合作学习英语听说教学情境中，以"学研一体""以用促学"为核心指导原则，"任务环"以"合作探究"学习方式为路径，以促进学习更深入、知识运用更有效为目标。

有关实践信息输入与输出环节的良性循环以及促进性互动合作学习任务链设计的具体措施如下：

（1）学习内容必须有合作价值，具有真实性、思辨性和互动性，活动

任务主题能引起学生的兴趣。规划好系列任务的问题引导，设计有利于引发"积极互动和积极互赖"的学习任务（Cohen，1992：1－35），建立新任务目标与学生已有知识和视听材料以及待解决问题的有机关联，增强学生的参与动机与合作积极性。

（2）丰富语言输入形式，增加语言的输入量，提高输入材料的可理解程度。以拓展学生语言输入途径和丰富输入量来保证有质量、有信息的输出，让语言学习变成一个有思想、有信息、有探讨、有活力的互动过程。

（3）在目标明确、实用性强、有实际交际意义、能够激发交流兴趣的语言学习情境（如英语学术讲座、学术报告、研讨会专题发言、辩论等）中，开展更深层次的思考和讨论，注重学生学术参与和经历，并以多元互动性评价措施激发学生自身和团队的创造力，提升思维品质、学术素养与能力。

基本步骤为：

（1）根据学习材料、学习目标、学习内容设计合作学习交流任务；设置核心教学单元作为学术任务专题，明确具体要求和预期目标；说明自评互评标准和细则。

（2）输入阶段，针对任务主题，精选整合有质量的视、听、读多媒体教学资源，提供更多信息来源作为引领和启发。"任务驱动的优势在于通过多媒体课件，创设与学生生活有关的问题情境，这些情景能唤起学生的探究欲望，调动学生深度学习的积极性"（刘建强，2015：82），如作为教材内容的补充，精选出与任务主题关联度高的英语教学网站音视频资料、网络公开课视频剪辑、新闻报道、报纸杂志等最新语言素材。任务目标不仅包括熟练掌握必要词汇、专业术语以及了解相关话题的背景与不同视角等，还包括梳理话题要点和表述的逻辑，融入新的认识和发散性思维。

（3）小组交流互动阶段，教师通过导入性问题，将单元学习主题及任务目的与知识、技能目标和策略紧密联系起来，将音视频资源作为有效工具，引出问题，启发思维，引导各组讨论，为学生提供全面参与的机会，各小组交换思想，合理解读、分析信息，寻求证据证明观点及理由，展开批判性和开放性的评论（Cooper，1995：7－9）。学生通过团队互动实现知识的可理解性输入和内化，加深对目标任务的理解，激发创新思维，而不再陷入传统课堂听写填空、对答案的套路。

（4）输出展示阶段，让学习任务促进学生对知识进行"精加工"，并给予学生自由发挥的空间，使其在深化理解问题的基础上，对学习任务做更深层次的延伸，能够依据所听、所读或所引用视频内容做出概括、观点阐述，能比较系统、深入、连贯地发表自己的见解，进行有建设性的互动交流。教师有责任"驱使"学生依据事实表述观点（push learners to express themselves），因为简单的"同意或不同意"或"True or false"选择，对于催生高级水平话语（Superior-level Discourse）毫无帮助（Brown，2014：39）。

以合作小组学术任务专题辩论与演讲为例。该项任务需要学生采用学术思辨的方式，进行探究性、研究性的学习。任务展开的流程如下：

第一步，周密规划课时，布置单元系列学术任务，使学习输入与语言输出建立关联：围绕任务主题，学研小组带着问题，收听和观看针对性强的英语音视频节目，研读教材的相关资料，为随后以PPT形式汇报研究成果做准备。

以《全新版大学英语综合教程（第二版）》（上海外语教育出版社2010年版）第二单元 Text A "Smart Car" 与 Text B "Intelligent Vehicles" 教学设计为例，本单元教学侧重点放在学术听力、学术口语、学术口语策略及学术英语表达规范等方面的语言训练上，学时为每班2～3个教学周，共4～6学时。

第一步，以真实生动的教学视频、报纸杂志文章和现代科技发展实例引出话题：Driverless Cars：Advantages，Problems and Challenges。相关英语视频有：网易公开课"自动驾驶究竟安全吗？""有自动驾驶汽车的生活是怎么样的？""无人驾驶汽车是如何看清路况的？"。新闻报道有：China Daily "Chinese Driverless Cars Finish Long-distance Road Test"（2016－04－17），"Nissan's Autonomous Driving Goals"（2017－01－16），《"十三五"国家战略性新兴产业发展规划》，等等。布置研究任务，鼓励同学们对现代化社会智慧交通与智慧城市发展和"数字化、网络化、智能化、绿色化"现代科技创新等展开多方位思考，能以小见大，从自动化交通看"带轮子的计算机"、人工智能、远程通信技术、新材料、新能源、环境保护、智能交通、政策法规配套等相关领域，找好立论和辩论的切入点以及依据。

教师可视具体教学和课时情况，根据合作小组数量列出若干个本学期重点单元话题供不同小组选择，同时保证每个任务主题有两个以上的小组分别完成，也可把学生分为正反方团队，有意识地创造出有合作、有竞争，富有挑战性的教学情境。

第二步，具体化任务要求：各组推敲论题范围，切磋任务方案，课下收集资料、分析材料，选择论证方式，最后形成小组报告；学习利用证据、提问、发展观念、组织论据，组织课堂小组辩论赛，正反方对辩题展开交锋，搭建充分沟通的信息交流平台，强调更加系统、深入和逻辑性的思考和论证方式。

第三步，适时进行策略引导和示范：选取英文经典演讲视频或文本作为重点分析范本，呈现学术英语演讲的结构特点，引导学术英语演讲文稿的构思和写作；师生共同探讨学术演讲技巧、学术演讲文稿的宏观结构，提炼习惯表达、常用句式等，注重演讲文稿写作的学术性、规范性。此阶段的课堂活动为下一步做好技术性铺垫，同时也是为了给各组留出必要的课后准备时间。

第四步，团队展示：各团队在全班交流经过精心打磨的研究成果，任务标准为：思路、层次明晰，聚焦针对性问题，"辨析、反思、质疑"，形成有说服力的论述，有思想深度，理据充实，避免空洞，锻炼"正确、清晰陈述推论，并有效解释结论的能力"（任文，2007：69）。整个学术任务活动的明线与隐线指向明确，批判性思维和创造性学习过程和展示机会贯穿于合作学习的始终。

团队任务展示形式由各组自行商议决定，不拘一格。小组任务根据整体教学计划提前布置给学生，其目的是，一方面以清晰的任务目标引导学生的学习行为，明确努力方向，另一方面让学生有比较充裕的时间做细致的准备，并在各相关教学环节增强问题意识，学习从多角度看问题和多方面深入思考问题，同时也能促使其活学活用所学的口头和笔头论证技巧、策略，借助活动任务把它们整合起来，提升语言输入和输出质量，不断加强学术性英语运用的语感。

2.2　合作学习任务评估环节

合作学习任务评估主要包含小组自评、同伴评价、教师评价以及团队任务提交四个环环相扣的互动环节。

（1）小组自评：小组对自己完成任务的步骤、思路、效果进行交流总结，以培养学生积极求学、严谨治学的态度以及自主学习能力、思辨能力、科学精神、创新意识为要点，充分体现学生在评价中的主体地位。

在合作小组自我评价环节，组长或小组报告员汇报团队成员的任务分工，即每个成员的参与度、责任与贡献，并说明所在小组合作学习活动记录和学习档案记录，重点介绍本小组在学习过程中如何面对挑战克服障碍，以及团队创新精神在合作完成任务过程中的具体体现等。此举是为了更有效地避免合作学习中个别成员"搭便车"或消极合作。

（2）同伴评价：从各组抽出同学组成裁判组，对各组同学的辩论或演讲进行现场打分和点评或提问。设置该环节是为了提醒同学，防止松散而空洞的表演，避免流于形式地"走过场"。团队展示的表现及语言表达质量评价标准涵盖下面几个方面：范围、准确、流畅、条理、清晰、互动、身体语言、目光接触。在成果展示时，裁判组依据操作性强的任务完成质量标准细则（Scoring Rubric for Presentational Speaking）评判。

在合作小组任务活动准备前期，教师讲明任务目标要求，提供小组任务展示的策略指导（Must-Knows of Classroom Presentations）（蔡兰珍，2014：179－202），以便学生按照正确的思路完成任务：

① Researching into content—choose a topic and a focus；research the information；analyzing relative materials.

② Organizing the presentation—vital aspects：an outline；introduction，body and conclusion.

③ Writing the presentation—write a full-script presentation of coherence and unity with clarity of language.

④ Creating slides—background / font / color / title & heading / engagement.

⑤ Preparing questions and answers—think of the questions you can expect from the audience.

⑥ Plan your time—tailor your presentation to fit the time（manage the material and the visual aids within the set time frame）.

（3）教师评价：教师评价以激励团队精神、创新精神为主，利用同学每个阶段中的自身实例，树立学习榜样，重在鼓励学生的积极参与意识，创造性学习的习惯，学术活动中严谨、科学的态度和作风，激发其进行新探索的兴趣，并结合具体分项，对学生在任务各阶段主要环节的表现以及任务完成质量上的突出问题进行点评。

（4）团队任务提交：各团队根据以上各项评价的反馈进行修改和完善，最后按照规范格式（提纲、引言、正文、结论、参考文献）完成定稿，并在截止期限内提交电子版 PPT 演讲稿。

　　此外，为了做到让任务活动涉及每一位同学，为各组展示研究成果奠定良好的思想和语言基础，教师评价和总结还适当借助英语写作平台作文批改网（http://www.pigai.org/），事先布置与活动主题相关的作文题目，促使学生独立、系统地思考问题，学生的作文记录计入平时成绩，以此督促学生对学习负起责任。平台可以为语言运用把关，互评功能还可以让学生互相批改作文，交流信息和思想，拓展思路。教师还可以利用写作平台，以布置作文的方式推动学生个人自评，比如学生在学期小组任务结束之前，写出自己在任务活动中的经历、经验、感想、启发和建议等。依靠网络大数据带来的便利，教师能够及时获得学生的反馈信息，更有针对性地展开高分作文和问题作文评析等，实现与学生的良好沟通与互动。

3. 结束语

　　学术英语听说教学在高校大学英语课程体系中是高层次外语语言运用能力和思辨能力训练的重要方面，其教学理念、教学方式、教学策略、教学活动及评价方式等各方面有着与基础英语教学不同的目标与特点，直面大学英语教学中的突出问题，对"以教师为中心的""应试导向的""灌输式"的传统教学模式提出了挑战。

　　教学实践证明，任务驱动型学术英语听说教学合作学习模式有助于丰富教学内容与形式，更重要的是，有利于挖掘大学生创造性学习的潜能。作为具有开放性、创新性的教学理念和模式，任务导向、目标明确的学术英语听说教学合作学习法在大学英语教学改革进程中具有持续拓展的现实意义和实践价值。

参考文献：

安布罗斯，等，2012. 聪明教学7原理：基于学习科学的教学策略［M］. 庞维国，等译. 上海：华东师范大学出版社：73.

布兰思福特，等，2002. 人是如何学习的：大脑、心理、经验及学校［M］. 程可拉，等译. 上海：华东师范大学出版社：3.

蔡兰珍，2014. 英语演示发言技能与技巧实训［M］. 北京：清华大学出版社：179－202.

刘建强，2015. 任务驱动：科学探究教学的重要策略［J］. 教育研究与实验（1）：82.

任文，2007. 英语演讲课与能力素质培养［J］. 中国外语（6）：69.

万发，2014. 合作学习的价值及其实现［J］. 教学与管理：理论版（9）：8.

文秋芳，2013. 输出驱动假设在大学英语教学中的应用：思考与建议［J］. 外语界

（6）：15.

BROWN T, BOWN J, 2014. Teaching advanced language skills through global debate: theory and practice [M]. Washington D. C. : Georgetown University Press.

COHEN E G, 1992. Restructuring the classroom: conditions for productive small groups [J]. Review of educational research, 64 (1): 1 − 35.

COOPER J L, 1995. Cooperative learning and critical thinking [J]. Teaching of psychology, 22 (1): 7 − 9.

Exploring an effective cooperative learning path of academic English listening and speaking in college English classroom

Zeng Yan

Abstract: Based on modern teaching theory and teaching methods, this study explores a new path of academic English listening and speaking. In the teaching practice, the task-based cooperative approach is used to integrate the application of knowledge and expansion of academic English listening and speaking skills into the context of cooperative learning aiming at combining collaborative learning tasks and critical thinking with language applications (such as analytical ability, generalization ability, academic discussion and debating ability, evaluation ability, writing ability and information presentation skills, etc.). With the optimization of knowledge structure, the improvement of capacity structure and the development of students' critical thinking ability and advanced foreign language competence as the main focus, the task-based cooperative approach to academic English listening and speaking proves to be facilitating and productive means to guide college students to realize transformation towards deeper and creative English learning and language use.

Key words: academic English listening and speaking; task-based cooperative approach

四川大学非英语专业本科生学术英语课程需求分析的调查研究

邱 杨 黄丽君

（四川大学外国语学院，成都 610064）

摘 要： 本研究采用 Hutchinson 和 Waters 的需求分析模型，使用问卷调查和访谈的研究方法，调查和分析四川大学非英语专业本科生对学术英语课程的需求状况。研究结果显示，绝大部分学生有学术英语需求，但学生目前的英语水平不足以应对各项学术任务，他们缺乏并且非常需要系统的学术英语技能的学习和训练。研究还发现学生的输入型需求大于输出型需求。

关键词： 学术英语；需求分析；目标需求；学习需求

1. 引言

近年来，随着高等教育国际化的不断深入，高校学生用英语参与学术活动的需求日益增长。这对长期以来以通用英语为主导的大学英语教学提出了挑战，越来越多的学者开始将目光投向学术英语。罗娜（2006）指出，学术英语是我国大学英语教学改革中不容忽视的领域。韩金龙（2007）认为，学术英语是衔接公共英语教学和双语教学的桥梁。蔡基刚等（2010）强调，学术英语是大学英语教学改革和发展的方向。同时，国内众多高校如清华大学、北京大学、南京大学等都开设了针对非英语专业学生的学术英语课程，学术英语教学研讨会、教师培训会等学术活动也在全国范围内相继开展。在此背景下，我们对四川大学非英语专业本科生进行了需求分析研究，旨在了解四川大学学生对学术英语课程的需求状况，以期为四川大学日后的大学英语教学改革提供可靠的理论依据和数据支撑。

本研究旨在了解：一，四川大学非英语专业本科生对学术英语课程是否有需求；二，如果有这种需求，那么他们的具体需求主要体现在哪些方面。了解学生对学术英语课程的需求状况，有助于探究四川大学是否有必要开展学术英语教学，以及如何开设满足学生需求的学术英语课程。

2. 研究方法及步骤

2.1 调查时间

2018 年 10 月 24 日—2018 年 11 月 9 日

2.2 调查对象

本调查选取了 762 名四川大学大一到大三非英语专业的学生为调查对象。750 名学生填写了调查问卷，12 名学生参与了访谈，其中 90 名学生未能完成问卷，故实际参与人数为 672。

填写问卷的学生中，在性别分布上，男生有 368 人（56%），女生有 292 人（44%）；在年级分布上，大一、大二、大三分别有 210 人（32%）、218 人（33%）和 232 人（35%）；在学科分布上，文史类有 154 人（23%），医学类有 165 人（25%），管理类有 126 人（19%），理工类有 215 人（33%）；在英语水平分布上，201 人（30%）达到大学英语四级水平，231 人（35%）达到大学英语六级水平。

参与访谈的学生中，男生为 7 人，女生为 5 人，分别占 58% 和 42%；大一至大三每个年级均为 4 人，各占约 33%；文史类、医学类、管理类、理工类四大学科分别有 3 人，各占 25%；5 人达到大学英语六级水平，其余 7 人达到大学英语四级水平，所占比例分别为 42% 和 58%。

表 1　问卷调查对象的个体分布特征（总数 660）

特征项	类别	人数	百分比（%）
性别	男生	368	56
	女生	292	44
年级	大一	210	32
	大二	218	33
	大三	232	35
学科	文史类	154	23
	医学类	165	25
	管理类	126	19
	理工类	215	33

特征项	类别	人数	百分比（％）
英语水平	大学英语四级	201	30
	大学英语六级	231	35

2.3 调查方法及步骤

本调查采取定量与定性相结合的方式，即通过调查问卷和访谈进行研究。调查问卷的编制主要采用 Hutchinson 和 Waters（1987）的需求分析模型，同时参考了 Jordan（1997）对学术英语语言技能的描写。问卷分为三大部分，共62道题目。其中有56道李克特五分量表题，5道多项选择题和1道开放式题目。第一部分用于了解学生的目标需求，细分为三小部分，包括欠缺知识和技能（问题2-37），必学知识和技能（问题1、38-47）和想学知识和技能（问题48-57）。第二部分旨在调查学生的学习需求，即他们对学术英语的认识，以及对参与学术英语课程的态度（问题58-61）。第三部分为开放式题目，意在了解学生对开展学术英语教学的建议或想法（问题62）。

为确保问卷的可靠性，我们在正式发放问卷前，随机在四川大学江安校区选取30名非英语专业本科生进行试测。根据受试学生的答题情况和口头反馈，对部分题目进行修改。同时，笔者通过 SPSS 20.0 软件计算了问卷中量表题的克朗巴哈系数，以确定量表的内在信度。克朗巴哈系数越高，说明量表的内在一致性越强。如表2所示，问卷每部分量表题的系数均高于0.8，说明此份问卷信度良好，具有较高的可靠性。

表2 问卷题目信息

需求类型	问卷组成部分	问题项	克朗巴哈系数
目标需求	欠缺知识和技能	问题2-37	0.918
	必学知识和技能	问题1、38-47	0.878
	想学知识和技能	问题48-57	0.893
学习需求	对学术英语及学术英语课程的态度	问题58-61	0.924
目标/学习需求	对学术英语教学的建议或想法	问题62	

本调查采用纸质问卷，问卷的发放和回收分为两个阶段。第一阶段的问卷发放于 2018 年 10 月 24 日在江安校区进行。在 7 位大学英语老师的协助下，我们向大一及大二学生发放共计 500 份问卷。学生利用课间休息时间完成问卷，并在课后上交问卷。问卷全部回收，其中有效问卷为 428 份。第二阶段的问卷发放于 2018 年 10 月 29 日至 31 日在望江校区进行。发放时段为大三学生公共课的课间休息时间。在征得任课教师同意后，我们向学生阐明调查目的和填写事项，然后进行问卷发放。250 份问卷全部回收，有效问卷为 232 份。前后两个阶段总共发放 750 份问卷，收回有效问卷 660 份，有效率为 88%。问卷整理完成后，我们利用 SPSS 20.0 软件对所获数据进行描述性统计分析，计算出五分量表题各选项的均值和标准差，以及多项选择题各选项的频次和百分比。

访谈是本调查使用的另一重要方式。我们于 2018 年 11 月 5 日至 9 日在四川大学望江、江安及华西校区进行半结构式访谈。访谈共有 5 个问题，用于了解学生的目标需求和学习需求。访谈问题为：（1）根据你目前的英语水平和学习需要，你认为你需要参加学术英语课程吗？（2）如果你需要参加学术英语课程，你最想提高的是哪项技能？（3）你觉得四川大学有必要开设学术英语课程吗？（4）你对学术英语教材有什么看法？（5）你希望学术英语课堂由老师主导还是学生主导？访谈对象为笔者筛选的 12 名学生，大一、大二及大三每个年级各有 4 人，分别来自不同专业。除两名学生通过网络交流外，其余各人均为面对面访谈。每场访谈持续 10 到 20 分钟，笔者在征得访谈对象同意后对访谈全程进行了录音。访谈数据采集完毕后，笔者将其转录为文字，并采用内容分析法对录音内容进行归类、分析和总结。

3. 调查结果与讨论

问卷部分和访谈部分的结果经整合后，可划分为 6 个部分，即欠缺知识和技能、必学知识和技能、想学知识和技能、学生对学术英语和学术英语课程的态度、学生对学术英语教材的想法以及学生对学术英语教学方法的建议。现就上述内容逐条加以讨论。

3.1 欠缺知识和技能

如表 3 所示，除学术英语阅读技能外，学生感到他们在掌握其余三项技能上都有困难。这说明学生目前的总体学术英语能力存在欠缺，在各项能力上均有不足。其中，尤以学术英语写作最为困难。困难程度由高到低依次为学术英语写作、学术英语口语、学术英语听力和学术英语阅读。

表3　学生对4项学术英语技能的困难程度的评估

（1＝非常困难　5＝非常容易）

学术英语技能	均值	标准差
学术英语听力	2.97	0.81
学术英语阅读	3.11	0.71
学术英语写作	2.69	0.76
学术英语口语	2.71	0.88

在28项学术英语微技巧中（见表4），11项技巧令学生感到既不困难也不容易，余下17项令学生感到不同程度的困难。这说明，一方面，学生对自我的学术英语能力评价偏低，缺乏对个人学术英语能力的信心；另一方面，学生总体的学术英语能力薄弱，在大部分技巧上都有所欠缺。学术英语写作微技巧的总体分值明显低于听力、阅读和口语各项微技巧的分值，说明学术英语写作是学生最为欠缺的技能，这印证了前述论断。学生感到最为困难，即最为欠缺的5项微技巧依次为识别学术规范、听懂主讲人的口音、恰当运用学术文章风格、参与学术讨论和规范引用他人观点。这5项技能是学生亟待提高的技能，也是学术英语教学中最应该重视的方面。

表4　学生对28项学术英语微技巧的困难程度的评估

（1＝非常困难　5＝非常容易）

学术英语技能	学术英语微技巧	均值	标准差
学术英语听力	听懂主讲人的口音	2.22	0.82
	跟上主讲人的语速	2.74	0.78
	听懂讲座的主要内容	3.15	0.80
	理清讲座每部分内容的联系	2.88	0.80
	根据已知信息推测未知信息	2.97	0.83
	区分观点和事实	3.01	0.81
	简洁、清晰地记下讲座要点	3.05	0.79

续表4

学术英语技能	学术英语微技巧	均值	标准差
学术英语阅读	略读	3.10	0.79
	识别文章结构	3.01	0.76
	查读	3.11	0.71
	根据上下文推测生词意思	2.68	0.64
	区分观点和事实	3.14	0.71
	用自己的语言做笔记	3.08	0.77
	识别学术规范	2.05	0.74
学术英语写作	列文章提纲	3.15	0.84
	改述他人观点	2.78	0.74
	规范引用他人观点	2.55	0.84
	语意连贯	2.77	0.79
	词句连贯	2.99	0.79
	校对文章	2.75	0.80
	恰当运用学术文章风格	2.27	0.73
学术英语口语	根据笔记要点发言	2.88	0.78
	参与学术讨论	2.38	0.73
	提问	3.12	0.85
	回答	2.78	0.81
	口头展示	2.91	0.90
	运用恰当的肢体语言	3.11	0.75
	表述清晰、有逻辑	2.74	0.92

3.2　必学知识和技能

表5展示了学生目前和近期的学术英语需求。结果显示，除极少部分学生外（仅2%），绝大部分学生有对学术英语的需求。超过半数的学生需要阅读本专业的英文教材或文献，听外籍学者的讲座，参加全英或双语专业课程，以及用英语作课堂口头陈述。其中，需求最大的学术英语活动为阅读本专业的英文教材或文献，百分比高达76%。值得一提的是，打算出国留学和参加雅思、托福、GRE等测试的学生也占了相当部分的比例，分别为

37％和45％。总的来说，有学术英语听、读需求的学生比例大于有写、说需求的学生比例，这说明学生对学术英语输入型技能的需求大于对输出型技能的需求，且对学术英语阅读的需求大于对其他三项技能的需求。

表5　学生的学术英语需求

需求	频次	百分比（％）
听全英/双语专业课程	363	55
听外籍学者的讲座	376	57
阅读本专业的英文教材/文献	502	76
用英语撰写专业论文	264	40
用英语作课堂口头陈述	337	51
在国际学术会议上宣读论文或参与讨论	106	16
出国留学	244	37
参加雅思、托福、GRE 等测试	297	45
均无上述需求	13	2

与上述结果略有不同的是，表6的结果表明，学生认为他们对学术英语听力的需求最大。学术英语阅读和口语次之。需求最小的为学术英语写作。虽在听和读的排序上略有差异，但总体而言，表5和表6的结果均表明，学生对学术英语听和读的需求要大于对说和写的需求。在对英语知识的需求方面，学生认为他们需要学习的知识为英语词汇（包括专业词汇和一般核心词汇）、学术规范知识和语篇结构知识。语法和语音语调的均值低于4，这表明，学生认为他们不太需要学习这两类知识。

表6　学生需要学习的技能和知识

（1＝非常不需要　5＝非常需要）

需要学习的 技能和知识	类别	均值	标准差
学术英语技能	学术英语听力	4.47	0.86
	学术英语阅读	4.44	0.75
	学术英语写作	4.17	0.73
	学术英语口语	4.21	0.73

续表6

需要学习的 技能和知识	类别	均值	标准差
英语知识	语法知识	3.89	0.73
	专业英语词汇	4.31	0.79
	一般核心词汇	4.08	0.71
	语篇结构知识	4.11	0.72
	语音语调知识	3.98	0.81
	学术规范知识	4.21	0.80

3.3 想学知识和技能

如表7所示，四项学术英语技能的均值都高于4，表明学生对这四项技能都有着较为强烈的学习意愿。尽管前述结果表明，学生目前的输入需求大于输出需求，但表7的数据显示，学生目前最想要学习的是学术英语口语这一输出型技能。学术英语听力和阅读次之。学术英语写作是学生学习意愿最小的技能。访谈结果也表明了学生想要学习学术英语口语技巧的强烈意愿。受访学生中，超过半数的学生表示，在四项技能中，他们最想要学习学术英语口语。他们普遍认为，良好的口语能力能让他们顺畅地与外籍学者和留学生交流，增强他们学习学术英语的信心，但他们缺少系统的口语训练，平时也鲜少有机会锻炼口语。

学生想要学习的知识为专业英语词汇、学术规范知识和语篇结构知识，这也是学生认为他们需要学习的知识。语法知识和语音语调的均值最低，分别为3.38和3.44，表明学生对这两类知识的学习意愿较低。问卷开放题的回答也印证了这一结果。不少学生认为，语法和语音语调应该是大学英语教授的内容，学术英语应该教授专业词汇和学术规范等与专业学习和学术研究紧密相关的内容。更有学生写道，在以往的英语课堂上，老师对语法和语音等知识的讲解已经够多了，他们已经厌倦了对这些知识的学习。因此，他们希望学术英语课老师能传授与以往英语课程不同的知识。

表7　学生想要学习的技能和知识

（1 = 非常不想　5 = 非常想）

想要学习的 技能和知识	类别	均值	标准差
学术英语技能	学术英语听力	4.25	0.74
	学术英语阅读	4.19	0.70
	学术英语写作	4.11	0.78
	学术英语口语	4.29	0.74
英语知识	语法知识	3.38	0.88
	专业英语词汇	4.15	0.88
	一般核心词汇	3.80	0.82
	语篇结构知识	4.01	0.83
	语音语调知识	3.44	0.81
	学术规范知识	4.11	0.79

3.4　学生对学术英语及学术英语课程的态度

由表8可见，学生普遍认可学术英语对他们专业学习的重要性，认为他们需要参加学术英语课程，并对参加此类课程有一定的兴趣。访谈结果与该结果一致。12名受访学生中，有10人认为他们缺乏并且非常需要系统的学术英语学习和训练。3/4的受访学生对四川大学开展学术英语教学持积极态度，认为四川大学很有必要开设学术英语课程。

此外，表8中最后一项的均值低于4，仅为3.53，这表明学生普遍缺乏学习学术英语的信心。学生信心不足可能源于他们对自己的学术英语能力的不自信，以及对学术英语课程难度的担忧。调查和访谈结果印证了这一推断。有相当部分的学生在开放题部分表示，他们担心凭自己的英语水平难以听懂此类课程。有2位受访学生也提出类似的疑虑。尽管他们都认可学术英语的重要性，也认为自己需要系统学习学术英语，但他们因担心自己的英语水平难以跟上课程进度而缺乏参加学术英语课程的兴趣。

表 8　学生对学术英语及学术英语课程的认识和态度
（1 = 非常不同意　5 = 非常同意）

对学术英语及学术英语课程的认识和态度	均值	标准差
你觉得学好学术英语对你的专业学习用处很大	4.26	0.68
你觉得你需要参加学术英语课程	4.11	0.72
你有兴趣参加学术英语课程	4.01	0.74
你有信心学好学术英语	3.53	0.74

3.5　学生对学术英语教材的想法

学生关于学术英语教材的观点可根据教材来源、教材使用和教材难度概括为三大类（见表 9）。3/4 的受访学生认为，学术英语课不需要使用固定的课本，教材可完全由授课老师根据学生的英语水平、专业方向和学习兴趣进行选择。这些材料应来自真实语境，如期刊文章、讲座视频或音频等。部分参与问卷调查的学生也持有相同观点。他们倾向于认为，课本内容普遍过时、枯燥，而直接使用真实语料一方面能让他们体会真实语境中的语言使用，另一方面能激发他们的学习兴趣。其他受访学生认为课本和真实语料可结合使用，课本帮助他们梳理知识点，真实语料可用作训练材料。也有同学表达了对教材难度的担忧，担心凭自己有限的英语水平难以读懂或听懂教学材料。总的来说，学生认为好的学术英语教材应来自真实语境，难度与他们的英语水平相匹配，且与他们的专业内容紧密相关。

表 9　学生对学术英语教材的想法

类别	主要观点	理由
教材来源	根据专业类别及英语水平专门编写的课本	针对性强、难度适中、知识系统
	真实语料（如期刊文章、讲座视频/音频等）	趣味性强、与专业紧密相关、材料新鲜
	学生自己写的文章	可当作错误分析的材料

类别	主要观点	理由
教材使用	不需要课本，直接使用教师挑选的真实语料	课本内容往往枯燥、过时，真实语料更能激发学习兴趣，让学生体会真实语境的语言使用
	课本与真实语料结合使用	课本用来学习理论知识，建立知识体系； 真实语料用作练习材料
教材难度	课本的语言应简单易懂，内容宜精简	读不懂教材容易丧失学习的积极性； 课本内容过多，书本过厚，导致阅读意愿低
	真实语料应与学生的英语水平匹配	读不懂或听不懂材料，容易失去学习兴趣

3.6 学生对学术英语教学方法的建议

如表10所示，学生与课堂活动有关的建议，分列在"学生互动方式"和"师生互动方式"两栏。余下的意见划在"其他"一栏。表中所列建议显示出学生有如下4种倾向：其一，他们表露出与同学、老师进行课堂互动的强烈意愿。受访学生提及最多的是师生间的互动，他们认为老师的引导、鼓励和反馈能极大地调动他们学习英语的积极性。其二，他们普遍希望能有形式多样，兼具趣味性和知识性的课堂活动，并希望这些活动能帮助他们锻炼和提升各项技能，尤其是口语技巧和交流能力。其三，他们倾向于把学术英语课程定位为技能操练型的课程，认为多做练习比学习理论知识更重要。其四，他们对老师和学生在学术英语课堂上的角色定位有较为清晰的认识，意识到学生是课堂活动的主要参与者，而老师充当组织者、引导者、推动者和管理者的角色。

表10 学生对学术英语教学方法的建议

类别	建议
学生互动方式	以小组为单位研究某一主题，并最终以论文和口头报告的形式呈现
	模拟学术会议等真实场景（角色扮演）
	小组讨论（人数控制在4人左右，保证每位学生有较多发言机会）

类别	建议
师生 互动方式	多提问，多鼓励和引导学生用英语发言
	学生回答问题时，多给予眼神和口头鼓励
	多给予反馈，包括学生发言后的口头反馈和上交作业后的书面反馈
	小组讨论时，在教室走动，主动参与并引导学生讨论
	适当放慢语速，在讲授重难点时停下确认学生是否听懂
其他	每节课的知识点宜精不宜多，最主要的是通过练习巩固知识点
	讲练结合，少理论知识的讲解，多实战操练
	多听取学生的意见，上课内容、教材难度、考核方式等多与学生沟通
	不定时邀请专业课老师到课上与学生互动
	课后作业不定时抽查，监督学生自主完成

4. 总结和建议

综合以上分析，本次调查研究得出以下结论和建议：

（1）四川大学有必要开展学术英语教学。首先，调查结果显示绝大部分学生有学术英语需求，且听和读的需求大于说和写的需求；其次，学生目前的英语水平不能满足他们对学术英语的需求，不足以使他们应对各项学术任务，他们缺乏并且非常需要系统的学术英语技能的学习和训练；最后，他们充分认识到学术英语对专业学习的重要性，认可学术英语课程的价值，并对参加此类课程有较大兴趣。综上所述，我们认为四川大学有必要开设学术英语课程，以满足学生对学术英语的需求。

（2）学术英语教学应重点教授听力和阅读技能，同时通过形式多样的课堂活动帮助学生锻炼口语技能。调查结果表明学生的输入型需求大于输出型需求，但学生表露出强烈的学习口语技巧的愿望。此外，他们希望通过参与多样化、趣味性足和知识性强的课堂活动，提升学术英语的各项技能。因此，学术英语教学的重心应放在输入型技能上，并通过创造"以学习者为中心"的课堂，引导和鼓励学生参与课堂互动，为学生提供尽可能多的发言机会。

（3）学术英语教学应重视专业词汇及一般核心词汇、学术规范及语篇结构等知识的教授。调查发现学生最需要学习这三类知识，并有较强的学习意愿。鉴于此，学术英语课堂应引入大量优质的真实语料，包括阅读材料和听力材料。一方面能帮助学生增加词汇输入量，在真实语境中习得词汇；另一方面可通过体裁教学法，帮助学生理解、分析和运用语篇，从而使学生熟悉和掌握学术规范和语篇结构知识。

（4）学术英语应实行分级教学以适应学生不同的英语水平和多样化的学习需求。问卷和访谈结果均表明，学生普遍对他们的学术英语能力信心不足。有相当部分的学生担心他们目前的英语水平难以跟上学术英语课程的教学进度。为适应学生高低不一的英语水平，我们建议开设不同难度级别的学术英语课程。学生参加学术英语课程前，须接受分级水平测试，并按照测试结果进行分班学习，完成所学课程后，方能学习难度更高的课程。分级教学能更好地满足学生的个人需求，从而达到良好的教学效果。

参考文献：

蔡基刚，廖雷朝，2010. 学术英语还是专业英语——我国大学 ESP 教学重新定位思考 ［J］. 外语教学（6）：47－50.

韩金龙，2007. EAP 大学英语改革与双语教学 ［J］. 高教探索（A1）：24－25.

罗娜，2006. EAP，我国大学英语教学中不容忽视的领域 ［J］. 广东外语外贸大学学报 （1）：85－88.

王守仁，姚成贺，2013. 关于学术英语教学的几点思考 ［J］. 中国外语（5）：4.

文秋芳，2012. 大学英语面临的挑战与对策：课程论视角 ［J］. 外语教学与研究（2）：283－292.

周淑莉，石永珍，2010. 专门用途英语教学中两种需求分析理论的比较 ［J］. 语文学刊：外语教育与教学（2）：104－106.

HUTCHINSON T，WATERS A，1987. English for specific purposes ［M］. Cambridge：Cambridge University Press.

JORDAN R R，1997. English for academic purposes：a guide and resource book for teachers ［M］. Cambridge：Cambridge University Press.

EAP Curriculum Needs Analysis of Non-English Major Undergraduates at SCU

Qiu Yang , Huang Lijun

Abstract: The present research employs the needs analysis model proposed by Hutchinson and Waters and uses a combination of instruments of questionnaire and interview to investigate and analyze needs for EAP of non-English major undergraduates at SCU. The investigation reveals that the majority of students surveyed have needs for EAP, but their existing English proficiency is insufficient to meet their EAP needs and fails to get them participate fully in English-medium academic activities. Therefore, they need a systematic EAP instruction. The results of the survey also reveal that students have greater needs of receptive skills than that of productive skills.

Key words: English for academic purposes; needs analysis; target needs; learning needs

新形势下高校公外研究生英语教学发展与改革
——优化课程设置、改进教学模式、跟进教学手段

冯　娅

（四川大学外国语学院，成都610064）

摘　要： 新形势下为推动高校公外研究生英语教育教学发展与改革，培养我国国际化、高层次、引领新时代的高校拔尖创新人才，提高公外研究生英语学习的实效性，促进公外研究生英语实际运用能力的提升，帮助公外研究生在学习、工作、社交、国际学术交流中有效自如地使用英语，优化课程设置、改进教学模式、跟进教学手段势在必行。

关键词： 高校公外研究生英语；课程设置；教学模式；教学手段；创新实践

1. 引言

"研究生教育是科学研究和高层次人才培养的载体，其结构的合理性、适应性程度既会对一个国家和地区研究生教育的发展产生重大作用，还会影响一个国家和地区的经济社会发展。"（颜建勇，2014）因此，"提高研究生教育质量和创新人才培养水平成为研究生教育改革发展的核心任务"（杜玉波，2011）。高校公外研究生英语教育教学的质量直接关系到科学研究和高层次人才英语实际运用能力和学术交际能力的培养。高校公外研究生英语教学已不是知识的传授而是能力的培养。强化英语语言运用能力和学术写作能力的培养，将英语学习和专业学习紧密联系起来，打破英语学习和专业学习之间的界线，以英语学习助力专业学习是公外研究生英语教学的改革之需、发展之路。然而，多数学生的英语学习在中学以高考为导向，在大学以大学英语四、六级考试为导向、以考研为导向，应试型的英语教学使他们很难成为国际化的应用实践型人才。面对研究生英语课程一个学期总共只有68个学时的现实情况，在有限的教学时间里，用短平快和多样化的教学方式最大限度地满足学生英语学习需求，充分调动和激发学生的学习主动性和创造性、优化课程设置、改进教学模式、跟进教学手段势在必行。

2. 优化课程设置

高校公外研究生英语课程学习是研究生学习的重要环节之一，其课程设

置要适应社会发展与科技进步，使研究生英语学习更具合理性、适应性和现实性。课程设置的不断发展和创新对完善公外研究生的知识结构具有重要意义。合理的课程设置和适宜的教学内容将为学生继续学业、研究学术、撰写论文打下坚实的基础。具有较强知识性、文化性、趣味性、可行性、可学性和实用性的课程能让学生真正喜爱英语学习，并受益终身。"研究生公共英语课程设置改革要以提高研究生的英语总体水平，提升他们使用英语进行学术研究，对外交流等实际运用能力为目标。"（王云秀，2010）一直以来，公外研究生英语课程设置与学生的个人发展需求和社会需求存在着普遍的"错位现象"（赵滨丽，2011），对学生英语实际运用能力的培养关注不够，与社会对应用实践型人才的需求严重脱节，因此，课程设置改革刻不容缓。在优化课程设置方面，我们主要将知识技能教学与知识应用教学按3：7的比例有机结合，使其相辅相成。

整个课程设置以知识应用为主，知识技能为辅，强调实践。要达到以上目的，必须更新教学理念，将教学重点从语言知识技能的训练转移到培养研究生知识应用能力上来，根据公外研究生的特点合理设置英语课程，让每个学生学有所获、学有所乐、学有所用。在知识技能听、说、读、写、译课程设置方面，有针对性地选择雅思、托福、托业应试型材料，以几分钟听力练习开启每一次的课堂教学，配合说、写、译技能训练；知识技能读的学习聚焦《新世纪研究生公共英语教材阅读》B级的6个单元。在知识应用听、说、读、写、译课程设置方面，有目的性地选择与课文主题相关的来自BBC、VOA、CNN、TED、电影等的音频和视频材料进行应用型听、说、读、写、译的实践；此外，知识应用课程增加交际口语、翻译实践、英语讲座、国际会议交流、英语文献阅读与翻译、论文写作与发表等内容。

3. 改进教学模式

目前考研成为一种趋势，许多人希望通过提高学历来增强竞争力。"我国2020年将建成亚太区域研究生教育中心，保持研究生规模适度增长，在学研究生总规模将达到290万人"[①]的目标，意味着研究生必将逐年扩招，招生规模扩大必然导致班级学生人数增多，而学生之间学习水平可能存在较大差异，学习程度参差不齐。此外，经历了英语学习断档期之后，不少硕士

---

① 参见《学位与研究生教育发展"十三五"规划》4-5。

研究生和博士研究生英语学习兴趣不浓，学习动力不足，阻碍了英语教学质量的提高。是沿用"以教师为中心"，以教师的"讲授"为主导的传统教学模式，还是进行"以学生为中心"，以学生为"主体"的教学改革实践，给予学生更多的实践机会，以培养他们英语综合应用能力？"要培养和提高学生的创造能力和发现问题、解决问题的能力，教与学中，学生应该成为学习的主体和中心。"（贾新艳，2010）为改革教学模式，我们将课程讲授型与实践型相融合，调整比例为4∶6，教学由教师主导型向学生主体型转变，明确教师主导性作用与学生主体性地位关系。因为，"教学中教师主导性作用与学生主体性地位关系的明确，有利于建立良好的师生互动关系，有利于调动师生教与学的参与意识，从而达到共识、共享、共进，实现教学相长和共同发展"（黄永川，2011）。

为真正落实国家学位与研究生教育发展"十三五"规划的育人大计，"把寓教于研、激励创新作为根本要求"，"把促进研究生成才成长作为出发点和落脚点，以学生为主体，以教师为主导，提倡开放合作和个性化培养，充分激发研究生从事实践创新的积极性、主动性"①，我们努力让学生都能参与教学活动，让不同层次的学生在不同的教学环境中以不同的角色拥有表现自己的机会；努力建构"以学生为中心"的教学模式，开展"以学生为主体"的教学实践，教师负责提供指导，让学生主动参与课堂活动，主动接受学习任务，乐意输出所学知识；给予学生学习的主动权，关注学生的认知能力和思维差异，开发学生的创造性思维能力，提高学生的创新能力，注重引导学生提出问题、思考问题、解决问题。教师教得津津有味，学生学得津津有味，最终产生"蝴蝶效应"②（田宁宇，2014）。一方面教师会因学生的积极参与对教学产生更大的热情；另一方面学生也会因亲身实践得到收获和信心，获得启发和感悟，认真学习，积极投入。虽然有的学习任务耗时长、难度大，学生依旧兴致勃勃、干劲十足。活跃的课堂气氛不时带来精彩瞬间，所达到的课堂教学效果十分理想。根据我校公外研究生英语教学时间的特殊性进行教学模式改革，教师循循善诱，学生学以致用，学生便能在最短时间内获得最大的学习效果。教师应充分发挥这一教学模式的特点，致力于体现教学的开放性、针对性、趣味性和实用性，调动师生的积极性，促进

---

① 参见《学位与研究生教育发展"十三五"规划》4-5。
② 蝴蝶效应：细微举动引起周围事物的巨大变化的现象。

学生英语实际运用能力和学术交际能力的发展，使他们在未来的工作竞争和国际竞争中如虎添翼，顺利迈入新时代，牢牢抓住新机遇，从容应对新挑战。

4. 跟进教学手段

跟进教学手段就是要紧跟现代信息技术的发展，以现代信息技术为基础，将多媒体技术、网络技术等应用到公外研究生英语教学，增强教师与学生、学生与学生在信息环境下的合作与互动，促进公外研究生英语综合能力全面提升。信息技术的发展给公外研究生英语教学带来了动力，也带来了压力。将传统教学手段与信息化教学手段有机结合起来，从而提高高校公外研究生英语学习动力和学习效率是新时期对每一位英语教师提出的新要求。

信息化教学手段的应用打破了传统的以教师为中心的教学模式，实现了公外研究生英语教学与信息技术的有机结合，突破了传统教学手段的时空局限。信息化教学是英语教学发展的必然趋势，是英语教学发展的重要保障，它为推进公外研究生英语教学保驾护航，为培养公外研究生英语人才创造条件。信息技术的发展改变了知识的呈现方式和传播方式，取之不尽用之不竭的网络资源丰富了课堂教学，也为公外研究生英语的主动学习和自主学习带来了巨大潜力，展现了广阔前景。如何在有限的课时中将课堂教学与网络资源有效结合以服务公外研究生英语教学？英语教师应充分发挥多媒体课件的特点，利用多媒体课件图文并茂、音像丰富、信息量大的优势，精心设计多媒体教案，把传统教学手段、教师个人特色和多媒体辅助教学有机地结合起来。采用多媒体课件教学的教师应加强师生、生生之间的沟通与交流，活跃课堂氛围，发挥教师的主导性，调动学生的主动性。

"在课堂教学中多媒体课件不仅是教师传授知识的教具和助手，也是学生获取知识的学具和学伴、研究问题的工具和导师。"（谢南华，2015）充分利用雅思、托福、托业国际考试语言材料，精心挑选与课程主题相关的资料，用心制作多媒体课件，开展英语实践活动。听、说、读、写、译训练课件可涵盖以下内容：口述、一句话归纳、短文归纳、英语广告语仿写、美文仿写、短期记忆训练；听写默写要点、中英文大意归纳、文字材料笔译视译、音频视频材料交传同传；VOA、BBC、CNN 音频视频，经典英语歌，TED 视频，电影，"牛牛打字高手"软件等应用型材料；话题写作、英汉口笔互译、翻译归纳、个人或小组课堂发言、小组课堂讨论、模拟国际会议、组与组辩论赛、组与组唱歌比赛、全班打字比赛等。英语汉语盲打比赛是每学期献给学生的最后"礼物"（占期末考评 5%）。打字比赛使学生英语和汉语盲打的速度与能力节节攀升，一学期的公外研究生英语教学在比赛噼里啪啦的打字声中落下帷幕。学生学有所得，他们表示培养起来的英语学习兴趣、实际应用能力将助力他们、激励他们、陪伴他们去迎接人生中一个又一个挑战。

悦耳动听、直观形象的多媒体课件帮助学生在听与读语言知识输入中学会适应校园生活、激发学习热情、制订学习计划、解决学习难题、与老师讨论学习规划、完成课题项目、做口头发言/专题发言、做精彩演讲、参加辩论赛、参加公司聚会、在职场中使用英语等；图文并茂、声像俱佳、生动有趣的多媒体课件帮助学生了解世界上各大语系、社交场合的礼仪礼节、人们对安乐死的态度、科技发展的利弊等。通过个人发言、小组发言、小组讨论、组与组辩论赛、优秀范文仿写、实用文体命题写作、英汉归纳总结、笔译、视译、交传、同传、个人演讲等说、写、译语言输出，培养和提高公外研究生英语综合能力。公外研究生英语知识的学习、展示、拓展和归整离不开信息化教学手段的运用。信息化教学手段可以弥补传统教学方式的不足，调动学生的眼、耳、手、脑、嘴，训练听、说、读、写、译综合能力，充分调动他们的学习兴趣，提高教学效率和教学质量。

充分利用现代化教学手段，为学生学习过程准备和提供充足的语言材料、丰富的信息资源，穿插运用多种教学方法。借助信息化教学多样化的形式，提高课堂效率，提升学习能力，开阔视野。利用网络资源指导学生开展自主学习，通过微信、QQ、百度云等进行师生互动，实现资源共享，拓展教学方式，培养学生的探究能力。信息技术的发展使随时随地学习英语、英语学习个性化成为可能。信息技术帮助师生突破时间和空间的限制，师生互动从课堂学习延伸到课外学习。正是因为采用信息化教学手段有助于优化课程设置，有利于改进教学模式，新形势下高校公外研究生英语教学改革才得以顺利实施。当然，掌握更多信息化教学手段是英语老师面临的又一项新挑战。

5. 结语

"研究生教育作为国民教育体系的顶端，是培养高层次人才和释放人才红利的主要途径，是国家人才竞争和科技竞争的重要支柱，是实施创新驱动发展战略和建设创新型国家的核心要素，是科技第一生产力、人才第一资源、创新第一动力的重要结合点。没有强大的研究生教育，就没有强大的国家创新体系。"① 高校公外研究生英语的课程设置、教学模式、教学手段应不断适应社会发展与科技进步，使研究生英语学习更具合理性、现实性和应用性。研究生英语课程设置的发展和改革，对完善研究生的知识结构具有重要意义。根据高校公外研究生英语教学大纲的要求和我校公外研究生英语教学的实际情况，为提高研究生教学质量，实现研究生人才培养目标，我们在公外研究生的英语课程设置、教学模式、教学手段等方面进行了一系列的探索和实践，努力找寻适合我校公外研究生的英语教学体系，为培养适应新形势、紧跟新时代的实用型人才做出贡献。期冀更有效地激发公外研究生英语学习潜能，培养和提高其英语应用能力、学术交流能力和文化创新能力。

参考文献：

陈美华，2013. 大学英语"研究型"课程理论与实践：大学英语教学模式与课程建设研究 [M]. 南京：东南大学出版社.

杜玉波，2011. 认清形势突出重点群策群力努力开创我国专业学位研究生教育改革发展的新局面 [J]. 学位与研究生教育（6）：1 - 6.

黄永川，2011. 浅谈新课程背景下教师主导性与学生主体性的关系 [J]. 科学时代（1）：165.

贾新艳，2010. 通过语言教学提高研究生创新能力 [J]. 社科纵横：新理论版（2）：286 - 287.

教育部，国务院学位委员会，2017. 学位与研究生教育发展"十三五"规划 [Z].

田宁宇，田蕾，2014. "蝴蝶效应"原理在教学中的启发 [J]. 科技与创新（19）：145.

王云秀，陆巧玲，2010. 硕士研究生公共英语课程设置改革构想 [J]. 中国成人教育（12）：185 - 186.

谢南华，2015. 谈探究式学习中的多媒体应用 [J]. 考试（34）：46.

徐玉臣，2013. 学术英语写作 [M]. 上海：上海外语教育出版社.

颜建勇，2014. 多视角下研究生教育结构演变的驱动力研究 [J]. 中国高教研究（1）：67 - 70.

赵滨丽，2011. 论研究生英语教学系统结构错位现象 [J]. 继续教育研究（4）：89 - 90.

---

① 参见《学位与研究生教育发展"十三五"规划》4 - 5。

Stride on the Road of the Development and Reform of English Teaching for Non-English Major Postgraduates —Communication on Course Setting, Modes Reforming and Methods Creating

Feng Ya

Abstract: To reform and develop English teaching for non-English major postgraduates in university is to meet the needs of cultivating university top-notch creative talents in the new era of the internationalization of China. The innovative practice of English teaching depends on optimizing course setting, reforming modes and creating methods so as to activate classroom teaching and promote classroom activities; to excite the passion to teach and to learn and to enhance graduates' learning motivation and practical application ability, finally to equip students with English to use English any time and any where.

Key words: reform of English teaching for non-English major postgraduates; course setting; teaching modes; methods; creativity

英语语调教学模式创新探索
——数字化教学资源建设[①]

蒋红柳

（四川大学外国语学院，成都610064）

摘　要： 二语习得受母语影响一直是外语教学重点关注的领域，英语语音语调学习作为本科英语专业学生的基础，对后续英语语言综合能力的培养十分重要。作为声调语言，汉语的字调具有辨别字义的作用，因此汉语语调较英语这样的语调语言更为复杂。本文依托"四川大学新世纪高等教育教学改革工程研究项目"，探讨通过建立母语及非母语英语语调习得语料库，在教学中增加语音实验环节，运用声学软件开展母语与非母语语调语料的对比教学，在传统听辨教学的基础上学生通过对比和模拟母语及自己的语调音高曲线，进一步提高英语语调习得的成效。

关键词： 英语语调教学；数字化教学；语料库

语调作为语言使用的核心要素，在人们进行话语交际时具有十分重要的桥梁作用，Kingdon（1958：xiii）提出："语调是语言的灵魂，发音则是语言的躯干。"就英语这样的语调语言而言，语调在话语交际中的核心功能体现为不同的语调模式能形成独立于句法、词汇意义的特定语调含意，帮助说话人表达言外之意并实现交际意图。从话语交际的语言使用视角来看，语调具有突出的语境化特质，即说话人会根据语境和表达意图在选定词语内容和句型的同时，选择恰当的语调模式来帮助强化和表达真实语义。事实上，汉语语调同样具有辅助传情达意的功能，正所谓"听话听声、锣鼓听音"。在这一点上，英语与汉语有相似之处。但在语调的语音实现上，汉语由于需要用字调来区分字义，因此强调每个字在音和调上都要发音准确和调型清晰。虽然汉字也有连字变调的现象，但总体仍控制在不影响辨认字义的基础上，因而汉语在话语的语音语调上更强调"字正腔圆"。由于语调是口语表达的核心要素，让学生正确掌握并在话语交际中运用好英语语调是教学的关键。

---

①　本研究获得"四川大学新世纪高等教育教学改革工程（第八期）研究一般项目"资助。

1. 高校英语专业语调教学现状分析

　　语调是口语表达的关键元素，对非母语的英语学习而言，掌握正确的英语语调规则并在话语交际中运用好语调，是英语学习的重要基础。长期以来，我国高校英语专业的英语语调教学以听辨教学为主，通过让学生大量地听辨以及模仿母语语调，积累对英语语调的感知和具体的语音实现方式等方面的知识。这种教学模式能让学生了解英语基本的超音段音高特征，了解调群划分、调核重音位置选择、调型运用等语调的基本功能，以及韵律、节奏等英语话语的基本音高重音规律。学生通常也能了解如何在不同的句型中使用英语语调，如陈述句通常用降调，一般疑问句通常用升调等。但笔者也观察到学生对音高的细微变化却较难掌握，如降调在何处开始降，降多少，怎样降，等等（蒋红柳，2009）。

　　综上，传统的听辨教学模式存在的主要问题包括：（1）机械地听辨模仿让学生感到枯燥困难，学生易产生畏难情绪；（2）学生来自我国不同的方言区，在学习中受母语语音语调影响的程度和具体状况不尽相同，而传统课堂教学受学生人数及课时等因素的制约，教师很难做到对每一位学生进行针对性的指导；（3）传统教学方法缺乏量化数据对比，教学效果也难以量化评估。

2. 英语语调学习中受母语负迁移影响状况简析

　　英语语调教学的难点之一，是让学生尽可能地减少母语语调的负迁移影响。二语习得研究表明，不同语言的发展演变均深受所属社会和文化环境的影响，一个民族在长期的社会活动中不断积累并形成该民族所独有的、包括语音语调在内的语言特征，它承载并表征属于该民族的文化内涵。通常而言，对来自相同文化背景的学习者来说，学习外语时，语音比语调更难掌握；而对来自不同文化的学习者来说，更难掌握的是所学外语的语调。比如我国不同方言区的人们总体上有着汉民族共同的文化传承或相同的文化背景，所以虽然方言区的人们在说普通话时会体现出鲜明的地方方言特色（声母、韵母容易受到方言音的干扰），但语调总的来说却能与普通话靠近，易于理解和接受。英语语调和汉语语调存在不同的文化特征，因此我们在学习英语时需要重视不同文化特征在语调上的差异，否则，当我们用英语进行交流、学习时，就可能出现这样的情况：即使我们的语音符合要求，我们也会下意识地按照自己的语言习惯去"听"母语说话人的话语；而当我们说英语时，又会下意识地使用汉语的声调和语调，把母语的语调经验运用到英语语调的学习和实践上。

汉语作为声调语言，其语调是字调与句调叠加的结果。英汉两种语言在语调上既有相同之处，也存在较大的差异。汉语为母语的学生所说的英语容易受汉语语调的影响，他们在讲英语时有着很浓厚的声调语言的痕迹。在传统的教学方法下，我们很难让学生直观地了解这种差异。而通过使用语音软件将声音转换成频谱和音高曲线图像，可让学生直观地观察并发现其语调音高与母语样本的异同，从而有针对性地进行模仿练习，减少母语发音和语调习惯的负迁移影响。因此，将人的声音转化成文字和图像给学生的感官提供综合刺激，通过交互运用声音、图像和文字信息，增强学生对英语语调的理解和记忆，这种直观的观察分析教学方式，容易引起学生认知系统的积极反应。

笔者对英语专业学生在英语语调学习中受母语（汉语字调）负迁移影响的相关研究表明，语音实验反映出英语语调教学在有效利用汉语母语正迁移影响和抑制负迁移影响方面效果不理想。中国学生被试在说英语时，大多会受汉语字调的影响，主要表现为较为平均地分配元音时长，希望使每个英语单词的发音都准确清晰，因而忽略了英语话语的音高特征和节奏韵律，还表现为较难在一个语调短语（IP）中有效区分核心音高重音与非核心音高重音，在语调的语音实现上没有凸显焦点音节的音高。这些状况表明学生没有很好地理解和掌握英语语调的音高特征，影响了他们对英语语调话语功能的运用（蒋红柳，2012）。

3. 高校英语专业语调教学模式创新

为促进高校英语专业的语调教学，笔者曾撰文提出要在课堂教学中利用声学软件以语音实验的方式辅助教学（蒋红柳，2009）。目前可通过互联网免费获取的声学软件均具有显示基频曲线、语图、共振峰，分析声音频谱，测量时长，编辑声音，校正数据，修改基频曲线，慢速回放，重复放音和叠加基频曲线等功能，此外一些软件还可对音位图等进行标注。在实际课堂教学过程中，教师可以利用声学软件对母语原声和学生的录音进行对比播放，通过对比音图和音高曲线 F_0 的方式，学生可以直观地看到差异，通过观看来学习英语语调的语音实现方式，了解在较长的话语中母语语调的具体声学表现特性等。

笔者借助"四川大学新世纪高等教育教学改革工程（第八期）研究项目"的支持，开展了对英语专业语调教学模式创新——数字化教学资源建设的探索。本项目研究的目标是改进传统的机械模仿的英语语调教学模式，通过建立母语及非母语英语语调习得语料库，在教学中增加语音实验环节，运用声学软件开展母语与非母语语调语料的对比教学，提高学生英语语调习得的成效。

具体研究内容、方法与措施包括：（1）在教学过程中，结合具体课程内容录制学生的英语语调习得语料，形成有一定数量规模的语料库，项目立项以来，已累计录制超过 200 分钟的学生英语语调音频语料；（2）通过声学软件对现有教材的母语音频资料进行数字化处理，同时通过网络收集公开的英语母语语料，建立英语母语语调语料库，作为对比教学的数字资源，目前已归纳整理教材及相关音频资料超过 4 200 分钟，同时还收集了国外公开供免费使用的英语母语音频语料库的音频资料（如 IViE 语料库）；（3）运用语音实验的教学模式，利用语音分析软件和音像播放设备，帮助学生在听辨的同时，根据电脑系统的声音频谱图（根据频率、时长和振幅等语音视觉形象），有针对性地改进其英语语调。

在英语专业语调教学中运用数字化语音实验教学模式，便是在课堂教学和学生课后练习时利用声学软件辅助教与学。如在课堂教学过程中，根据教学进度选取恰当的母语语料，在播放母语原声的同时，通过声学软件所显示的频谱图像展示单句、对话以及一段连续话语的音高基频、音强、时长、停顿、焦点重音位置、调型音高起伏程度等超音段特征。

下面以英语的话语节奏学习为例，具体介绍在英语语调教学中引入语音实验的教学情况。传统的英语专业语调教学，通常都是在介绍了英语作为重音计时语言的节奏特征，以及语调群划分、调核位置和语调类型等语调话语功能后，让学生通过大量的听辨模仿，熟悉和逐步掌握英语话语的节奏特点，学会利用语调的话语功能表情达意。长期的教学实践表明，单纯机械的听辨模仿习得效果不佳，笔者通过引入语音实验的教学模式，让学生在听辨模仿的基础上观察母语话语的频谱音图、音高 F_0 曲拱的特征，直观了解母语话语的音高、停顿、核心音高（焦点）位置等，通过音图来观察语调的音高实现方式。同时，学生还可以录制自己的话语，利用声学软件将其与母语原声的音图进行对比分析，发现自己在节奏方面存在的问题。

　　图 1 和图 2 是同一句诗歌朗读的音图，其中图 1 为母语原声，图 2 为非母语的英语专业学生的音图。从句子的时长来看，二者非常接近，表明在朗读的流畅性方面，学生表现不错，实际听感也能证实这一点。但当我们仔细对比两个音图及音高曲拱 F_0 时，我们会注意到两个主要的差异之处。

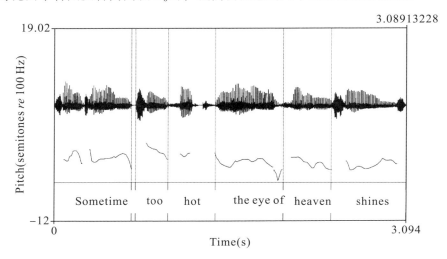

图 1　母语诗歌朗读声音频谱及音高图例

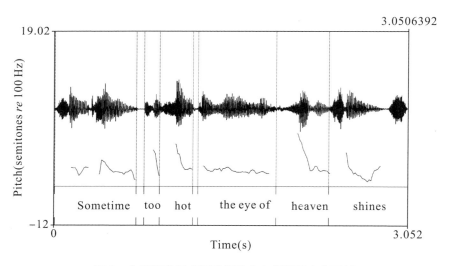

图 2　非母语学习者诗歌朗读声音频谱及音高图例

　　一是核心音高重音位置不一致。单词"too"的时长，母语明显较非母语的长，且母语全句音高的最高点也在该单词上，显然母语朗读者之所以将核心音高放在"too"上是为了让听者捕捉到焦点信息。而非母语的学生在"too"这个单词上虽然也有重音，但时长很短，接下来的"hot"音高则比"too"高，整句最高音则落在"heaven"的音节上。二是整句的音高表现不同。总体而言，虽然母语的音高在一个较窄的范围内起伏，但为保持诗歌朗读的节奏和韵律，无论是单词还是连读的词组，均表现出时长的尽量接近和音高的一定起伏。再看非母语学生朗读者的整句表现，"too""hot""heaven""shines"四个单词均有明显的重音，国内有关中国英语学习者的语调音高特征的许多研究都发现了这一现象，即中国学生受汉语单字声调的发音习惯的负迁移影响十分明显。虽然他们也能将"the eye of"加以连读，但音高曲拱过于平缓，失去了诗歌朗读应有的韵味。

图 3 和图 4 则是童话故事 Cinderella 中同一句话的音图，其中图 3 为母语原声，图 4 则是非母语的英语专业学生的音图。从句子的时长来看，母语朗读的时长较非母语的朗读时长短，整句有三个音高凸显，表明朗读者将该句划分为三个调群，每个调群的焦点（核心音高重音）分别落在"Cinderella""immediately"和"finest"上。整句在听感上符合故事朗读的叙述性，其语调和句子韵律非常有吸引力，让听者有足够的兴趣听下去。

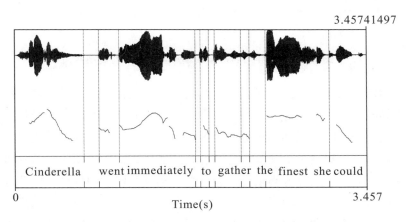

图 3　母语故事朗读声音频谱及音高图例

再观察非母语英语学生的音图，我们不难发现该样例最大的问题是焦点重音不突出，整句的音高 F_0 曲拱的起伏度非常小，除"finest"这一单词的音高较其前后两个单词的音节稍高外，其他各单词的音高非常接近，图 3 母语朗读者样例中弱读的单词如 "went" "to" "gather" "the" 等，在非母语学生朗读者样例中，其音高并无较明显的降低，其结果便是整句在韵律上没有音高的强弱对比，从语调音高特征来看，则是缺乏核心重音凸显，焦点位置不清楚，整句传递的信息不明确。图 2 和图 4 均较为清楚地展示了非母语英语专业学生学习英语语调初期的语调音高特征，显示出学生们深受汉语声调韵律特征的负迁移影响。由上述样例可知，英语语调传统听辨教学模式效果并不理想，需要创新。而在教学中加入语音实验，能让学生直观地用音图来观察母语的超音段特征，通过对比母语音图与自己的音图，准确地找出超音段特征上的差异并有针对性地改进，有效提高语调习得效果。

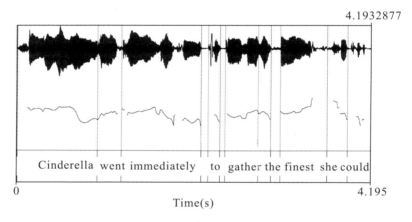

图 4　非母语学习者故事朗读声音频谱及音高图例

　　非母语英语专业学生受汉语字调负迁移影响较为显著，英语语调的学习效果受到较大的影响。为此，笔者在语调教学中有针对性地要求学生关注并学习运用英语中的连读和弱读等话语技巧，在听辨模仿的同时，将母语音频导入声学软件，观察母语样本的音图、音高曲拱特征等，从中了解一段连续话语的重音分配、焦点音高重音位置选择、连读及弱读的处理，以此学习并掌握英语语调话语功能的语音实现方式，从而避免重读每个单词的重读音节这类汉语语调模式和习惯，通过提高语调音高曲拱整体的连贯性，减少英语单词间不必要的停顿，让非母语学生的英语话语在超音段音高特征上具有英语特有的节奏和韵律感。

　　图 5 是非母语学生在经过一学期的语调学习后的音图样例，将该图与图 6 母语样本进行对比观察，我们可以看到学生在语调音高及韵律节奏方面有

了明显的进步。不仅语调音高整体上与母语的音高曲拱十分接近，焦点音高重音的位置也一致，母语样本显示为弱读的词语在学生的样本中也为弱读，这一结果显示经过一段时期的教学及利用声学软件进行细致的模仿训练后，学生运用英语语调的能力得到显著提升，其语调模式无论是在调群划分、调核选择还是调型使用上都更加恰当和准确。学生样本在语调的音高实现、整体话语的韵律节奏等方面也已接近母语样本，这表明新的语音实验辅助语调教学模式的习得效果更佳。

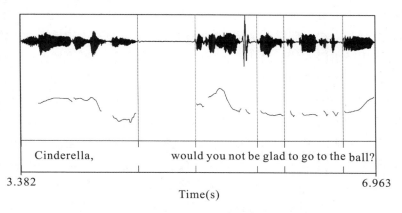

图5　非母语学习者训练后的声音频谱及音高图例

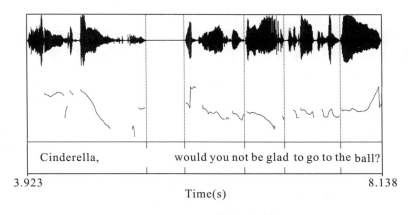

图6　母语朗读声音频谱及音高图例

4．结语

　　笔者本项目研究和早前的相关研究均表明，非母语英语专业学生的英语语调学习效果受汉语语调负迁移影响的状况较为严重，汉语语调习惯和经验对学生的英语语调学习和运用产生了明显的干扰。在英语语调教学中，我们一方面要让英语学习者掌握英语语调的话语功能和具体实现方式，另一方面要让学生了解英语语调在话语韵律方面的音高特征，这些特征包括重读音节在连续话语中的分配规律、由此形成的节奏特点，以及话语中单词的连读、弱读等规则和方法。非母语英语学习者只有正确掌握了这些规则和方法，才能恰当运用英语语调的话语功能，同时其话语的韵律节奏等超音段音高特征才能符合母语的规则和习惯。

　　通过建立一定规模的母语及非母语英语语调语料库，创建数字化教学资源，在此基础上运用语音实验软件辅助英语语调教学，在传统听辨教学模式的基础上，形成以声音、图像和文字信息为主要内容的交互式、声像并茂的语调教学模式，能丰富英语语调教学手段，同时增强学生学习英语语调的兴趣，改善学习效果。笔者的教学实践表明，利用语料库数字资源让学生观察母语语调的音高特征图像并与自己的英语语调音高图像进行比较，这一教学方法直观有效，可以有效提升非母语学生英语语调的习得效果。

参考文献：

蒋红柳，2012. 大学英语专业学生语调学习效果探讨——语音实验案例研究［J］. 中国外语（2）：65－71＋80.

蒋红柳，石坚，2009. 英语语调性别差异的统计分析［J］. 数理统计与管理（6）：1059－1066.

蒋红柳，2009. 语音实验软件系统在英语语调学习中的作用［J］. 实验技术与管理（9）：84－86.

林茂灿，2012. 汉语语调实验研究［M］. 北京：中国社会科学出版社.

王理嘉，1989. 实验语音学与传统语音学［J］. 语文建设（1）：55－64.

吴宗济，林茂灿，1989. 实验语音学概要［M］. 北京：高等教育出版社.

CRUTTENDEN A, 2002. Intonation ［M］. 2nd ed. Beijing：Peking University Press.

GRABE E, POST B, NOLAN F, 2001. Modelling intonational variation in English：the IViE system ［M］//PUPPEL S, DEMENKO G. Proceedings of prosody 2000. Poznan：Adam Mickiewitz University.

GUSSENHOVEN C, 2004. The phonology of tone and intonation ［M］. Cambridge： Cambridge University Press.

HOLEC H, 1981. Autonomy and foreign language learning ［M］. Oxford： Pergamon Press.

LADD D R, 2008. Intonational phonology ［M］. 2nd ed. Cambridge： Cambridge University.

LEVINE D R, 1982. Beyond language： intercultural communication for English as a second language ［M］. New Jersey： Prentice Hall.

TENCH P, 1996. The intonation system of English ［M］. London： Cassel.

WELLS J C, 2006. English intonation： an introduction ［M］. Cambridge： Cambridge University Press.

Innovative Exploration of English Intonation Teaching Mode
—Construction of Digital Teaching Resources

Jiang Hongliu

Abstract： Second language acquisition under the influence of mother tongue has always been a focus of foreign language teaching. As a basic course for undergraduate English majors, English pronunciation and intonation learning are very important for the subsequent cultivation of comprehensive English language ability. Chinese which is tone language has the function of distinguishing the meaning of words, so the Chinese intonation is more complicated than English which is intonation language. Supported by a teaching reform project of Sichuan University, the writer explores the establishment of a corpus of mother tongue and non-native English pronunciation, with the phonetic experiment and acoustic software to carry out the comparison of native and non-native intonation samples in language teaching. This teaching mode will help students further improve the effectiveness of their English intonation learning and acquisition by comparing and simulating the pitch contour of native English and their own.

Key words： English intonation teaching; digital teaching; corpus

助力教师水平提升　推动学术英语教学发展

郭　霞

（四川大学外国语学院，成都610064）

摘　要：本文系统梳理了国内外学术英语的发展历程，并结合英国高校学术英语教师的最新科研成果，对新时代国内高校提升教师知识能力水平，推动学术英语教学高质量发展提出了相应的思考建议。

关键词：学术英语；学术英语教师；学术发表；职业发展

改革开放以来，我国大学英语教学理念不断更新，发展成果显著。许国璋教授（1978）指出："掌握外语的目的应当是以外语为工具学习世界上的科学文化知识，为我所用。"改革开放四十年来，全国已有3700万名大学生达到了大学英语四级要求，1600万名学生达到六级要求（金艳、杨惠中，2018）。在中国特色社会主义建设进入新时代的当下，围绕推进教育现代化、建设教育强国、办好人民满意的教育这一根本宗旨，各高校以提升大学英语教学质量和效率为己任，以建立高质量教学体系助推国际化高质量人才培养。学术英语（English for Academic Purposes，简称 EAP）已经成为大学英语教学体系的重要组成部分。

1. 国外学术英语研究与实践回顾

20 世纪中叶，随着科技进步和跨国研究与交流的不断深化，英美的语言学者开始意识到"学术语境下的英语不是任何一个语族的母语"（Hyland，2016：5），"即便对于英语本族语学生来说，不同学术文体或不同学科的学术英语写作，同样是陌生或不熟悉的"（Soomin，2019：109－118）。由此英美等国高校开启了由通识英语教学向满足学习者未来事业需求和职业发展需求的英语教学的转型，将英语和专业知识有机融合的专门用途英语（English for Specific Purposes，简称 ESP）应运而生（Hutchinson & Waters，1987：6）。系统功能语言学奠基人韩礼德对其理论和教学的推广起到了重要促进作用（1964/2007）。作为一种特定的语言教学取向，专门用途英语教学的内容和方法都是根据学习者的学习目的而选取的。1974 年 Tim Johns 首次提出了学术英语的概念（转引自 Jordan，2002）；Flowerdew &

Peacock（2001）将学术英语教学定义为帮助学习者用英语进行学习和研究的专门教学活动。Wallwork（2016）认为学术英语不同于大学开设的一般英语课程，是指不以英语为母语的学习者或研究者进行各种学术性研究活动所必须掌握和使用的英语。

从逻辑上讲，学术英语是专门用途英语的下位概念，在过去三十年间发展迅速（Ding & Bruce，2017）。英国高校的专门用途英语教学实践起步较早，有的高校将专门用途英语划分为学术英语和职业英语，也有一些高校将专门用途英语等同于职业英语，而把工程、商务、科学等学科的论文写作课程划为相对独立的学术英语课程。如伦敦城市大学专门成立了语言学习中心，提供与管理等相关的专门用途英语课程；伯恩茅斯大学国际语言学院则把商务、医药、工程等领域教学划归学术英语课程；诺丁汉大学更强调基于学科内容的学术英语课程设计，第一阶段核心课程为学术听说、学术阅读、学术语法与词汇、学术写作，第二阶段核心课程为学术研究、定量分析方法与论文写作。

在美国，联邦教育部在 1996 年颁布了《全流程教育标准》，将通识英语、学术英语、专门用途英语确定为从小学到大学英语教学的三个层次，分别聚焦人文素养与批判性思维能力养成、与学科相关的听说读写等学术交流能力培养、行业与工作中实用英语交流能力提升等目标。阿拉巴马大学开设了将英语和商务结合在一起的学术英语课程，西点军校开设的多语言学术课程体系则将多语种的语言教学纳入学术英语教学体系。

2. 国内学术英语研究与实践综述

1985 年与 1986 年，教育部相继颁布《大学英语教学理工科大纲》和《大学英语教学文理科大纲》，要求大学英语教学围绕培养学生阅读能力、听说能力和写作能力来展开。80 年代后期，以科技英语为代表的专门用途英语教学理念传入国内，我国高校逐步形成具有各自学科特色的专业英语教学课程。进入 21 世纪以来，传统教学方式与大学生快速变化的需求之间的矛盾愈加突出，学术英语作为公共英语教学改革的"增量"，引起了学界的广泛关注（蔡基刚，2019；王海啸，2018；王守仁，2018；文秋芳，2017）。学者们就学生对学术英语的实际需求进行了大量研究，并在课程内容、教学要求、能力等级、效果评价等方面搭建起学术英语教学框架。在2017 年颁布的《大学英语教学指南》中，"通用学术英语"第一次被确定为大学英语教学内容的重要组成部分。

在学术英语实践层面，香港大学、香港科技大学等高校已形成包括 40 多门课程在内的通用和专业学术英语课程体系；清华大学针对非英语专业本科生开设了分层次、分系列课程（通用学术英语系列、外文通识课程和专业双语课程），在研究生阶段制订分等级的学术英语教学计划，特别是面向博士研究生的课程明确了以"论文写作与发表"为目标，采用"学术英语＋专业实践"等项目型学习模式（张为民等，2015）；复旦大学 2011 年起设立学术英语课程群，该课程群分为通用和专业学术英语两大类，旨在培养学术英语的听说读写译专项技能（季佩英等，2016）。此外，北京大学、上海交通大学、中山大学等均在本科和研究生阶段开设了学术英语阅读、写作等课程。中西部地区的高校中，四川大学从 2017 年开始在博士研究生阶段开设"学术英语写作"和"学术英语听说"两类课程，将博士研究生阶段的英语教学重心转到培养学生学术英语阅读和写作能力、参与学术交流的能力上来。

总体来看，尽管国内有关学术英语教学的理念和模式不同于西方高校，但目标却是共通的，即围绕培养国际化专业人才这一目标，结合自身特点不断创新英语教学的组织方式。若以《国家中长期教育改革和发展规划纲要（2010—2020 年）》为指引，我们可以发现，国内高校的学术英语教学存在以下不足：一是缺少对新时代大学生的英语学习需求的充分考量。当今大学生在入学前已经历十余年系统的英语知识学习，互联网等多元化信息来源使得学习者不再满足于传统的课堂教与学模式，现有的课程设计难以形成个性化、差异化的人才培养体系。二是教学改革的推进力度达不到新时代高水平英语教学的实际要求。尽管高校都在探索各自特色的英语教学模式及方式创新，但课程设置"零敲碎打"，师资力量"东拼西凑"，难以形成系统化的教学体系。三是缺乏教学内容、模式创新的系统规划。语言学理论研究的每次重大创新都带来了英语教学方式的重大调整（刘利民，2016），但高水平的学术英语教学不能仅靠几个理论术语或者学习模型支撑，更需要基于本土特色进行具有世界眼光的高水平高标准规划。最后，传统教育模式下培养的教师队伍迫切需要进行知识更新与能力重构。一定程度上，决定学术英语教学改革成败的关键在于教师。因此，促进教师为适应高水平要求进行知识能力再建构与再提升，成了推动学术英语教学高质量发展的重中之重。

3. 英国学术英语教师学术发表调查带来的启示

2018 年起，英国牛津布鲁克斯大学的教师 Mary Davis 为了解英国学术英语教师科研发表状况，详细收集了英国大学学术英语教师、大学学术英语系负责人及国际知名期刊编审三个群体的相关数据。首先，她通过 Skype 访谈了解英国学术英语讲师协会（BALEAP）9 位教师的教学与学术发表的情况。其次，她以"ELT""EAP""international"为关键词检索了英国 120 个大学网站，确定了 60 位学术英语系负责人，通过邮件发放 Surveymonkey 问卷，了解他们对科研发表重要性的看法、所在系的学术英语教师科研和论文发表状况，该调查回收了 30 份有效问卷。最后，向学术英语领域 7 本权威期刊的编审发出邮件，了解期刊投稿人的基本构成、学术英语教师论文发表的主要困难及相应的建议。

对学术英语教师的调查结果可以分为机遇和挑战两个部分。在机遇方面，学术研究和发表将助力教师职业发展，增进其跨学科意识与合作，参加学术会议和交流有助于学术发表排在前三位。而在教师学术论文写作发表的挑战因素方面，缺少时间、缺乏动机和没有论文写作发表的氛围是教师们面临的最大的三个挑战。对学术英语系负责人的调查表明，90% 的负责人认为发表非常重要，所在系教师也积极参与各项学术会议和交流，但真正能发表学术文章的却凤毛麟角。从对 7 位期刊编审的邮件问卷调查结果来看，5 位编审表示期刊投稿者大部分来自中国和伊朗，两位编审表示稿源大都来自英国。编审们认为投稿文章被拒的理由是：稿件只关注语言教学，不符合期刊主旨要求；文章的实证性和理论性不足；没有足够的读者意识，文章适用的读者群较窄；作者文献调研能力、学术视野和对学科已有发展及前沿把握能力不足。针对上述问题，编审们给出相应的建议：第一，在发表研究型论文之前先尝试撰写偏重教学实践的文章；第二，研究型文章需要有既符合严格学术规范又具有创新性的研究设计；第三，尽可能为更广泛的读者群提供适当的学术研究成果；第四，文章要能为教学实践提供帮助；第五，投稿前一定要仔细了解目标期刊的投稿须知，确保文章符合期刊主旨和格式要求。

英国高校对学术英语教师职业发展的关注已久，并已形成了较为完备的发展和评估体系。但上文的调查仍显示出，大学学术英语教师对做学术研究和科研发表仍然感到困难重重。对于学术英语教学方兴未艾的中国高校而言，上述对英国学术英语教师的现状的调查结果带给我们更多的思考与启示。

首先，学术英语在大学英语的教学布局中占有重要地位。它不应是大学教育中起"辅助性服务"作用的外围课程（Ding & Bruce，2017：3），而应该拥有正式的学科地位（Mary，2019）。正如 Hyland（2006：1）所强调的，学术英语是英语教学和研究的重要推动力，处在教学创新性实践和理论发展的前沿，已经成为具备理论基础与研究范式的学科（Hyland，2018：389）。对于希望加快"双一流"建设的国内高校而言，学术英语课程与其他通识性课程最大的不同，在于它不仅传授学术英语论文体例格式的有关知识，更重要的是教会学生如何使用标准的学术英语参与高水平的学术交流和学术发表，它是大学培养高水平国际化人才队伍的重要桥梁。所以，进一步突出对学术英语学科地位的认识，以高标准规划推动学术英语的体系化建设，应是新时代全国各地高校深化英语教学改革的方向之一。

其次，学术英语教师普遍面临着教学和科研时间分配冲突的矛盾。"时间绝对是所有学科教师进行学术研究的阻碍性因素。"（Murray，2013：34）教师缺乏教学反思意识，教学与科研脱节，以及高水平期刊的高拒稿率让世界各地高校学术英语教师面临重大挑战。大学管理者应采取更多的鼓励性政策措施，精准聚焦学术英语教学中的实际问题，推动跨专业团队教学、体验与互动教学等方式创新，以充分激励学术英语教师从事学术研究，将教学理念创新和实践创新转化为研究成果，同时建立符合学科特点的教师绩效评估制度，鼓励教师积极寻求在学术英语领域获得行业认可、职业成就感，建立良好的学术形象。

最后，高水平引进来与高标准走出去相结合，切实促进学术英语教师队伍提升知识和能力水平。进一步加强与国内外学术英语领先高校的合作交流，通过教学项目合作、主题交流和专项学习等方式支持学术英语教师到国外高校进修访问，鼓励教师开展知识更新与提升专业能力的研讨；充分发挥"双一流"高校的学科和资源优势，与国内高校联合攻关，加快完善具有中国特色、地方特色的学术英语教材体系，持续深化英语教学改革和教学模式创新，更好地服务于培养高端国际化专业人才的办学宗旨。

参考文献：

蔡基刚，2019. 学术英语再认识：学术英语或通用英语？［J］. 西安外国语大学学报（1）：7－11.

黄福涛，2017. 什么是世界一流大学的本科教育［J］. 高等教育研究（8）：1－9.

季佩英，范劲松，范晔，2016. 基于语言课程设计模型的大学英语课程设置与评估——以英语笔译课程为例［J］. 中国外语（1）：68－76.

蒋洪新，等，2018. 新时代中国特色外语教育：理论与实践［J］. 外语教学与研究（3）：419－430.

金艳，杨惠中，2018. 走中国特色的语言测试道路：大学英语四、六级考试三十年的启示［J］. 外语界（2）：29－39.

刘利民，2016. 外语习得之所"是"与大学外语教学研究［J］. 大学外语教学研究（1）：39－53＋182－183.

欧洲理事会文化合作教育委员会，2008. 欧洲语言共同参考框架：学习、教学、评估［M］. 北京：外语教学与研究出版社.

束定芳，2017. 社会需求与外语学科建设［J］. 中国外语（1）：22－25.

王海啸，2018. 具有校本特色的大学英语教学方案探析——以 9 所高校为例［J］. 外语界（6）：36－43.

王守仁，2018. 在建设一流本科进程中加强和改进大学英语教学［J］. 中国大学教学（10）：15－18.

文秋芳，2017. 大学外语教师专业学习共同体建设的理论框架［J］. 外语教学理论与实践（3）：1－9.

习近平，2017. 决胜全面建成小康社会　夺取新时代中国特色社会主义伟大胜利［M］. 北京：人民出版社.

张为民，张文霞，刘梅华，2015. 研究型大学英语教育体系的构建与探索——以清华大学为例［J］. 现代外语（1）：93－101＋146－147.

CHARLES M，PECORARI D，2016. Introducing English for academic purposes［M］. Abingdon：Routledge.

DING A，BRUCE I，2017. The English for academic purposes practitioner：operating on the edge of academia［M］. New York：Palgrave Macmillan.

FLOWERDEW J，PEACOCK M，2001. The EAP curriculum：issues，methods and challenges［M］// FLOWERDEW J，PEACOCK M. Research perspectives on English for academic purposes. Cambridge：Cambridge University Press.

HALLIDAY M A K，MCINTOSH A，STEVENS P，2007. The users and uses of language［M］. London and New York：Continuum.

HUTCHINSON T, WATERS A, 1987. English for specific purposes: a learner-centered approach [M]. Cambridge: Cambridge University Press.

HYLAND K, 2006. English for academic purposes [M]. Abingdon: Routledge.

HYLAND K, 2015. Academic publishing: issues and challenges in the construction of knowledge [M]. Oxford: Oxford University Press.

HYLAND K, 2018. Sympathy for the devil? A defence of EAP [J]. Language teaching (3): 383 – 399.

HYLAND K, SHAW P, 2016. The Routledge handbook of English for academic purposes [M]. London and New York: Routledge.

JOHNS A M, 1997. Text, role, and context: developing academic literacies [M]. Cambridge: Cambridge University Press.

JORDAN R R, 2002. The growth of EAP in Britain [J]. Journal of English for academic purposes (1): 69 – 78.

MARY D, 2019. Publishing research as an EAP practitioner: opportunities and threats [J]. Journal of English for academic purposes (39): 72 – 86.

MCCULLOCH S, 2017. Hobson's choice: the effects of research evaluation on academics' writing practices in English [J]. Aslib journal of information management (5): 1 – 14.

MURRAY R, 2013. Writing for Academic Journals [M]. 3rd ed. Maidenhead: Open University Press.

RUSSELL D R, 1991. Writing in the academic disciplines 1870 – 1990: a curricular history [M]. Carbondale: Southern Illinois University Press.

SOOMIN J, 2019. Transfer of knowledge as a mediating tool for learning: benefits and challenges for ESL writing instruction [J]. Journal of English for academic purposes (39): 109 – 118.

SWALES J, FEAK C, 2012. Academic writing for graduate students [M]. 3rd ed. MI: University of Michigan Press.

EAP Teaching and Teachers: Pedagogical
and Professional Developments

Guo Xia

Abstract: This article systematically investigated the development path of EAP field at home and abroad, and reflected upon the issues of enhancing academic literacy of EAP teachers in current China with reference to the latest survey of UK-based EAP practitioners, heads of EAP departments, and editors of top journals.

Key words: English for Academic Purposes (EAP); EAP practitioners; academic publication; professional developments

MTI 人才培养阶段性模式探索

刘 佳

（四川大学外国语学院，成都610064）

摘　要：在 MTI 教育发展的十年里，各培养院校在办学理念、培养方案、课程建设、教学管理和条件保障、师资队伍建设等方面有了快速发展。其中，人才培养的质量是核心，将人才培养计划进行阶段性细化，结合学生的实际能力和目标水平设立每一阶段的培养目标，具有关键性的作用。本论文拟从生源遴选、课程学习和专业实践、毕业现场实习以及硕士学位论文的撰写和评价四个阶段进行细化探索，以期形成具有可行性的阶段性人才培养模式。

关键词：MTI 教育；人才培养；阶段性模式

培养符合国家发展战略和时代需求的高层次、专业化翻译人才是翻译专业硕士人才培养的目标。自 2007 年设立以来，翻译硕士专业学位（MTI）受到办学院校、学生和用人单位的普遍重视，发展迅速。2014 年至 2015 年，全国翻译专业学位研究生教学指导委员会对设立于 2009 年至 2011 年的 144 所有 MTI 授位点的高校和高等教育机构进行了专项评估。评估结果为 133 所"合格"、10 所"限期整改"、1 所"不合格"（仲伟合等，2016：5）。培养院校在办学理念、培养方案、课程建设、教学管理和条件保障、师资队伍建设等方面有了显著提高。MTI 毕业生在各相关职业领域也收到较好评价。但更详细的评估结果显示 MTI 教育在十年的快速发展中也存在很多问题。

毋庸置疑，MTI 的培养核心是高质量的翻译人才。因此，MTI 人才培养的过程应当清晰地体现在学生的在校培养计划中，而不是一个笼统的时间概念。阶段性的培养模式既有利于学生自身的职业规划设计和准备，也有利于培养院校进行更为个性化的指导和人才培养跟踪。将培养计划进行阶段性细化，设立每一阶段的培养目标，结合学生的实际能力和目标水平，形成对阶段性和个性目标的共识，探索具有可行性的阶段性培养评价体系，对高质量的人才培养具有重要作用。具体来讲，可分为以下四个阶段：

（1）生源遴选。MTI 招生录取以各院校根据《全日制翻译硕士专业学位（MTI）研究生入学考试大纲》命题的入学考试（初试）和各校自行组织的复试（笔试和面试）为基础。在此阶段，各招生院校的培养特色可以在初试命题中得到体现。面试过程中还可以更加清楚地了解考生的专业或跨专业背景，更加直观地评价其双语水平及对翻译职业和行业的基本认识。近年来随着就业压力增大，硕士研究生报考人数不断攀升。MTI 报考人数也呈逐年增加趋势，以四川大学为例，近年报考和招生人数比例高达 12 : 1。考生质量也有所提高，体现在本科第一学历多来自 985 和 211 院校，近一半进入初试合格线的考生已经取得 CATTI 三级笔译或口译证书，甚至少数已取得二级笔译或口译证书。生源遴选是 MTI 人才培养的起跑线，生源的质量和专业背景很大程度上会影响课程和实践的顺利进行，也会影响最终的人才出口质量。

（2）课程学习和专业实践。在《全日制翻译硕士专业学位研究生指导性培养方案》（以下简称《培养方案》）的人才培养统一目标之下，应鼓励学生进行个性化的职业发展规划。在导师（组）的指导下，每个学生在进校时期就应建立自己的学业生涯规划，初步确定学业和职业发展方向，与导师（组）商讨和制订可行的学业预期目标和计划。合理的学业生涯规划是有计划的课程学习的前提和保障，长短期目标的结合可以使课程学习有条不紊地进行。以三年学制为例，学生的主要课程和学分会集中在第一学年，包括研究生阶段的各类平台课、必修课和选修课。学生在这一阶段普遍选课较多，目标集中在基础理论课和基础技能课。第二学年课程大幅减少，一般为专业必修课和选修课。学生在这一阶段会进一步进行专业技能的进阶训练，比如笔译方向会有商务、外事、工科，甚至医科专业领域的选修课，口译方向也会有同传、外事和会议口译等高端课程。MTI 的专业课程设置既要向学生展现职业翻译的基本内容，帮学生树立职业意识，也要让学生认识到在数字化和互联网时代大环境下，现代语言服务行业对翻译人才的新需求，比如翻译项目管理、本地化翻译、翻译技术和 AI 应用等。通过部分课程行业导师参与课程的方式让学生了解和掌握当下前沿的翻译技术和软件。MTI 学生，特别是口译方向的学生在毕业前很多都取得了口译和笔译两个方向的 CATTI 二级证书，这既说明了翻译行业对翻译人才提出了更高的复合型要求，也说明了 MTI 课程设置也可以或应该打破口笔译壁垒，贯通口笔译复合型人才的培养，使学生在未来的就业中更具竞争力。

课程学习和口笔译实践在 MTI 学业中缺一不可，既要避免只上课不实践，也要避免一切课程为实践让路的误区。《培养方案》明确要求笔译方向学生有至少 15 万字的笔译实践，口译方向学生至少有 400 磁带时的口译实践。口笔译实践是职业翻译人才业务能力提高和行业知识储备的重要保证，也是 MTI 人才培养与社会翻译职业化和产业化需求实现挂钩的重要环节，应当贯穿整个培养阶段。贯穿在日常学习中的专业实践可以为学生提供检验自己专业能力的同步机会，通过不断的实践和反馈（包括自我总结和客户反馈），及时发现专业内外可能存在的知识短板和意识欠缺。

（3）毕业现场实习。虽然在 MTI 课程设计和教学内容中，实践课程的教师会刻意模仿或设计不同的工作环境和条件，并借助自己的翻译实践或职业经历，让学生了解职业翻译的主要特点，比如假设或提供翻译任务的特定背景、质量要求、客户、译文使用对象、目的、交稿时间等，甚至会设计较大的翻译项目，要求学生组建翻译小组、安排项目负责人，并要求使用翻译软件或机助平台进行分工合作和项目管理等等，但在大多数情况下，学生的任务或者关注点仍然还是从原文到译文的语言转换，也就是在要求时间内提供一个尽可能准确和通顺的译文。这种"准"职业翻译活动成为学生在学校环境中距离职业翻译最近的机会，但实际上，这个过程只是职业翻译工作的一个部分。在这个过程中，人和环境的因素都比实际工作中的情况简单得多，对翻译产品最终形成的影响也要小得多。因此，只有通过进驻翻译机构或在翻译实际环境中进行现场工作，学生才能真实地面对职业翻译中每一个环节的具体任务，理解客户需求和翻译策略之间的关系，学习如何避免风险，解决问题，进而对已有专业知识进行反思，对自己的薄弱环节进行补充，甚至还可以在系统的专业实习中找到学位论文的选题来源，进行素材积累，促进对实践得失的总结和理性思维的提升。

从学生的角度来讲，作为衔接专业学习和职业生涯的重要环节，MTI 专业实习能够让学生获得真实的职业翻译体验。在真实的工作环境中，在职业译员的指导和支持下，实习期间的学习不但可以培养学生承担翻译、校对、编辑、项目经理等不同工作的能力，提升职业竞争力，还可以锻炼其在解决问题、分析性和批判性思考、团队合作、客户沟通、个人发展、计划和组织等方面的能力。除此之外，学生在实习单位进行内部现场服务还有可能从事翻译之外的其他相关工作，比如原稿的整理、分析和修改，术语的挖掘及管理，译文的不同格式处理和整合等等。对于 MTI 学生来讲，这些工作在专业学习中几乎没有或很少有机会接触或从事。因此，对这类工作的预期应当是以观察和体验为主，了解这些工作与翻译本身之间的相关性，以及整个翻译项目运作的系统性。在专业实习的过程中，职业知识的学习和职业道德的培养也是贯穿始终的。学生应当做好身份转换的准备，学习承担职业翻译的相关责任，增强对翻译产品及相关工作的责任心。

从培养单位的角度来讲，MTI 实习的目标应当与其高层次翻译职业人才的培养目标相一致。张莹（2011：14）认为 MTI 实习模块需要精心的设计和管理，在实习目标、实习单位的选择与协调、实习时间的长短、实习生管理、实习报告书设计、实习后续研发等方面有清晰的认识和明确的流程，以充分发挥实习模块的功能，促进 MTI 教育体系的更好发展。

（4）硕士学位论文的撰写和评价。《培养方案》中明确 MTI 的学位论文可以采取翻译项目、实验报告和研究论文三种形式，但总体上来讲，要求体现学生将翻译实践中获得的主观感性经验提炼为对翻译活动某一特点和规律的理性认识，为以后的翻译实践提供指导，并且能够体现翻译实践与翻译行业和职业的关联性，最终体现出 MTI 教育的应用性和职业性。因此，翻译报告或实践性论文的选题应当注重是否体现口笔译及相关语言服务环节的实践性和职业性特点；实验报告的选题应该注重研究对象在口笔译实践环节中的重要性，实验设计符合科学研究规律和程序，实验数据具有推论出实验结论的合理效度和信度。《培养方案》对 MTI 学位论文的写作期限、论文形式、评审方式、答辩人员构成均有规定，但对论文的评价方式并没有明确的具体说明。大多数学校的 MTI 学位论文评价都是由所在学校的学位管理部门统一管理，沿用学术型硕士学位论文的评价模式，并不能体现专业学位教育的特点，更不用说 MTI 学位论文的特殊性。穆雷和杨冬敏（2012：92）在分析现有 MTI 的学位论文评价的基础上，根据学位论文管理的相关条例，借鉴其他专业学位论文的评价方式，结合 MTI 教育的特点以及对学位论文的要求，提出了 MTI 的评价方式。这一评价方式包括定性评价和定量评价两个部分，定性评价主要对学位论文的整体质量进行评价，定量评价则根据设定的评价指标、衡量标准和各指标所占权重确定具体得分。其中论文选题、综述、创新性、工作量四个指标各占 10%，研究设计和组织、研究意义和价值两个指标各占 20%，涉及论文写作形式的外语运用能力和规范各占 10%。

虽然 MTI 人才培养在各阶段重心不同，但整体重心为提高人才培养的质量。也就是说，MTI 教育的人才培养在现阶段和未来一段时间里需要服务于中国在深化改革开放、实施"一带一路"倡议以及参与全球治理等事务中对高端翻译人才的需要。

参考文献：

穆雷，杨冬敏，2012. 翻译硕士学位论文评价方式初探［J］. 外语教学（4）：89 - 93.

张莹，等，2011. 翻译硕士专业学位（MTI）实习模块的设计［J］. 东方翻译（5）：14 - 17.

仲伟合，姚恺璇，2016. 从专项评估看翻译硕士专业学位教育的问题［J］. 东方翻译（2）：4 - 9.

On a Phased Mode of MTI Talent Training

Liu Jia

Abstract：During 10 years of MTI education in China, great improvement has been made in the aspects of education goals and vision, training program, teaching curriculum setting and management, and building of qualified teaching team. Talent training plays a crucial role, which needs a phased training mode with different corresponding purposes. This essay aims to explore a feasible mode integrating 4 phases of candidate selection, course taking and daily practice, on-site internship training and writing of translation report or thesis.

Key words：MTI education；talent training；phased training mode

大学英语教学中西方文化典籍的引入初探

潘静文

（四川大学外国语学院，成都 610064）

摘　要：作为文化经典，西方文化典籍对西方社会产生了重大影响。而大学英语教学不仅要培养学生的语言技能，更应提升学生的综合文化素养，拓宽学生的视野。笔者结合互动式、小班化教学实践，探讨将西方文化典籍融入大学英语教学的策略。

关键词：大学英语；互动式教学；西方文化典籍

1. 西方文化典籍与大学英语教学的关系

英语是世界上使用最广泛的语言之一，在国际文化交往中起着非常重要的作用。就文化与语言的关系来看，文化先于语言又渗透语言，而语言作为一种符号系统，承载和反映一个社会特有的文化。如果对某一社会的文化系统没有一定的认知和了解，很难实现对此种语言的深入理解和适当应用。因此，在帮助学生掌握语言，形成跨文化交际能力时，英语教学势必不能只局限于英语语言技能方面的培养和传授，对教材中蕴含的文化知识和内涵理应有深入的挖掘，方能有效地理解和恰当地运用英语这门语言。

在目前中国大学中，大学英语课程是大学生必修的一门基础课程。根据教育部颁发的《大学英语课程教学要求》，大学英语的教学目标是"培养学生的英语综合应用能力，增强学生自主学习能力，提高综合文化素养，以适应社会发展和国际交流的需要"。简言之，以语言能力培养为基础，全面提升大学生的综合素质，拓宽学生视野，不仅是大学英语教学和进一步改革的需要，也契合通识教育的目标和模式，有利于促进高等教育国际化。目前，大学英语教学改革虽成绩斐然，但总的来说，在教学理念、内容和方式上仍然过多地强调和依赖语言能力，尤其是词汇和语法能力以及应试技能的培养，大学生中普遍存在的知识结构失衡、文理沟通不足、人文知识和国际文化匮乏的状况未见有效的缓解，这些短板的存在导致许多学生苦学英语而未见有大的提升，并进而直接影响到他们学习英语的兴趣。因此，将大学英语教学置于人文教育大背景下，在培养学生语言能力的同时，通过讲授西方文化经典，辨明英语文化的思维和行为模式，以促进学生思辨和表达能力的培养，是大学英语教学改革的重点方向。

2. 西方文化典籍引入大学英语教学的实践

以上述理解作为背景和认知，笔者在所承担的大学英语本科教学中，将西方文化典籍的介绍以及中西宗教文化的比较引入英语课堂，在夯实学生语言基础的同时，采用中西并举的方式，使学生了解中外文化经典，辨析文化思维的差异，以拓宽知识面，提高人文素养，带动学生学习英语的兴趣。

国内大学英语教材和辅导材料涉及不少与西方文化典籍有关的文化背景和语言知识，以四川大学公共外语课堂教学现用的《全新版大学英语综合教程（第二版）》为例，与西方文化典籍有关的节日、习俗、人物、故事、主题、语言、文体等比比皆是。第一册第一单元课文末段出现这样一句话："In the eleventh grade, at the eleventh hour as it were, I had discovered a calling." 此句中 "at the eleventh hour" 出自有关葡萄园工人的寓言，寓言本意为神白白给予恩典与慈爱，不受人现世的举动和善行左右；第三册第一单元课文中有这样一句："There is, as the saying goes, no rest for the wicked on a place like that—and not much for the virtuous either." 典籍原文是 "There is not peace, says my God, for the wicked." 作者灵活地化用了原文，将农村生活的忙碌劳苦生动形象地表现出来；第二册第二单元中涉及圣诞节习俗以及 "爱" 的意义、救世军的背景知识；第三册第二单元中提及古代以色列人的著名先知摩西，作者将 "地下铁路" 的领导人亨森比作摩西，恰如其分地指明亨森所起的核心作用和承担的艰巨任务；第三册第五单元中出现感恩节、清教徒等背景知识；第三册第六单元中出自西方文化典籍的有关两性平等的表述等。这些散落在教材各处的西方文化典籍的相关知识，或提供了与课文密切相关的背景，或从语言和文体上适当修饰文章，传达出言外之意。如果在教学中对这些背景和语言知识视而不见、含糊其词甚至避而不谈，将会给学生造成理解和学习上的障碍，阻隔学生瞭望英语文化的视线。

笔者在所承担的大学英语教学中，选取《全新版大学英语综合教程（第二版）》第三册第二单元的课文为授课内容，从决定中西文化根本差异的 "土壤" 入手，介绍中西方创世故事和神学与哲学含义，以及在文学与文化上的表达，并对在这一主题上中西文化的差异做出对比。依托现有的小班教学模式，笔者采用的主要教学策略如下：

（1）预备环节。

在现代教学理念中，教学不再是教与学的单向授受过程，而是互相成全、互为相长的动态循环，因此，笔者着力建立以学生为主体的教学模式，强调学习的过程和学生的参与，以此提高学生的实际语言技能，提升对英语的兴趣。在导入环节，笔者以课文中的一句话"The Bible, in bidding us to feed the hungry and clothe the naked, said nothing about color"为切入点，以小组为单位，布置研读典籍原文、查找资料的课后任务，各讨论小组自主设定话题，为下一步的课堂讨论和参与做好热身。

（2）互动环节。

在学生完成为时一周的资料搜索和分析及教师在线上的引导和点拨后，学生早已"有备而来"，期待课堂的互动和观点的碰撞。首先，教师引导学生再次细读西方创世故事，同时观看相关纪录片，引导学生勾勒创世故事的梗概及规律性，比较中西方创世故事的异同。同时，负责剖析中西创世故事差异的小组同学讲述中国古代典籍如《山海经》中的盘古开天辟地、女娲造人故事以供大家讨论。讨论中，大家各抒己见，对耶和华创世与女娲造人、盘古开天地的故事进行对比，认识到作为远古创世神话，中国古代神话故事虽与西方创世故事有一定的契合处，如中西创世故事在世界之初的混沌状态上有相似性，但总体而言，古代中国创世神话粗简、散乱，呈"碎片化"，而与之对应，西方创世故事则经后代人持续的加工整理、吸收其他民族新的神话色彩后，具有强烈的体系性、神学性特点，对西方文化影响甚为深广。

西方文化典籍所蕴含的信仰传统与价值观念业已构成西方文化意识形态的核心，以"集体无意识"的形式沉淀在西方文明深层结构之中，对西方世界的思想意识、哲学观念、伦理道德、政治律法、生活方式以及文学艺术等产生深远的影响。有鉴于此，接下来以小组为单位，对西方创世故事中所体现的伦理观在西方文化领域的反映进行讨论，进一步展开对西方文化内核的认知。如有小组指出，西方创世故事中明确提出，所有人都是耶和华创造的，这提供了"人人平等"的依据，具有伦理道德意义：人的本性具有共同的基础和来源，因此，天赋人权、生而平等应是颠扑不破的真理。小组引用的例证有1776年美国独立宣言、肯尼迪总统就职演说、小说《简·爱》中的场景、英国18世纪废除黑奴贸易的先行者威伯福斯在英国议会中长达半世纪的坚持等；而另一小组针锋相对地提出，虽然这一创世故事在美国历史上曾为解放黑奴提供了依据，但需要注意的是，很长一段时间以来，南方种族主义者用该隐、罗得等的故事作为奴隶制的辩护工具，对这一罪恶行径赋予神圣色彩。

课堂上，同学们一起欣赏西方绘画史中有关耶和华创世的作品，如意大利文艺复兴三杰之一的米开朗琪罗的画作《创造亚当》，18 世纪英国诗人、版画家威廉·布莱克的画作《永恒之神》，法国后印象派巨匠高更有关三个终极问题的绘画作品，品评不同历史时期、持不同观点的绘画者对创世故事的不同看法，甄别其中所涉及的西方文化经典相关内容。由创世故事所涉及的人人平等的观念推延开来，对两性平等、西方社会的基本家庭观念、人类中心主义的环保意义等展开了一系列讨论。在整个讨论过程中，教师始终以穿插意见和交织话题的导航者角色介入其间，与学生分享各个话题的思路和观点，引导讨论更趋深入。

（3）反馈环节。

在现代教育理论中，教学过程中应注意学习者的主动性原则、社会性原则等。此外，学习后的反思，包括对学习过程的评价和调节也不应忽略。因此，在课堂讨论结束之后，学生以组为单位，整合个体的学习智慧对各自负责的内容进行深化和总结，并提出还有待思考的问题和方向。同时，教师也通过在课间和课后收集学生的反馈意见，对授课内容和手段进行评价。在分析收到的共计 82 条学生反馈意见后发现，同学们一致认为这种授课方式形式新颖，较之传统的以语言为中心的授课模式，课堂的趣味性更强，课堂内容更丰富，有助于拓展知识，增强学生学习英语的兴趣；通过欣赏画作和文学作品等，学生可以进一步理解西方文化典籍在西方思想文化领域的影响，他们表示希望能多将英美多元文化知识与平时的英语学习相结合。也有学生对这类教学方式提出了一些有益的建议，如多引介与之相关的影视作品和艺术类图片，与中国传统文化相对照，促进对传统文化的认知，提高对传统文化的兴趣；可开辟拓展型的第二课堂，如广泛阅读、主题讨论等，作为大学英语课堂的延伸。

3. 结语

现代教育理论层出不穷，教学策略和方法也多种多样，但实际运用却万变不离其宗：以学生为主体，充分激发学生的学习主动性，促进他们对知识进行主动发现和意义建构，融合群体的学习智慧，以达到真正的传道授业的目的。

在具体实施过程中，可以综合选择英语教学策略和方法，采用多样化、动态化的现代教学手段，综合使用讲义、课件、影视、音乐、美术等教学资料，增强课题的知识性、欣赏性和学术性，提高课程的普适性、深刻性和整合性，同时注重课堂教学的启发性，采用小班讨论制、论文跟进制等教学策略，启发学生进行思考，通过问卷、询问等方式把握学生的认知水平、学习兴趣，提高教学的针对性。

当然，上述策略的实施还有赖于教师本身的人文素质的夯实，教师平时应有意识地加强自身文化意识的培养，积累丰富的学识和经验，以满足培养学生人文素养的需要，为学生提供一个让他们有兴趣、有动力参与的课堂。

On Introducing Biblical Culture into College English Classes

Pan Jingwen

Abstract：As a cultural classic, the Bible has been exerting dramatic impacts on western society in all aspects. And college English teaching aims not only to improve language abilities but also enhance comprehensive qualities and broaden horizons of students. Thus, based on small-class and interactive teaching practice, the paper explores teaching strategies for introducing the Bible into English classes.

Key words：college English teaching；interactive teaching；the Bible

大学英语课堂 3Ts 通识教育模式初探

李 琳 方云军

（四川大学外国语学院，成都 610064）

摘 要：以人才培养为导向的高校教学在新时代背景下也有了新的目标。现代教育认为，仅仅依靠专业知识学生并不能在未来的职业发展中取得很大成就。而对学生进行通识教育，引导学生通过阅读典籍形成理性的思考，培养创新能力，发展理解能力对学生的长久发展极为有利。因此，本文从大学通识教育的传统阐释入手，结合现代大学英语教学背景下的行政及教学手段，探讨通识教育的可行性条件，并以从教经验结合现实状况阐释在大学英语课堂上如何以行政、教学与技术三方面交互合作的方式进行"通识教育"，展开探索性的策略研究。

关键词：通识教育；大学英语；3Ts 模式

通识教育进入我国高校的教学课程设置的时间并不算太长。从原国家教委召开文化素质教育试点工作会的 1995 年开始到 2019 年这近 24 年的时间里，科技的迅猛发展和信息技术的快速进步，使得大学英语的课堂教学也发生了巨大变化。教师在课堂上依托多媒体设备进行教学早已从追赶潮流之举变成司空见惯的手段。"慕课"模式和翻转课堂，更由于现代教育技术的支持而成燎原之势。较之传统模式，教学形式也已变得多样。有了这些铺垫，笔者认为在大学英语课堂上实施一定程度的通识教育具备可行的条件。作为高等教育的主体，大学在发挥"教学"的基本职能之时，应该回归"教育"的初衷，以"育人"为本，以"导学"为翼，培养学生的思辨能力、创新思维、判断力和学习能力，推动学生的素质发展，充分发挥高等教育的社会职能。

1. 通识教育的传统与模式

1.1 高等教育中通识教育的传统追溯

文艺复兴时期诞生于欧洲南部的现代大学从功能上而言就是"传授知识和讲解技能"的机构。当时行业公会盛行，大学也类似于同业行会，教师与学生的关系基本等同于师徒，师傅"答疑解惑传扬经典"，学生"叩问求解传播知识"。彼时的大学"教学"体现在知识的教授上，"教育"则体现在对典籍进行解读和培养传统人文道德上。"教学"与"教育"在大学并重齐行的状态使得大学在当时的欧洲成为知识人士向往的圣殿。

在工业革命时期，技术革新大大改善了人们的物质生活，顺应时代要求，在工业革命的起源地英国，"学园"兴起。学园重视学以致用，例如1757 年开办的瓦林顿学园，其建立的宗旨就是"为立志进行学术研究和从事工商业的所有人员提供教育"（王英，2016）。

美国的高等教育深受清教主义的影响，对神的敬畏使得教育被神权渲染，充满了强烈的功利主义色彩，早期的高等教育的很大一部分功能就是培养职业的神权人士。"其简单而又首要的任务是培养有道德的基督绅士，他们精通文学、古希腊罗马经典著作和圣经文化，他们将在美国社会承担领导职务，尤其是牧师、商人、律师和民选官员。在新教盛行的年代，不仅是课程，连整个学院都融进了高度统一和普遍的众人意志；教育和道德水平的双重提升。"（余承海、程晋宽，2017）

19 世纪中期开始，美国的高等教育进入转型期，教育转型的倡导者们认为传统的人文教育和以农业社会为导向的课程设置难以适应工业化、日益都市化和以科学为本的社会发展，传统的博雅教育在此时代背景中难以为社会创造出适宜的人才。高等教育的设立初衷已然不符合时代要求，变革势在必行。"教育"的职能更加淡化，技术和专业的"教学"日益受到重视。然而对从事高等教育的有识之士而言，这种教育方式与高等教育的初衷不符，哈佛大学 1945 年出版的《自由社会的通识教育》（即俗称的"红皮书"）倡导回归对人文精神的重视。"事实上他们确实认为通识教育的问题比原子弹更重要，因为原子弹归根结底是要人来掌握和控制的，而人成为什么样的人则是由教育的目的和方向来决定，不是由原子弹有多大来决定的；而且人是否能成为负责任的道德主体，也不是由专业化的博士生教育所决定，而是由基本的人文历史教育所塑造。"（甘阳，2006）此后，美国的高等教育经历了哥伦比亚模式、芝加哥模式、斯坦福模式和哈佛模式，每个模式都充分建构在本校的教学理念之上，借鉴他校的成功经验，探索适于本校的通识教育体系。应该说，美国的高校之所以在文明世界中迅速崛起并成为世界高校竞相模仿的典范，与其重视通识教育并形成了体系化的课程设置息息相关。

1.2　国内高校通识教育的基本模式

国内高校的通识教育改革起步晚，但是发展迅速，在多所大学形成了一定规模，建立的基本模式亦是高校进行通识教育的有效尝试，可供其他高校借鉴和学习。

北京大学元培学院的建院宗旨为"加强基础、淡化专业、因材施教、分流培养"。北京大学具有良好的学科条件、师资及教学资源，元培学院对低年级学生采用以通识教育为主的培养方案，到了高年级阶段再进行宽口径的专业教育。一年级新生不分专业，只按照文理大类选修通识教育课程和大类平台课。在生活管理上将学生按照进院时按专业划分的行政班进行统一管理。

与元培学院不同的是，复旦大学的复旦学院大一新生不按专业组建行政班，不同专业的同学被安排在相同的宿舍里。学业管理上，采取的是专业基础课与通识教育核心课程并重的方式。在专业学习以及生活管理上，设立导师制，对学生进行全方位的指导，给予建议、引导学习、答疑解惑。

中山大学的博雅学院在高等教育大众化的时代要求下，进行精英式的博雅教育。招生伊始限制学生数量，择优组成博雅班。学生不分专业，课程设置贯彻"少而精"的原则，本科期间学生的主要课程是研读中西方文明经典著作。

纵观以上模式，通识教育基本上是举全校之力，集聚不同专业的优秀师资，引导学生对反映人类文明的经典著作进行阅读和反思。这种做法诚然可行，但是，对于专业教师的英语阅读能力相较于英语老师较弱，而西方经典著作通过英语这一语言媒介向学生展示的现实而言，通识教育的课程由英语教师讲授，将不失为一种有益的方式。

2.　大学英语课堂通识教育的历史与现状

2.1　英语课堂通识教育的历史背景

我国的通识教育在高等教育中的外文教学领域具有优良传统，而这一领域是人文教育的重要阵地之一。因为语言方面所具有的优势，外语专业学生在阅读西方典籍，进行思考和探索时有较强的支撑。外语专业对通识教育的重视由来已久，外语专业学者中也不乏学贯中西的大家。在课程设置上，过去清华大学和北京大学的外文专业，"没有安排听力、写作、阅读这类提高外语语言技能的课程，重点是修读英文原典，通过文、史、哲类作品的深广阅读提高学生的人文修养、语言素养以及对外国语言、文化、思想的感悟和理解，达到打通学科，融汇知识，贯穿古今，汇通中西的通才培养目的"（王鲁男，2013）。

外语教学实施通识教育具有得天独厚的条件。语言的学习不仅能提高学生的语言能力，还能提升其思维能力和思辨能力，学生可以对人文和哲学问题进行更为深入的思考。语言中所蕴含的文化给予学生多维度的背景知识，学生可以进行不同价值观的比较并形成自我对人类生命价值的思索，培养健全的人格和广阔的视野。通过比较，他们可以了解人类文明的总体状况和面临的问题，而这无疑就是人文教育的核心内容，也是通识教育的初心所在。

国内的英语教育专家早就针对此问题进行过理论探索并积极开展实践。黄源深（2001）呼吁道："我国仅需要少量外语与文学、外语与语言学相结合的专业人才以从事外国文学和语言学的教学和研究工作，而大量需要的则是外语与其他有关学科——如外交、经贸、法律和新闻等——相结合的复合型人才，培养这种复合型的外语专业人才是社会主义市场经济对外语专业提出的要求，也是新时代的需求。"新时代越来越需要复合型人才，而实现此目标则需要以通识教育为手段，使学生在掌握专业技能的同时，能以通识和博雅学识为依托，培养创造性思维，在专业领域越走越远。关于"通识"与"专识"的关系，梅贻琦曾经如是表达："通识为本，专识为末……应在通而不在专……社会需要者，通才为大，而专家次之，以无通才为基础之专家临民，其结果不为新民，而为扰民。"（转引自刘秀峰、廖其发，2009）吴鼎民针对大学英语的通识教育提出过"三套车"的理论，即把英语语言、中外文化和多学科知识系统地融入大学英语教学，这样就把大学英语课程改造成了语言技能培训、人文文化典籍学习、专业学科知识学习"三合一"的综合课堂。关于"三套车"的理论，有一个很形象的比喻："语言是载体，好比是一辆车，如果用它运载垃圾，路人会掩鼻而走；如果用它运载普通的货物，那也引不起路人的兴趣；然而如果用它运载鲜花，路人会引颈观望。"因此，他希望，"让我们以英语为载体，运载古今中外文化科学知识的鲜花，激发学习者的兴趣，使他们在吮吸知识芳香的时刻，也汲取着英语的营养"（吴鼎民，2005）。

2.2 大学英语与通识教育的关系

高校的大学英语教学虽各具特色，但也具有显而易见的共同特点：针对的授课群体庞大，面对的学生专业类别多。关于大学英语与通识教育的关系，学者们的观点主要可以概括为三种。

第一种观点认为大学英语与通识教育完全是两码事。此观点认为，英语教学是以培养英语这门工具的运用技巧为主，这属于"专"的"技术培养"，与通识教育对学生的"通"的素质培养分属不同阵营。吴鼎民和韩雅君（2010）在考察了通识教育之后认为，用通识教育的思想对大学英语进行改革有利于推动课程建设，突出外语教学的"工具性"和"文化性"的特点。第二种观点认为大学英语基本等同于通识教育，因为二者的教学目标均是培养高素质复合型人才。马彦（2009）认为应将大学英语纳入通识教育的课程体系，大学英语的课程、教材、教法和评价等应符合通识教育的要求。第三种观点认为大学英语担当不了通识教育的重任。吴鼎民等人（2010）认为，大学英语课程的本质仍然为语言教学。

2.3　大学英语课堂通识教育模式存在的问题

大学英语课堂在过去很长一段时间内都被教学大纲束缚，师生疲于应对大纲，没有时间进行课本之外的知识学习和技能引导。在课堂教学时，教师也只能对课本中出现的文化要点稍作拓展，引入一些背景知识的介绍。知识是以"点"的形式而非以"面"即"系统"的方式来呈现，与通识教育的"系统工程"相差甚远。再者，大学英语课教师熟悉的是常年讲授的课本内容，把握的是学生的心理，操练的是惯常使用的教学手段，对经典文献的深层次理解和跨文化知识的融汇甚少涉猎，限制了通识教育的实施。同时，传统的教学手段——黑板和粉笔——对于信息量巨大的通识教育来说也是一个不得不考虑的制约因素。

3.　大学英语课堂通识教育模式的改革探索

3.1　3Ts 通识教育模式的界定

现代教育的顺利开展有三个必要条件：教师、学生和技术手段。3Ts 就是以这三方面为基础，为具体实施"通识教育"而进行的尝试。3Ts 中的 3 个"T"分别是"Team""Training"和"Technology"三个英语单词的缩写。"Team"是指师资的整合，"Training"是指对学生进行指导的具体方法，"Technology"是指所依托的技术手段。

"Team"是从教师层面进行的总结。四川大学外国语学院从事大学英语教学的教师有 120 多位，他们承担了全校超过一万名学生的大学一、二年级的基础必修课——"大学英语"课程的教学。一年级课程设置偏重阅读与翻译，二年级偏重阅读与写作。由于传统原因，大学英语课教师中具有博士学位的比例较低，很难应对通识教育对教师提出的统筹学识和引导先进的要求。但是这种状况在近年来得到了极大的改善，教师不断提升自我专业素养，在读博士和拿到博士学位的教师接近半数，所读专业基本集中在西方文化理论研究、文学理论研究、比较文学、历史学、宗教学、欧洲文化及翻译理论研究等方面。系统地阅读大量典籍是这些专业的共有特点，在攻读博士学位期间教师们积累的典籍知识对开展课堂教学，指导学生阅读有一定帮助。

教师根据专业所长，可以按照"欧洲起源文化""英国文学概况及典籍选读""美国文学概况及典籍选读""哲学入门及思辨经典""基督教文化及经典作品"等方向组建团队，发挥专长，各施所能，带领学生进行经典著作的研读，还可采取跨学科的授课方式，与兄弟院系的教师共同授课。

"Training"是指对学生进行指导时采取的具体方法。通识教育虽说对所有本科生都适用，但是如果学生的专业背景与通识教育课程有交集的话，会更有利于学习的深入进行。笔者认为，分组不必过细，但是最好按照"文（经管商）理（工）医（药卫）"的大类进行。建构于市场调查和政治经济形势分析基础上的"经济""管理""商科"，就学生在社会交往与对政治局势的理解和未来的行业选择来看，要求学生具备统筹分析能力和对全局的把控能力，这与文科学生在人文方面的训练目标是契合的。再者，从高考录取来看，这几个门类的生源均是"文理兼收"，共同的学习成长背景可以帮助学生相互理解，使得学习更有成效。同理，理工科的学生可以形成理工组，而医学、药学、卫生学的学生应被编入同组。将学生进行分组利于选择更适合的读物。"文经管商"科可以对有关政治历史和社会意识形态的经典进行细读，科学发展和哲学思想相关书籍对理工科学生的思想塑造具有指导意义，而医科和药学以及卫生护理专业的学生则可对人类文明史和西方科技发展史进行更为广泛的涉猎。

近年来，四川大学强调本科教学效果，本科教学更为规范。从管理层面而言，对本科阶段的教师的衡量标准更加细化，对学生的各项学业要求也在提高。学分管理制度使得学生对专业以外的选修课程很感兴趣，而非考试的结课方式使得学生有更多的空间进行自由思考和发挥。因此，从学生层面而言，我们也具备了开设通识课程的基础。

"Technology"在现代教育中尤为重要，现代科技为教学提供了很多便利。慕课、翻转课堂特别适合语言教学。四川大学投入了大量的现代化教学设备，确保互联网信号覆盖教室。教师和学生都有电脑，可进行"人机沟通"、"人人沟通"和"机机沟通"。快捷的信息获取方式和便利的教学设备使得以往的许多教学设想得以实现。新形势下，教师除了可以一如既往采取传统的课堂讲授的方式，还可以通过网络平台建立一个可共享的虚拟课堂环境，在虚拟课堂上互动。教师还可以在虚拟课堂中设置问答环节，布置的作业可采取标准化的选择题方式，方便学生进行系统自查。

3.2　3Ts 通识教育模式的实施条件

3.2.1　学生的素质和需求

在大学阶段，学生逐步具备了独立深度思考问题的能力，对世界充满了热情与好奇，有着巨大的潜力对未知的领域进行探索。然而比较遗憾的是，高等学府在培养学生的独立思考能力、解决问题的能力，能够融会贯通，在所学专业衍生出新的知识方面做得还不够。

"通识教育是指一种使学生通过对知识的广博的普遍意义的了解，形成内心统一的认识观和世界观，并通过理性和感性均衡发展，使之形成完善的人格，以适应现代化社会生活所必需的解决问题的能力、生活态度、道德和政治修养等广泛的教养要求的具体教育形式。"（常洁、袁爱雪，2011）尽管通识教育只能意会，难以用一个确定的方式明白无误地表达出来，然而通识教育"仍然是学生为终身学习和变化的世界做好准备的最好途径"（詹姆斯，2005：66）。就通识教育实施的教学主体而言，大学英语教师具备得天独厚的优势。就四川大学的外语教学来看，全校本科一、二年级的所有非英语专业的学生都有大学英语课，教师的授课对象也涵盖了文、理、工、医、管、艺、商所有门类的学生。在进行语言技能的输入的同时，将语言所代表的文化背景以及典籍经典介绍给学生并引导学生深度阅读是完全可行的。相较于之前修读大学英语课程的学生，现在的学生无论从知识的广度还是从思考的深度来说，都有了长足的进步。而互联网时代快捷的信息传输，以及文化信息在互联网上大量获取的便利性，也为学生的学习创造了条件。

3.2.2　教学行政管理的支持

高等教育日渐重视通识教育的现状也体现为教务处在课程系统的设置方

面给予支持。通识教育课程具备独立体系的教学计划和考核内容。教学督导在一个教学周期结束之后会对课程效果进行评估，并给出评估报告。与专业课程一样，通识课程也有学分，这会促使让学生像对待专业课一样对通识课程给予同等分量的精力和关注。

高等教育的思政辅导员在学生的教育过程中发挥着不可或缺的作用。辅导员在对学生的生活状态进行必要的管理之外，还要把握学生的思想动态。除此之外，他们还承担着教学任务。随着通识教育的全面展开，每两周一次的形势教育课也逐渐增加了新的内容，例如在新形势下如何树立正确的价值观，如何看待专业技能与人格素质的辩证关系，如何在"双创"活动（即大学生的"创新创业"项目）中既突出特色，凸显专业优势，又体现文化品格，面对就业形势如何培养"全人"，培养学生的思辨能力、判断能力和批判精神等。

学工部作为学生工作的管理部门，也对通识教育的开展起到了正面积极的促进作用。学生各团体通过仔细调研，在广泛征询学生意见的基础上，在任课教师的建议之下，举行多种竞赛，如"典籍知识大赛""你不知道的科学事实"等立足通识课程的比赛。这些比赛在全校范围内开展，掀起学生学习典籍和科学知识的热情。而"我来做面试官"这类职业模拟大赛则是对学生综合能力的检测，学生在通识课程中学到的辩论方法和哲学思辨能得到实际演练。

4. 结 语

"通识教育……的使命是发展学生对知识追求的价值取向、社会责任、理性精神、人文情怀、人生品位等，归根结底是实现人的全面发展。"（林玲，2008）2018 年 6 月 17 日至 21 日，第一届新时代全国高等学校本科教育工作会议在四川大学召开。陈宝生部长在会上提出了"以本为本，推进四个回归"的教学理念，倡议本科教学把"人才培养的质量和效果作为检验本科教学的标准"。大学英语的教学也应紧跟要求，在引导学生阅读经典著作时，引领学生进行深度思考，将教学与育人任务紧密结合，培养综合素质高的"全人"。这才是大学作为高等学府所应该承担的社会责任，"教学"是向学生传授专业技术，"教育"是培植品格、塑造品质，"教学"与"教育"双管齐下，有机结合，才实现新时代下的高等教育人才培养目标。

参考文献：

常洁，袁爱雪，2011. 高等学校通识教育存在的问题与思考［J］. 文史博览：理论
　（12）：85－88.

杜德斯达，2005. 21 世纪的大学［M］. 北京：北京大学出版社.

甘阳，2006. 大学人文教育的理念、目标与模式［J］. 北京大学教育评论（3）：38－65.

黄源深，2001. 21 世纪的复合型英语人才［J］. 外语界（1）：9－13.

林玲，2008. 高等院校"人才培养模式"研究述论［J］. 四川师范大学学报：社会科学
　版（4）：110－117.

刘秀峰，廖其发，2009. 梅贻琦《大学一解》教育思想的现代解读［J］. 西南教育论丛
　（3）：25－28.

马彦，2009. 大学英语应该成为通识教育的重要组成部分［J］. 现代大学教育（4）：
　103－107.

王鲁男，2013. 外语专业通识教育：历史、现状与展望［J］. 外语教学与研究（6）：
　922－932.

王英，2016. 英国工业革命时期的学园［J］. 亚太教育（7）：294.

吴鼎民，2005. 大学英语教学的"三套车"构想与高素质人才培养［J］. 江苏高教
　（4）：65－67.

吴鼎民，韩雅君，2010. 通识教育视角下的大学英语"三套车"框架构建［J］. 外语电
　化教学（5）：9－13.

余承海，程晋宽，2017. 从基督绅士到职业俗人——美国高等教育的转型与启示［J］.
　重庆高教研究（5）：12－18.

An Initial Probe into 3Ts General Education Mode
in College English Class

Li Lin，*Fang Yunjun*

Abstract：Having been directed by the orientation of cultivating professionals-to-be, university teaching, however, stimulated by the requirements in new era, now carries with new target. It is believed that the students can not make great achievements in future career by merely relying on professional expertise. General Education, which guides the students into forming rational thinking ability, developing creativity and promoting understanding capability, serves as a perfect assistance to support the long-term development for the students. This research starts from the classic explanation on university education and attempts to prove the feasibility of General Education in modern higher education, and in combination with the researcher's own teaching experience, makes efforts to explore the potential strategies on how to conduct General Education in college English class.

Key words：general education；college English；3Ts mode

四川大学通识教育课程设置改革初探
——英属哥伦比亚大学经验借鉴

方云军

（四川大学外国语学院，成都610064）

摘　要：四川大学作为研究型综合性大学，近年来在通识教育课程设置方面进行了重大改革，利用本校在传统文理学科领域的优势，重点建设以五大模块为主的通识教育课程体系。本文将分析比较加拿大英属哥伦比亚大学和四川大学的通识教育课程设置情况，探讨总结英属哥伦比亚大学在通识教育课程设置方面的经验，供四川大学在本科通识教育改革中参考借鉴。

关键词：通识教育；课程设置；改革初探

近年来，本科通识教育理念得到国内高校的普遍认可和接受，国内高校对其进行了大量理论探索，开展了课程设置改革。"通识教育既能采取许多不同的形式，又能在这所有的形式中反映出自由社会赖以存在的共同的知识与价值观。"（哈佛委员会，2010：45）通识教育对于高等教育的重要性不言而喻，通识教育的课程内容也许无法与特定工作产生快速直接的联系，但其涉及人类文明中最根本、最重要、最不可或缺的质素，能整合不同领域的知识，启发学生心智，引导学生通过讨论、思辨、批判与比较，了解自身及与自身相关的自然世界、社会环境、时代与文化。

具体说来，大学通识教育的实践意义主要体现在以下三个方面：一是可以帮助学生学会使用各种有效工具解决问题，掌握职业生涯中所需的分析、探索、创造、交流的能力。政治、社会和文化领域的通识课程重视创造性、进步性和理性学习，能让学生构建起专业学习的框架。二是能够促进学生自我意识的发展，推动学生探索新领域，了解新思想，形成新的世界观。通识教育课程选择面广，与专业课程相比，更能引领学生探索不熟悉的、非传统的、与学生自身的人生经历无关的领域，有助于拓展学生知识面，使学生形成更开阔的世界观。一个主修数学的本科生不仅需要在数学和科学领域打下坚实基础，也同样需要扩充文科知识。三是有助于学生形成独立思考能力和终生探索精神。通识教育有助于培养学生的历史观，帮助学生了解社会的进步发展，学会融会贯通，通过历史更好地理解时局，能用概率和趋势分析看待经济和商业活动，能通过人文学科知识对不同时代的人类经验进行比较，这对培养学生跨学科、跨时代、跨社会思考的能力极为关键。通识课程能促进学生思考、阅读、写作和谈论对他们来说完全陌生的话题，有助于学生开发智力，审视自己的人生价值、信念、观点和立场，促进学生的学习、反思和进步。

具有独立思考能力，能创造性地解决问题，学会终身学习，这些都是四川大学作为研究型综合大学的本科生培养目标。相比西方发达国家，国内高校的通识教育建设和改革起步较晚，迄今虽取得了很大进展，但仍存在一些不足。下面笔者就对加拿大英属哥伦比亚大学与四川大学进行比较，探讨两校在通识教育方面的特点和异同。

1. 英属哥伦比亚大学对本科通识教育的一些具体规定

加拿大的大学，包括英属哥伦比亚大学（University of British Columbia，以下简称 UBC），本科第一年开设的都是基础课程，只有大致的分科，如理科、文科、工科和应用科学等，不开设深入的专业课程。根据学生的成绩和意向，本科二年级的课程才会有专业方向的区分，专业设置很灵活，学生有很大的选择余地，但也有一些硬性要求，主要涉及课程修读的低级和高级学分要求、文科和理科选修课程的学分要求等。

以英属哥伦比亚大学理学学士学位的课程修读规定为例，普通理学学士要求修满至少 120 个学分，而荣誉学位要求修满至少 132 个学分①，这 120 个学分或 132 个学分中，48 个学分必须来自高级课程（300＋）；要求至少修满 72 个学分的理科课程，其中 30 个学分来自高级课程（300＋）；还要求至少修满 12 分的文科课程，但修读非理科或文科课程的学分不得超过 18 分。②

① 包括英属哥伦比亚大学在内的加拿大大学，提供各种本科课程及课程组合，以理科为例，有以下七种选择：主修（主修某个理科专业）、联合主修（combined major，即主修某个理科专业加上修读另一理科专业的规定课程）、主修＋辅修、主修＋主修（双主修）、荣誉学士学位课程、联合荣誉（combined honors，即修读某个理科专业的荣誉学位课程加上另一理科专业的规定课程）、荣誉＋辅修。要获得荣誉学士学位，需在正常本科课程基础上加修课程，共修满 132 学分，而其他学士学位课程只需修满 120 学分，但修读荣誉课程往往是进一步攻读硕、博士学位所必需的。主修＋主修、荣誉＋辅修这两种组合则是对理科课程之外的 300＋选修课程学分要求更高，为 54 个学分，而其他理科学士学位只需 42 学分。

② 英属哥伦比亚大学课程的数字编号代表不同级别，100 系列为初级课程，一般在大一阶段修读，200 系列课程一般在大二阶段修读，300＋为高级课程，一般在大三、大四阶段修读。

理科学位的通识教育一是强调对人文、艺术等文科课程的修读，要求修读由文学院开设的 12 个学分的文科课程，并重视对学生的阅读、书面及口头表达能力的训练。整个本科学习期间，为提高学生的表达能力，除英语之外，学生还应从理学院或其他院系开设的课程中选修一些有助于提高阅读、写作和口语技巧的课程，并通过参加学习小组、俱乐部、各类社会活动、社区服务或有偿工作进一步提升沟通技能。所有理科生必须在大一期间选修英语（112）或其他英语课程（100 系列）、科学（113）或土地食品课程（150）、科学（300）或化学（300）、应用科学（176）、人文一或其他同等课程，并修满 6 个学分，这 6 个学分是专为提高交流能力而设置的，不计算在前面提及的 12 个文科学分之内。二是强调理科学生应具备科学知识的广度，对科学有合理的理解，这主要体现在理学学士学位专业课程的宽领域和跨专业设置上。理科学分课程按课程编号分为 7 类：数学、化学、物理、生命科学、统计学、计算机科学和地球与行星科学。主修或修读荣誉学士学位的学生必须在 7 个类别中选择 6 个类别分别修满至少 3 个学分，双主修或修读联合荣誉学位的学生必须在 7 个类别中选择 5 个类别分别修满至少 3 个学分。对初级学分和高级学分也有要求，所有理学生必须修读规定范围的生物学、化学和物理基础课程和至少一项实验课程，以获取科学思考和实践的经验。单一理科专业要求的 48 个高级学分中，有 30 分必须来自修读理科（300＋）课程，另外 18 个高级学分可以来自修读任何学院的课程。荣誉学位、主修＋主修、荣誉＋辅修组合要求的高级理科学分为 54 分。理科各专业主修、联合主修或荣誉学位的最低学分要求详见下表。

英属哥伦比亚大学理学学士学位最低学分要求

学分类别	主修/联合主修	主修＋辅修	主修＋主修	荣誉/联合荣誉	荣誉＋辅修
总学分	120	120	120	132	132
300＋课程学分	48	48	60	48	60
理科课程总学分	72	72	72	72	72
理科300＋课程学分	30	42	54	42	54
文科课程总学分	12	12	12	12	12

学分类别	主修/联合主修	主修+辅修	主修+主修	荣誉/联合荣誉	荣誉+辅修
非文科或理科课程最多可修读总学分数	18	18	18	18	18

普通理学学士学位要求 120 分最低学分，其中文科课程 12 学分，交流沟通技能型核心课程至少 6 分，理科大类 6 个领域共 18 个学分，所以人文和理科大类课程学分就占去近三分之一。要求的 48 个高级学分中，来自理科课程的只需 30 个就可以。这种灵活的课程设置，涉及范围宽广全面，充分体现通识教育是关于人的生活的各个领域的知识和技能的教育，是非专业性的、非职业性的、非功利性的、不直接为职业作准备的知识和能力的教育。

英属哥伦比亚大学的文学院对于通识教育的贯彻，首先是制定了文科教育的六条原则：

原则 1：邀请学生探索社会科学、人文科学和创造性艺术的广泛知识。

原则 2：让学生了解现代社会的科学。

原则 3：为学生提供机会，让他们在选定的研究领域有深入的研究经验，从而融入大学的研究文化。

原则 4：通过强化写作指导、口头陈述和辩论以及学习第二或第三语言来培养沟通的艺术。

原则 5：帮助学生了解他们在多元文化的世界中作为未来领导者和公民的角色和责任，为他们以后的人生做好准备。

原则 6：让学生参与多样化的、开放的学习社区。

为实现原则 1 和原则 2，学院要求文科专业学生除修读 42 个学分的主修（专业）课程外，余下 78 个学分须来自创造性艺术、人文、社会科学、纯科学和应用科学的选修课程，选修课程必须满足"共同核心课程"的学位修读要求。共同核心课程分为两部分。一是"知识型共同核心课程"，要求修满 6 个文学与创意艺术学分，6 个科学学分，12 个第二或第三语言学分（取决于入学时的语言技能水平）。二是"文科写作、研究与口头表达共同核心课程"，这些课程是根据原则 3 和原则 4 设置的，旨在培养学生的写作、研究和口头交流技能，除第一学年修读 3 个学分的写作与研究课程外，学生还须修读 6 学分所选专业的高级写作与研究课程。

从英属哥伦比亚大学的本科生培养方案中不难看出，该校的课程设置有两个明显特点：

（1）设置核心课程。这是英属哥伦比亚大学本科教育的基石和核心，为所有本科生，无论其将来专业或职业方向如何，提供广阔的视野和共同的学术体验，使之谙熟文学、哲学、社会科学、艺术和科学上的重要思想与成就，帮助其扩展知识结构，培养批判性思维能力。但对核心课程的重视并不意味着对专业技能要求的降低，比如英属哥伦比亚大学要求理科学生必须修满72个学分的理学课程，但地理、心理学和其他理学院开设的知识普及型课程不计为理科学分，而属于知识型共同核心课程的一部分。

（2）核心课程与专业课程的相互统一和融合。英属哥伦比亚大学注重通识教育与专业教育的统一，鼓励学生以跨学科的比较视角看待分析问题。除核心课程外，有很多跨学科研究的本科项目供学生选择。以"应用数学"为例，学生可以在数学教育、计算机数学、金融数学、统计数学等多个专业方向中做出主修、主修＋辅修，或是主修＋主修的选择。根据具体的专业方向和课程选择，英属哥伦比亚大学数学学院给毕业生颁发的可能是理学学士学位，也可能是文学学士学位或应用科学学士学位。文科学生的跨学科项目，往往采用"18－12－12"课程模式，学生可以从人文科学、社会科学、创意与表演艺术和科学四个领域中任选一个专业修满18个高级学分，再从这四个领域中任选两个专业各修读12个学分。跨专业的学习不仅能拓宽学生的知识范围，也能加深其对专业的理解，能缩小综合性大学常有的功利主义和人文主义之间的矛盾，培养学生终身学习的能力，其毕业生既能成为合格的专业人才，又会是合格的现代社会公民。

2. 四川大学目前的课程设置和培养方案

四川大学的通识课程改革主要经历了两个阶段。第一阶段是开设文化素质公选课，最终形成了从2013级开始实施的大学本科创新人才培养方案。该方案旨在培养具有深厚的人文底蕴、扎实的专业知识、强烈的创新意识、宽广的国际视野的国家栋梁和社会精英，实行"323＋X"创新人才培养体系，培养模式是"通识教育基础上的个性化培养"。①

当时的通识教育包括思想政治理论、外语、体育、军事理论、军训等公共课程以及跨专业选修课程（含文化素质公选课）。通识教育课程具体修读要求如下：（1）思想政治理论课，修读 14 学分（理论课 9 学分、社会实践5 学分）；（2）英语课程，非英语专业本科生修读 10 学分，安排在前四个学期完成；（3）体育，每学期 1 学分，安排在前四个学期完成；（4）军事理论、军训，共计 1 学分；（5）形势与政策 2 学分；（6）中华文化（文学篇/历史篇/哲学篇）三篇任修一篇，3 学分；（7）大学生心理健康 1 学分；（8）新生研讨课 1 学分；（9）跨专业选修课程（含文化素质公选课）至少6 学分。前 8 部分基本属于全国性必修课程，只有最后的跨专业选修课程是学生真正可以根据自己兴趣选择的。

第二阶段始于 2017 年秋季学期，本科培养基本方案保持不变，但在通识教育方面进行了重大改革，重点打造出"人文艺术与中华文化传承""工程技术与可持续发展""社会科学与公共责任""科学探索与生命教育""国际事务与全球视野"五大通识教育模块，将"中华文化（文学篇/历史篇/哲学篇/艺术篇）"纳入"人文艺术与中华文化传承"模块，"大学生心理健康"纳入"社会科学与公共责任"模块，"大学计算机类课程"纳入"工程技术与可持续发展"模块。对现有文化素质公选课进行全面优化、提升，并新建优质模块课程，到 2019 年春季学期已经开设通识类课程总计231 门。新的通识教育模块课程设置，真正充分体现了四川大学一直提倡的通识教育基础上的宽口径专业教育，提高了人才培养质量。

四川大学的通识教育公选课有以下两大优势：

（1）课程覆盖面广，强调多样性和均衡性，对学生极具吸引力。以"人文艺术与中华文化传承"模块开设的 58 门课程为例，其中 23 门课程是关于中国文化的，既有对中国博大传统文化的弘扬，如"中国文化""中华文化（文学篇/历史篇/哲学篇/艺术篇）"，也有对具体领域的探讨，如"中

---

① 四川大学的"323＋X"创新人才培养体系的具体内容为：培养"3 大类"创新人才（综合创新人才、拔尖创新人才和"双特生"），实施"2 阶段"培养过程（通识教育和专业基础教育阶段、个性化教育阶段），开设"3 大类课程体系"（学术研究型课程体系、创新探索型课程体系、实践应用型课程体系），X 指的是若干个支撑项目。"双特生"是指在某一学科领域有特殊兴趣、爱好和特殊专长、潜质，或者在某一学科领域开始崭露头角或已经取得一定的成绩，或者对一些冷僻、人才稀缺的学科领域有一定程度的深入了解，有一定的独到见解的"奇才""偏才""怪才"。

国古典园林赏析""中国古典名剧赏析""中国历代美术经典作品赏析"
"中国古代文学经典赏析""中国现代文学经典欣赏""中国古代青铜器艺术
及制作""老庄生态哲学的实践价值探讨""内圣外王之道：中国古典文化
新解""漫长世纪：20 世纪中国史导论""中国建筑史""中国成语和俗语"
"汉字概论"，更有对区域文化或少数民族文化的介绍，如"中国少数民族
历史与文化""西藏的历史与文化""巴蜀社会与文化""巴蜀宗教与民间
信仰""四川方言"，甚至还有实用性的"太极拳技击与大学生防身健身"
等课程。有 14 门课程是介绍外国文化或语言的，包括"英美戏剧""英语
演讲艺术""美国文化""人类的语言——语言学入门""英美经典名著及
影片（英美文化视听）""商务英语写作""圣经文化""大学英语实用写
作""外国文学经典欣赏""西方视觉艺术经典赏析""西方园林史""西方
语言学理论基础""泰国文化概论""西方科幻文学赏析"。其他课程主要是
培养人文艺术修养的，具有实用价值和趣味性，如"插花艺术""陶瓷鉴赏
及陶艺""园林手绘与作品赏析""园林环境艺术""观赏植物与花卉产业"
"医药文化史""写作与沟通""佛教美术""中西方音乐概述""音乐修养
与体验""数码摄影科学与艺术""戏剧服饰美学欣赏""艺术鉴赏与人文
知识""古青铜器表面装饰的技术与艺术鉴赏""素描入门""水彩入门"
"双创微纪录片工厂（剧本创作）""科学与艺术融合的创意与实践""日常
生活美学"等。

学校在建设通识教育模块时，为充分发挥高端人才在本科教育教学改革
中的引领作用，要求每学院至少新建两门由教学名师、学术带头人或引进人
才等领衔的课程，所以总体而言，四川大学通识教育模块化后所开设的课程
较以前的文化素质课有了极大提高，开设出了很多精品课程和优质课程。

（2）很多课程是跨专业开设的，能让学生获得更广阔的视野。还是以
人文艺术与中华文化传承模块为例，具有传统学科优势的文科学院开设了大
部分课程，但很多理工科学院也依托其专业优势，开设了一些实用性很强的
人文艺术课程，如电子信息学院开设的"数码摄影科学和陶瓷鉴赏及陶
艺"，建筑与环境学院开设的"中国建筑史""园林手绘与作品赏析""园
林环境艺术""观赏植物与花卉产业""素描入门""水彩入门""中国古典
园林赏析""西方园林史"等。

在改革通识教育的同时，为适应以大类招生为方向的高考招生改革，学
校对 2018 级教学计划进行重大修订，优化、整合和凝练学科基础课程和专

业核心课程。虽然这项措施的主要目的是培养学生的专业核心能力和素养，但推动跨学科专业教育，鼓励各学院有针对性地为非本专业学生开设专业类课程，强调学生的全面发展，有效地促进了通识教育与专业教育的融合，整合了不同学院的资源，进一步促进了全校通识教育的改革。

3. 四川大学可以从英属哥伦比亚大学的通识教育课程设置中借鉴的经验

　　四川大学目前的战略定位是创建一流研究型综合大学，培养"具有崇高理想信念、深厚人文底蕴、扎实专业知识、强烈创新意识、宽广国际视野的国家栋梁和社会精英"，而通识教育则是培养创新型、复合型人才的必由之路。笔者认为四川大学可以从英属哥伦比亚大学的通识教育课程设置中借鉴的经验有三点：

　　（1）扩大学生在通识教育公选课五大模块的选课范围。如规定文科专业学生必须从"工程技术与可持续发展""科学探索与生命教育"两个模块各选修一门课程，理工科学生必须在"社会科学与公共责任""国际事务与全球视野"两大模块中各选修一门课程。英属哥伦比亚大学文科学生必修的公共核心课程包括6个学分的科学课程，此外该校还强烈鼓励学生选修一门或多门能够培养分析推理能力的选修课，了解概率与统计的概念、逻辑、科学方法以及科学方法对社会科学和人文学科问题的适用性和局限性等。英属哥伦比亚大学认为，文科教育应该让学生了解现代社会的科学，这并不是要求文科学生学习高深的理工科专业知识，而是要求培养学生的思维方式，让学生深入理解科学技术，具备一定的科学素养。同理，要求理工科学生具备一定的人文知识，其重要性已在前面解释，不再赘述。

　　（2）继续鼓励各学院有针对性地为非本专业学生开设专业类课程。这将进一步促进学生全面发展，促进通识教育与专业教育的融合。英属哥伦比亚大学文学院开设了两个第一学年项目：文科一和协调文科项目，两者在形式和教学方法上不同，但学分相同（18分），都涉及社会科学、人文科学和创造性艺术等学科。文科一是四十多年前在加拿大率先提出的综合性项目，是一个跨学科的"经典书籍阅读"项目，汇集人文学科知识和认识论，内容强调但不完全局限于哲学、历史和文学。相比之下，协调文科项目在本质上更具多学科性，向学生介绍三个或以上文科核心学科的基础知识，以及这些学科在研究有关全球公民意识、可持续性、政治经济学、哲学以及新媒体等主题时的相互关系。除文科的专业课程具备多学科性外，文学院还开设跨学科的科学与技术研究的辅修课程，从社会科学和人文学科角度研究科学，对科学进行反思和协作，并与理科学院进行合作，提供机会让文学院、理学院（应用科学学院）的学生进行交流和互相学习。丰富的课程选择有助于文科和理工科的融合，两个学院的学生能更全面地了解其选择的研究领域，以及将文理结合起来的方式。英属哥伦比亚大学目前正在试行两个项目，以期进一步促进文理科的融合。第一年学年开设"协调文科与科学项目"，将文科与科学学科结合在一起，强调其相互关系和互补性。第二学年的文理科联合课程，考察科学对社会发展的作用，包括重大科学发现可能引发的社会、伦理影响以及科学的哲学和历史根源。这意味着文科学生相当于需要上理科生一年级的基础课程。

　　四川大学已经开始重视通识教育课程与专业课程的融合，从目前通识教育开课情况看，"人文艺术与中华文化传承"模块目前开课 58 门，其中理工科学院开设共 17 门，经济学院开设 1 门。轻纺与食品学院开设的"戏剧服饰美学欣赏"、软件学院开设的"艺术鉴赏与人文知识"、制造科学与工程学院开设的"古青铜器表面装饰的技术与艺术鉴赏"等课程都将专业知识与艺术鉴赏或设计联系起来，让学生从理工科的实用角度更好地理解艺术创作。但反过来，文科学院主动对科学技术进行反思的课程并不多。"工程技术与可持续发展"模块本学期共有 44 门选修课，但无一例外由理工科学院开设。建筑与环境学院开设的"工程伦理案例分析"和轻纺与食品学院开设的"工程伦理"，以笔者愚见，如果是与相关文科学院联合开设，将呈现出更广阔的视野。"科学探索与生命教育"模块共开设 82 门课程，来自文科学院的只有马克思主义学院的"生命伦理学与生命法学"，该课程对生命伦理学的基本理论、观点、争议进行框架性介绍并选择热点问题进行专题讨论，引发学生对生命的思考，引导其观察和探讨全球化背景下的文化差异和冲突在医学领域的体现，这是文科专业主动向理工医科领域开展跨学科研究的很好的例子。四川大学接下来可以利用综合性大学学科范围广的优势，鼓励各学院在各领域进行合作交流，共同开设更多交叉学科的选修课程，让学生有机会尝试从多角度对目前世界的重要问题进行探讨。

　　（3）加强对学生沟通交流能力的培养，尤其是进行英文写作交流的训练。英属哥伦比亚大学对语言考试 LPI（Language Proficiency Index）的分数要求很高，共为五级。①而文科专业更是强调通过密集的写作指导、口头陈述和辩论，以及第二或第三语言的学习来培养交流技能，所有文科生都必须精通英语以外的一门外语，并完成 12 个学分的相关课程，这充分说明英属哥伦比亚大学对语言能力以及交流沟通能力的训练极为重视。反观四川大学的本科生，第一、二学年的必修英语课程为 10 学分，但很多学生在第一、二学期考完大学英语四、六级后就选择凭借四、六级考试成绩或托福、雅思成绩免修英语课，但培养交流沟通能力不是短时间能见效的，须贯穿整个大学阶段。现行的英语课程设置肯定无法满足这部分学生的需求。可以考虑开设层次更高的英语必修课程，超越传统课程，注重写作、阅读和反思性讨论，切实提高学生的语言运用能力。

4. 结 语

就笔者多年从事大学英语公共课程教学任务的感受而言，学生跨专业知识面相对较窄，没能充分发挥四川大学作为综合性大学的多学科综合优势，这在大学英语课堂上就热点或时事问题讨论时尤为明显。所以进一步改革完善模块化通识课程的设置和选修规定，强调写作能力，对培养学生跨学科、跨时代、跨文化思考的能力极为关键。

参考文献：

别敦荣，齐恬雨，2018. 论我国一流大学通识教育改革［J］. 江苏高教（1）：4－12.

哈佛委员会，2010. 哈佛通识教育红皮书［R］. 李曼丽，译. 北京：北京大学出版社.

克拉克，1993. 大学的功用［M］. 南昌：江西教育出版社.

周维莉，蔡文伯，2018. 质疑与反思：大学通识教育发展的再思考［J］. 教育探索（2）：71－74.

周叶中，2015. 人才培养为本，本科教育是根——关于研究型大学本科教育改革的思考［J］. 中国大学教学（7）：4－8.

FACULTY OF ART, UNIVERSITY OF BRITISH COLUMBIA, 2010. Liberal arts education for

---

① LPI（Language Proficiency Index），是由英属哥伦比亚大学开发、英属哥伦比亚省通用的标准化语言考试，包括句子结构（Sentence Structure）、英语用法（English Usage）、阅读理解（Reading Comprehension）和短文写作（Essay Writing）四部分，但最强调的是第四部分。英属哥伦比亚大学要求新生修读 6 个学分的"核心课程"中的培养交流能力的必修课程，如新生英语必修课"100-level English Courses"，修读要求是 LPI 考试达到 5 级（最高级为 6 级），其他大学要求相对低一点。

the 21st century in a research-intensive university［R］.

On the Curriculum Reform of General Education at Sichuan University: Learning from the Experience of the University of British Columbia

Fang Yunjun

Abstract: Sichuan University (SCU), as a research-intensive university in China, has recently made significant reform in general education and has built up a five-module curriculum structure by drawing on its strengths in liberal arts and sciences. A comparison between the general education curriculum at the University of British Columbia (UBC) in Canada and that at SCU will offer insight into the experiences SCU can learn from UBC to further improve its general education and become a leading centre of innovative research-based learning.

Key words: general education; curriculum; reform

大学英语课堂消解"中国文化失语症"初探①

翁晓红

（四川大学外国语学院，成都 610064）

摘　要：在英语教学越来越重视文化教学的大环境下，"中国文化失语"现象却愈加突出，这与偏重目的语文化的学习，忽视母语文化在英语语境中的教和学不无关系。本文拟从理论研究、语言教学和社会环境三方面分析中国文化失语产生的原因，进而探究在大学英语课堂中消解这一现象的策略，以顺应中国文化"走出去"的发展趋势，增强学生跨文化交际能力，服务于复合型人才培养的需求。

关键词：中国文化失语症；文化教学；大学英语课堂；跨文化交际

1. 引言

"失语症"在医学中是指与语言功能有关的脑组织病变引起的理解能力低下和语言表达障碍。中国文艺理论研究学者借鉴了这一医学术语，针对20世纪90年代西方文艺批评理论主导中国文艺批评的现象，提出"文论失语症"的观点，用以描述中国文论长期处于表达、沟通和解读的"失语"状态（曹顺庆，1996：50－51）。"中国文化失语症"则最早由南京大学从丛教授在2000年10月《光明日报》刊发的《中国文化失语：我国英语教学的缺陷》一文中提出，从丛教授注意到那些具有相当英文水平和中国文化修养的青年学者，虽然在英语语境下能流畅表达，愉快交流，但是当面对与中国文化相关的话题时，即使是博士生也词穷句短。这一现象并非个别，即使是多年教授英语的老师也与青年学者们有着共同或相似的体验。从丛教授把这种现象称作"中国文化失语症"，即英语学习者无法用英文流利地表达中国文化的现象。在近年来的大学英语四、六级考试中，考生在完成与中国文化紧密相关的汉译英试题时，把"黄帝"译为"Yellow Boss/China number one"，"叩头"译为"let my head duang duang duang on the ground"，"儒家"译为"ru home"等，诸如此类的翻译令人捧腹，但笑过之后不禁

---

① 本文系四川大学新世纪高等教育教学改革工程（第八期）"大学英语课堂消解'中国文化失语症'初探"（SCU8106）阶段性成果。

让人思索："中国文化失语症"这一教学中出现的问题由来已久，但时至今日仍未得到解决，学生仍无法用英语自由表达他们所熟悉的中国文化。本文拟从三个方面分析这一现象产生的原因以及应对的策略，以期消解中国文化失语现象，促进跨文化交际能力的培养。

2. 母语文化教学理论缺失，难以指导教学实践

学习语言要有明确的目的，大部分语言学习的目的都是为了交流，尤其是进行跨文化交流（Widdowson，1983：156）。跨文化交流的定义虽然在学界并未完全取得共识，但是学者们大多认为这种交流是双向的。一方面中国的学习者学习英语，了解英语负载的文化、风俗、人文知识，另一方面他们也有责任利用英语这一媒介传播本国的文化，让世界更多地了解中国。但是英语国家主要致力于英语文化的推广和传播，其语言学家的理论和教育家的实践研究均聚焦于如何在让英语走向世界的同时扩大英语文化的影响力，而较少涉及英语学习者对母语文化的表达和传播。Stern（1983：2－5）在《语言教学的基本概念》一书的前言里谈到，该书是从宏观的角度探讨不同情况下、各种环境中语言教学的问题，强调理论的指导作用，同时说明该书的局限之一是排除了母语教育的因素对语言教学的影响，即该书不涉及母语教育问题，原因是作者关注的是除母语之外的他语言学习和双语习得能力，母语语言艺术并不在此范围内。由此可见，语言教学中目的语教学有众多的语言学理论、跨文化交际理论作为支撑，这些理论很好地解决了目的语教学和传播过程中所出现的问题，但这些理论极少涉及母语教育教学对外语学习的影响问题，因而无法对解决跨文化交际中母语文化教育缺失的问题提供指导。借鉴外来理论受阻，探究国内相关的跨文化交际理论也未能找到答案。Wardhaugh（1969）指出，先进的教学实践是建立在把握先进的教学理论的基础上的，只有优秀的理论方能对实践提供有效指导。如果教育家、教学者忽视这一现象，忽视在跨文化交际中母语文化的缺位引发的交际障碍，母语文化失语现象仍将屡有发生。

3. 母语文化导入缺乏，英语表达艰难

语言是文化的载体，文化是语言的支撑，语言和文化两者互相依赖，不可分割（朱家科，2009：33）。文化教育在大学英语教学中占有举足轻重的地位。大学英语教学的目标从1999年颁布实施的《大学英语教学大纲》到

2004 年颁布的《大学英语课程要求（试行）》，到 2007 年正式实施的《大学英语课程要求》，再到 2014 年的《大学英语教学指南》，经历了一个较长时期的转变过程，从最初强调以培养学生的阅读能力为主，到注重培养学生的综合应用能力，特别是听、说能力，再到增强跨文化交际意识和交际能力，提高学生综合文化素养。教学重点也由听、说、读、写、译等语言技能的培养转变为文化教育。但是《大学英语教学指南》中并未明确文化教学是目的语文化教学还是母语文化教学或者是目的语与母语文化的融合教学。在大学英语教学实践中，教师们默认这是目的语及英语文化教学，因此越来越重视英语文化的教学，但是仅仅重视英语文化的教与学，学生就能用英语进行流利的表达和交流吗？如果缺乏母语文化的英文表达的教学和实践，引言中所出现的笑话就不能避免。国内语言学界和外语教学界认为，在语言学习中，不仅要学习一般的文化知识，还要学习特定的文化知识，以及本国的政治、经济、地理、宗教、历史、习俗等方面的知识（胡文仲，2013：4 - 5；夏纪梅，2006：33）。即使掌握了母语文化知识，如果不知道这些知识的英语表达，在日益频繁的跨文化交际中学生仍然无法流畅地表达。这是语言教学中重视目的语文化教学而忽视母语文化教学的必然结果。

4. 英美文化冲击，母语文化地位低下

英语是全球使用最为广泛的语言，世界人口的七分之一用英语交流，超过一半的书籍用英文印刷，五分之三的国际邮件用英文书写。鉴于英语语言的影响力，英语教材选编了反映西方节日、习俗、饮食、宗教、音乐、艺术等方面的文章，有些语言学习者对西方文化推崇有加，热衷于效仿西方的生活方式甚至思维方式，中国优秀传统文化受到冷落。除用于对外合作与交流，借助语言学习别国优秀的文化、先进的科学和技术也是外语教学的目标。在全球化日益发展的今天，我们不仅要把世界介绍给中国，也需要把中国介绍给世界。如果一味引进西方文化，忽视对中国文化的推广和传播，势必导致中国文化的"失语"现象愈加突出，"哑巴英语"时时出现。

5. 中国文化导入教学方法

为培养学生中国文化英语表达能力，在大学英语教学实践中，需对中国文化导入的各种教学方法展开探究和实践，培养学生对中西文化差异的敏感性，进一步活跃课堂氛围，激发学生的学习兴趣，以逐渐消除跨文化交际中

中国文化失语现象。

5.1 创新比较文化异同法，加深对跨文化交际的认识

在大学英语课堂中语言和文化如影相随，为了更好地学习语言，文化的导入必不可少。过去我们密切关注目的语文化背景知识的导入，把文化背景知识的讲解作为帮助学生理解课文的关键。但是语言学习的根本目的是为了交际，是为了与说英语的人进行交流，并不仅仅是理解文意。与同种文化背景下的交际相比较，跨文化交际会遇到更多的困难和问题，很大程度是因为交际双方缺乏共同文化，各自可能具有完全不同的文化能力（许力生，2011：134）。交际的双方都各有自己特色的文化，文化共享几乎不可能实现，唯一可以缩小差距的方法是熟知两种文化。为了用英语进行有效的跨文化交流，了解目的语和母语文化是基本要求，熟练掌握母语文化的英语表达才是克服失语症的关键。当我们越来越多地意识到跨文化交际的双向性时，我们应让学生在学习和了解英语文化的同时比较其与汉语文化的差异，从而培养学生对文化差异的敏感性，以提高跨文化交际能力。

以《大学英语综合教程》（上海外语教育出版社）第一册第六单元的"A Valentine Story"为例，这是一篇记叙文，理解文意不难，以这篇文章所涉及的西方情人节的历史渊源为比较两种文化的切入口是不错的选择。几乎所有的学生都知道西方的情人节，或多或少的学生也跟风过过这个节日，还有人知道它又名"圣瓦伦丁节"，但是问到它的来历，许多学生却并不了解。带着疑问，通过视频、音频、图片的帮助，同学们逐渐了解到情人节起源于公元 3 世纪的罗马帝国时期，当时的罗马皇帝克劳狄斯为征兵打仗，禁止婚姻，反对组建家庭。罗马青年反抗皇帝克劳狄斯的强制兵役，追求爱情，牧师瓦伦丁为一对对情侣秘密主持婚礼，帮助他们组建美满家庭。但是牧师却因此被捕入狱，在狱中，狱卒的女儿爱上他，行刑的前夜，瓦伦丁给爱人留下情真意切的纸条，纸条上写着："爱你，瓦伦丁。"（Love from Valentine.）"圣瓦伦丁节"，即情人节，由此诞生。同学们恍然大悟：难怪"情人节"又名"圣瓦伦丁节"。由此及彼，顺便简单讲讲美国带有"圣"（Saint）字的地名，如圣迭戈、圣安东尼、圣露易斯、圣弗兰西斯科的来历，它们多是以美国早期历史中在北美大陆传教的圣徒（Saint）命名的。那我们中国的情人节呢？同学们不约而同齐声说："是七夕节。"虽然对牛郎织女的传说了解一二，但是让他们用英语来讲这个中国古代民间故事，不少学生一下就变成"哑巴"，失语现象非常明显。老师此时需要提供的帮助

是教学生有关"七夕节"的英文表达。教师可进一步引入依据日历、节气命名的东西方节日，包括"April Fool's Day，May Day，Mid-Autumn Festival"等。"七夕"是阴历的七月初七，可以译为"the Double Seventh's Day"，同时老师还可以给出牛郎（cowboy）、织女（weaving girl/maid）、王母娘娘（Heavenly Queen）、银河系（the Milky Way/galaxy）等的英译，有了这些词语的帮助，同学们可以用所学英语知识尝试讲述中国古代神话传说，同时领悟到神话中男女不畏强权，追求爱情和幸福生活的主题与西方的情人节如出一辙，中西文化在此对接。课堂上教师有计划地导入，学生自然感受到两种文化的异同，在了解目的语文化的同时联想与之对应的母语文化，增强用英语表达母语文化的意识，逐渐消除中国文化失语症。

5.2 延展课堂展示法维度，加深对英语创新人文教育的认识

　　大学英语的课堂教学实践要弘扬民族文化，传播民族文化。中华民族五千年的悠久历史谱写了灿烂的文化，英国著名历史学家阿诺德·汤因比在《展望 21 世纪》一书中谈到中国的传统文化，特别是墨家和儒家的兼爱、仁爱学说思想是治疗现代社会文明病的一剂良药。中华民族的现代文明在今天也同样值得传播。吴茜在谈到中国外语教育的文化使命时认为，"文化走出去"不仅包括中国的传统文化走出去，同时也包括中国的现代文化走出去，要给世界人民展现一个现代的、光明的、美好的中国形象（吴茜，2013：127）。在英语逐渐成为国际性语言的时候，用英语向其他国家的人民讲好中国故事是每一个有机会与外国人接触的中国人的使命，为了让新时代大学生更好地肩负这一使命，我们要利用课堂多管齐下，加强母语文化英语表达的实践。

　　课堂展示法（Presentation）是英语教师普遍使用的一种教学方法，是学生借助 PPT 等多媒体就某个话题在课堂上用英语进行展示的活动。为增强学生用英语表达中国文化的意识，老师可在题目设置上稍作延伸，每个话题都要求学生从中、西方或是中外两个维度进行考量，不同的学生选择一个问题的不同方面在同一时间用英语进行展示，分享或对立或和谐的观点，话题涉及西方古典音乐艺术、中国古代乐器演奏技法、英国现代建筑艺术、中国古代孙子兵法、中国人脸识别技术、美国青年人的极限运动、中国高铁的探伤技术发展等。以一个学期为界，每位同学选择一个话题进行展示，一个 30 人的教学小班就会有 30 种不同的观点，学生们彼此分享彼此促进，多种文化在学生的展示中熠熠生辉，用英语展示母语文化的机会弥足珍贵，同伴

的评价也提升了参与度。

5.3　实践角色扮演法，加深对文化走出去意义的认识

在大学英语课堂上模拟现实生活场景，比如问路、购物、送礼物、网上点餐等，让学生根据语言材料进行角色扮演，学生可以模仿语言材料，也可以创造角色、创新场景，体验身临其境的乐趣，然后师生共同总结地道的语言和不当的行为。大学英语听力选材时效性强，内容丰富且简明鲜活，特别适合角色扮演。

外研社版《新标准大学英语》视听说教程第三册第二单元的"Inside View"就有一个明显的例子。在牛津大学专修英语语言文学的鞍山女孩Janet 与网站同事伦敦人 Andy 是节目中的两个角色。在第二单元的对话中我们看到，Andy 在描述了他儿时在伦敦的校园生活后，十分好奇 Janet 在中国的校园生活，于是他问："你的校园生活是怎样的呢？"Janet 回答说："噢，就跟鞍山普通孩子一样，没什么特别之处。"Andy 则说："我一点儿也不了解中国学生的校园日常。"Janet 说："好吧，让我告诉你，不过我要先想想。"然而到整段对话结束时，Andy 期待的有关中国学生校园生活的描述却只字未提。英国人渴望了解的中国故事，中国人却不愿说。我们的课堂可以进行角色设计，鼓励扮演 Janet 的学生用英语向扮演 Andy 的学生介绍各具特色的丰富的校园生活。这段对话中的 Janet 并非患上了中国文化失语症，相反，在第二册中她曾用英语就中国历史上一统天下的秦始皇侃侃而谈，来自英国和美国的同学 Mark 和 Kate 听得津津有味，Janet 的华人扮演者是中国学生学习中国文化英语表达的榜样。但是从这两段极少涉及中国文化的教材选材中可以看出国人对中国悠久的历史引以为豪，而对反映中国现实的校园生活不屑提及。改革开放 40 年的今天，中国吸引了世界更多的关注，世界各国人民越来越多地想要了解中国。我们要利用语言优势在学好英语语言技能，了解英语文化的同时用英语描述母语文化，让更多的人了解中国，了解中国文化，提高语言能力，提升文化自觉，增强文化自信，在经济走强的同时促进中国文化走出去，提升大国形象，让世界更多地了解中国。

中国文化走出去任重而道远，大学英语课堂可以利用这一契机，规划与中国文化内容相关的大纲，校订相应的词汇，增强理论研究，在让学生了解掌握英美文化的同时有意识地拓宽他们的视野，在大学英语教材中增加中华文化的比重，重视优秀文化的传承与弘扬，让有关中华文化的教学贯穿于外语教学的整个过程，让学生用英语表达母语文化的能力与基础语言能力同步

提高，切实消除对外交流、外语实践中的中国文化失语现象。

参考文献：

曹顺庆，1996. 文论失语症与文化病态［J］. 文艺争鸣（2）：50－59.

从丛，2000. 中国文化失语：我国英语教学的缺陷［N］. 光明日报，2000－10－19.

胡文仲，2013. 跨文化交际能力在外语教学中如何定位［J］. 外语界（6）：2－8.

汤因比，1997. 展望21世纪［M］. 苟春生，朱继征，陈国梁，译. 北京：国际文化出版社.

吴茜，2013. 中国外语教育的文化使命［J］. 湖北大学学报：哲学社会科学版（4）：125－128.

夏纪梅，2006. 现代外语课程设计理论与实践［M］. 上海：上海外语教育出版社.

许力生，2011. 跨文化能力构建再认识［J］. 浙江大学学报：人文社会科学版（3）：132－139.

张为民，朱红梅，2002. 大学英语教学中的中国文化［J］. 清华大学教育研究（A1）：34－40.

朱家科，2009. 大学英语教学中的文化教学［M］. 武汉：华中科技大学出版社.

WARDHAUGH R，1969. TESOL：current problems and classroom practices［J］. TESOL quarterly（3）：105－116.

WIDDOWSON H G，1983. Learning purpose and language use［M］. Oxford：Oxford University Press.

STERN H H，1983. Fundamental concepts of language teaching［M］. Oxford：Oxford University Press.

A Study on Chinese Culture Aphasia in College English Class

Weng Xiaohong

Abstract：While culture teaching is highlighted in college English education, the phenomenon of Chinese culture aphasia appears more serious. It results partly from the excessive emphasis of the teaching of the culture of target language instead of the culture of mother tongue. This paper analyzes the causes of the aphasia from three aspects and explores the response measures. In accordance with the Chinese going global policy, this paper hopes to offer suggestions to strengthen students' intercultural communication competence and serve the need of the cultivation of versatile talents.

Key words：Chinese culture aphasia；culture teaching；college English class；intercultural communication

"个性化英语学习"课程中
学习者的学习态度和角色转变研究[①]

左红珊

（四川大学外国语学院，成都 610064）

摘　要：本研究以"个性化英语学习"课程为载体，考察了学习者对课程的态度以及他们在学习中的角色变化。结果表明，选课学生高度认可个性化学习这种新颖的学习模式，普遍认为自己从课程学习中获益匪浅。本研究还发现，学生在"个性化英语学习"课程中所扮演的角色变得更为丰富，他们不仅是传统意义上的学习者，同时也是自主学习的探究者、知识的发现者和合作学习者。学生角色的转变对于调动学习兴趣、提升学习效率、培养思辨能力和创新能力大有裨益。

关键词：个性化英语学习；态度；角色转变

1. 引言

学校教育环境中，教师通常是外语教学的主要决策者，承担着制订教学计划、选择教学内容、安排教学进度、设计考核方案等任务。近年来，教育学和语言学领域的研究者开始尝试在外语教学中赋予学习者更多的自主权和决定权，以培养学生的自主学习能力，增强他们的学习动力，打造高效的外语学习模式（Benson，2001；Malcolm & Rindfleisch，2003；Guo & Qin，2009；张文忠，2011，2015；刘和海、潘阳，2018）。其中，个性化英语学习模式备受研究者和外语教师关注（胡壮麟，2004；李广、姜英杰，2005；王新、郭乃照，2014；马仲吉等，2017）。个性化学习模式充分考虑学生的知识结构、学习方式、学习兴趣等方面的差异，目标是激发学生的学习动机，满足学生个体发展需要，强化学生主体责任，实现学生全面而富有个性化的发展。

本研究以一门面向英语专业本科生的个性化英语课程为载体，运用行动研究的方式，考查个性化学习方式对学习者学习态度的影响，以及在该课程

[①] 本研究受到四川大学新世纪高等教育教学改革工程研究项目"基于个性化学习理念的学术英语听说教学研究"（项目编号：SCU8107）的资助。

的学习中,学习者所扮演的角色发生了怎样的变化。

2. 研究背景

教育部高教司于 2004 年印发了《大学英语课程教学要求》(以下简称《教学要求》)。《教学要求》多次提到课程设置"要充分体现个性化""考虑不同起点的学生",教学模式应"朝个性化学习、自主式学习方向发展",要"确立学生在教学过程中的主体地位",应"能使学生自主选择适合自己需要的材料进行学习"。这些提法的中心思想便是"个性化学习"(individualized learning)。

"个性化学习"指的是学生在教师的指导下,针对自己的个性特质,包括个体的思想、情绪、价值观、信息、感知、行为与态度等心理倾向,以及独特的语言方式、行为方式和情感方式等特征,根据自己的内在需要、发展追求和现实情况,在一定的教育环境和技术条件下,通过对学习课程与内容、学习时间与进程、学习空间与环境、学习方式与策略等的自主选择与实施,获得学习经历与体验,掌握知识与技能,提高能力与素养,实现自己独特个性的形成与发展的过程(丁念金,2013;董君武,2016)。在个性化学习中,学生是学习的真正主体,学校和教师则是学生开展学习的支持性要素,是外在的环境和条件。

具体到英语教学,"个性化英语学习"课程指的是英语专业学生在教师指导下,基于兴趣自主选择学习的领域和内容,在类似科学研究的过程中主动学习并应用英语专业所要求的知识和技能,发展创新能力的课程(张文忠,2007;张文忠、夏赛辉,2011)。该课程要求学生自主确定学习内容、选择学习材料、安排学习进度和学习方式,通过该课程,帮助学生将英语语言知识的学习、英语运用技能的训练、个人学习兴趣与特长的发展以及思维和创新能力的培养结合起来。具体而言,在课程学习过程中,通过观察、思考、阅读、研究、口笔头陈述等活动,学生不仅能优化自身的学习方法和策略,获得自主学习的能力,而且能够对所选兴趣点进行深入的探索,更全面地掌握知识点,同时了解学术写作的基本规范,提升自身学习的兴趣和动力,增强创新意识、批判性思维和创新能力,提升综合素质,为个性化的发展奠定良好的基础。

与传统的英语学习课程相比,"个性化英语学习"课程具有一些鲜明的特色。首先,它遵循"以学生为中心、学习者自主"的原则。该课程突破传统灌输式的教学方法，倡导以学生为中心的教学方式，鼓励学生在教师的指导下进行自主学习，师生在教学实践中逐渐转变观念和角色。其次，提倡"兴趣驱动"的理念。专业学习中兴趣的重要性不言而喻，而在具体课程的教学中以兴趣引导学习并不容易实现。个性化英语学习是受兴趣驱动、学生享有较大学习自主性的英语学习形式。学生基于自身兴趣，自主选择学习的专题内容，如学生感兴趣的影视主题、体育主题、文学主题等，在教师的启发和指导下制订学习方案，收集学习资料，进行自主学习，完成课程任务。兴趣驱动原则带来的是大量英语的输入和产出以及大量的时间精力投入。在个性化学习中，兴趣真正成为学生主动和深入学习的内驱力，给日常语言学习增添了乐趣。同时，不同的兴趣发展为不同的研究主题，也使得课堂内容丰富多彩。第三，充分发挥情感因素的作用。二语习得情感研究（Arnold，2000；王初明，2001）表明，情感因素如自尊、焦虑、态度、动机等对语言学习有重要影响，教师可以而且应该引导这些情感因素发挥积极的作用。在"个性化英语学习"课程中，教师对工作要有强烈的责任心，要真诚、细致、耐心地对待每一个学生，在各方面以身作则，以此获得学生的信任和尊重，调动利于课程教学的情感因素。在学习的各个阶段，教师应以赞扬、鼓励、宽容和民主领导增强学生的学习动机。学生在课程学习过程中既获得了学业进步、成就感、快乐和自信，也增进了同学间的了解、合作和友谊。第四，过程和结果并重。学生通过"个性化英语学习"所获得的对某个兴趣点的相关知识，虽然同真正的专业人士相比仍有较大差距，但对过程和结果的同等重视要求学生认真对待课程的每一个环节，在兴趣点的选择、学习资料的确定、阅读文本的编撰、课堂展示汇报等过程中，体会学习的价值。课程的学习成果不仅能给学生带来成就感，为其后续的学习和实践打下一定的基础，而且有利于其形成英语学习和运用的良性循环。

正是由于上述理念的支撑，"个性化英语学习"课程能够从语言能力、实践能力、思维能力、创新能力等多方面对英语专业学生进行训练，对学生的后续学习产生持久的积极影响。但是，对于已经适应了传统的教育方式的中国学生而言，他们对这种新型的教学方式是否认可，他们在课程学习中会有怎样的行为表现，值得研究者进行深入探讨，这亦是我们展开本研究的初衷。具体而言，本研究将回答以下两个研究问题：（1）学习者对于个性化英语学习这一全新的学习模式，持什么样的态度？（2）与传统的课堂教学模式相比，学习者在"个性化英语学习"课程中扮演的角色发生了怎样的改变？

3. 研究方法

3.1 "个性化英语学习"课程简介

"个性化英语学习"是南开大学、四川大学、西南交通大学等多所大学的英语专业共同开设的课程,设置于大学一年级下学期。该课程要求每位学生确定一个当前自己最想发展的兴趣点,收集、整理、研读与该兴趣点相关的英文资料,并编撰一本英文读本。课程初衷是把英语学习和学生的个人兴趣紧密结合起来,让学生在兴趣的驱动下进行英语学习,既充分利用时间开展深入学习(张文忠、夏赛辉,2011),也将学习的空间扩展至课外、校外,在实践中提高英语运用能力。

本文所汇报的研究是基于 2017 年 6 月至 9 月在四川大学开设的"个性化英语学习"课程。该课程一共包括九个任务(见表1)①,前八个为课外任务,要求学生在课外完成,最后一个为课内任务,由选课同学和教师共同完成。

表1 "个性化英语学习"课程任务一览

任务编号	任务内容
1	选择一个兴趣点
2	制订"个性化英语学习"计划
3	就已选的兴趣点加入一个相关的网络论坛或兴趣小组,并参加讨论;自建一个网络讨论小组,并邀请成员加入
4	查找文献,编制参考文献;研读 Wikipedia 的相关词条
5	挑选英文文本,认真阅读并进行注释;编撰自己的英文读本
6	采访该领域的一位专家或专业人员
7	对 Wikipedia 上的一个与所选兴趣点相关的词条进行修正
8	写课程学习反思
9	课堂展示

课程开始时,主讲教师向学生介绍了课程详情,包括任务要求、时间安

---

① 该课程的详细思路、具体任务等内容见张文忠的专著 *Workbook For Interest-Elevating Personalized Doing-Learning-Using in English*(in preparation)。

排、读本范例、考核方案等内容，并发给学生一份详细的课程指南。大学里的课程通常安排在正常的教学周内，但是本次在四川大学开设的"个性化英语学习"课程主要安排在暑假期间，由学生自主完成大部分课程任务，是真正意义上的自主学习。课程组建立了QQ群和微信群，方便师生以及学生之间交流互动。

3.2 研究对象

本研究以该课程选课同学中的五位为研究对象进行了深入的个案研究。这五位同学均为女生，且都是英语专业一年级学生。她们所选择的兴趣点见表2。

表2 研究对象所选兴趣点及课程任务完成情况

研究对象[a]	所选兴趣点
C	美剧《摩登家庭》台词赏析
G	手帐
H	英国诗歌
W	积极心理学
Y	英剧《唐顿庄园》中的间接言语行为

注：a. 此处所列的为研究对象姓氏的首字母。

如表2所示，同学们在选择兴趣点时享有很高的自由度，选择的题目涉及范围很广，涵盖语言、文化、生活等各个层面。

3.3 数据收集

为了回答本文的两个研究问题，我们收集了以下几个方面的数据：（1）学生的"个性化英语学习"日志，记录他们在课程学习中参与的活动，包括学习的内容、方式、收获以及存在的问题等。（2）课程任务小结，即学生在完成每一项课程任务之后，就完成对该任务的过程、任务的完成情况等所写的总结。（3）两次录音访谈，一次安排在学生完成前四个任务的时候，另一次则安排在课程结束之后。访谈的目的是了解学生的学习进展，完成任务的过程中的心得体会等。

在收齐学生的学习日志、任务小结以及访谈录音等材料之后，我们首先转写录音材料，然后对每一位研究对象的资料进行仔细的阅读、分析和标注。

4. 研究结果与讨论

4.1 课程开始前学生对"个性化英语学习"课程的态度

在课程开始之前，我们调查了同学们对课程的看法和预期。虽然同学们都没有体验过个性化学习课程，但是他们对课程都持有积极的态度。同学们对这种新颖的教学形式充满期待，非常愿意进行尝试。例如，H 同学在课程开始前的访谈中说：

> 我赞同这种做法。内容的不设限，让我们能有机会深入了解学习自己感兴趣的部分。相较于以往的死板的完成任务式教学，相信这种做法对我们学习能力的提高会有更大的帮助。

同样，C 同学表示：

> 我认为这是一种非常新颖的学习方式，大家可以自主选择学习的内容和材料，没有限制，没有禁锢，大家可以按照自己喜欢的方式尽情发展，尽情发挥。对我来说，我非常感兴趣。

不难看出，作为"90 后"，同学们对个性化英语学习这种自己从未体验过的课程充满好奇，非常愿意进行尝试，将其作为自己专业学习的有益补充。另一方面，这也反映出学生长期处在传统的教育环境中，对教学方式、学习途径的多样化、现代化有着一定的诉求。教师在教学中应该充分考虑这一因素，与时俱进，勇于改革创新。

除了对个性化的学习模式充满期待，同学们对课程学习的效果也持积极、乐观的态度。例如，W 同学认为自己有可能从该课程的学习中取得如下收获：

> （1）对自己感兴趣的内容更加了解，拓宽了知识面；（2）提升了相关英语能力；（3）学习了科学排版知识；（4）学会了如何准确有效地查找有用资料。

H 同学则说：

> 首先，我会得到一本自己编纂的读本。其次，我会了解和掌握有关书籍编排的知识和技能。最后，学习过程中我的英语水平也会有相应的长进。

由此可见，虽然同学们第一次尝试个性化学习课程，但是他们对课程收益有着理性的、较为清楚的认识，这对课程的顺利实施至关重要。我们发现，尽管同学们对课程充满期待，但是由于这是一次全新的尝试，他们或多或少都有一些顾虑。例如，H 同学认为课程有一定的挑战性，主要体现在以下几个方面：

> 首先，任务的完成周期在假期当中，我要战胜我的懒惰。其次，对于在英语学习初级阶段的我来说，内容的准确性、编排的合理性等都是该任务中具有挑战性的部分。

Y 同学则认为：

> 我觉得自主还是好的，但是万一大家没有什么特别喜欢的事情就很尴尬了，或者说爱好太多，挑不过来，范围广，也不太好。我觉得可以稍微限制在一个领域。

总体来说，同学们认为自己是第一次尝试个性化学习课程，需要一段时间适应、熟悉这种学习方式。进一步的研究发现，虽然同学们对这种新型的学习模式有些顾虑，但是他们都愿意进行尝试。正如 G 同学所言：

> 挑战肯定是有的。但挑战性正是这门课程的魅力所在，一些通俗普遍的课程，太过于常规，大家在学习的过程中易生惰性。这门课每周都有新的任务，每次都有新的挑战，在挑战中，我们才能快速成长，才能接触和学习到更多新鲜的知识。

从上面的分析可以看出，课程开始前，同学们对"个性化英语学习"

课程既充满期待，也有些畏惧，这也正是这门课程的魅力所在。面对同学们复杂的心态，教师的支持、鼓励和引导尤为重要。教师应该对每位同学进行个性化的指导，帮助同学们克服畏难心理，增强学习的信心，圆满完成课程任务。

4.2 课程结束后学生对"个性化英语学习"课程的态度

三个月的课程学习结束后，我们再次就同学们对课程的态度进行了调查。同学们在经历了课程学习后，对课程有了更深刻的认识，但仍然是好评如潮。例如，W 同学表示：

> 这是我第一次尝试在暑期自主学习，完全靠自己设计学习流程，自觉完成学习任务。自主学习的一大优势在于个人最了解自己还缺乏哪些方面的知识，需要去查找适合自己的资料。同时，由于自己感兴趣，学习起来往往不会觉得枯燥痛苦。

G 同学则说：

> 我赞成这种做法。因为只有自己才最了解自己需要学习什么，喜欢学习什么，只有通过自主选择学习内容和教材，才能充分激发自主学习的积极性。

不难看出，同学们在亲历了个性化学习课程之后，更加体会到这门课程较之传统课程的优势和特色，并且获益匪浅。除此之外，同学们还表示，通过这门课程的学习，他们掌握了更多的学习方法和策略，极大提升了学习效率。例如，W 同学在学习日志中写道：

> 在学习方法上，音频和视频以及文本相结合，可以提高学习效率。此外，大量补充课外阅读十分重要。一定要发现并利用网络资源，平时在没有收集课外资料时，十分容易忽略很多优秀的网站，而失去了学习的机会。当发现所学内容与个人生活息息相关时，能够提升学习兴趣，提高学习效率，一定要把学习和个人生活相结合，才会取得成效。

在学习中碰到困难时，同学们也能积极想办法应对，寻找解决方案。由于这门课程的学习主要是安排在暑假期间进行，同学们没有校园作息时间表的约束，难免会出现懈怠、疲惫的状态。我们在研究中发现，面对这一难题，同学们采取了各种各样的办法积极应对。例如，W 同学在访谈中说：

> 在自主学习进行了一个月之后，发现自己没有一开始那么有积极性了，在学习过程中很容易产生疲惫、烦躁的心理，尤其是每天坚持学习一些较难懂的知识且无人引导的时候。目前的解决方法是适量减少每天的学习量，用更多的时间阅读一些相关的中文资料，加深自己对积极心理学甚至是心理学这一学科的理解。

H 同学则表示：

> 由于自己感兴趣，学习起来往往不会觉得枯燥痛苦。但是，切忌贪多图快，如果每天给自己安排过多的学习任务，反而会降低学习效率，导致自己产生厌烦的情绪，不利于学习。

作为成长在信息时代的年轻人，同学们还使用社交软件中流行的方式来督促自己坚持学习。例如，Y 同学在假期中安排了学车、打工等活动，所以用于完成课程学习任务的时间经常得不到保证。为了督促自己按时完成课程任务，她"叫了一些小伙伴监督，加入一个打卡群，争取天天打卡"。

此外，通过课程学习，同学们经常通过网络或者面对面的方式进行交流互动，分享学习进展，讨论碰到的困难，在此过程中深刻地意识到了合作学习的重要性。正如 W 同学所言：

> ……我意识到合作学习的重要性。每个人都有其独特的思维优势，跟小组成员一起学习时，每次交流都能有所收获。同时，由于交流的需要，我会在交流之前去收集资料，学习知识，这起到了促进学习的作用。

C 同学谈道：

> 在课程的学习中，我交到了新的小伙伴，在大家相互鼓励、相互促进的过程中，感觉我们的友谊也更加深厚了。

最难能可贵的是，同学们经历了三个月艰苦的学习之后，不但完成了课程任务，也收获了成就感和快乐。例如，Y 同学表示：

> 自我感觉已经完完整整把自己从《唐顿庄园》中的所学所感写入笔记中，非常满足充实；在写的同时努力记下，学习到了很多，如委婉语、语调语音、文化常识等等。

G 同学选择的兴趣点是一种文具——手帐，她在课程结束后的访谈中说道：

> 那么多人积极地使用自己的文具，文具已经变成了他们生活的一部分，记录生活中的每一个小灵感，规划工作和学习，与文具相处的时光总是那么美好。有个视频中的一句话给我深刻的印象："Our lives are very much like leather, tough, flexible, scarred and full of rich memories."

由此可见，基于兴趣的学习不仅能提升学习效率，也能让学习者从中获得乐趣。正如古人所云："知之者不如好之者，好之者不如乐之者。"在"个性化英语学习"课程中，兴趣真正成为学生主动和深入学习的内驱力，有助于学生在较长时间内保持学习热情，把语言学习变得趣味盎然。

4.3 学生在"个性化英语学习"课程中角色的转变

在"个性化英语学习"课程中，学生不但获得了全新的学习体验，而且较之传统教学模式，他们所扮演的角色也变得更加丰富。

首先，学生由被动的知识接受者转变为主动学习的探究者。在传统的学习方式中，教师是教学活动的主导者，而学生通常是被动地接受知识，失去了自主性（王艳，2007）。个性化学习课程的核心任务是要改变原有的单一的、被动的学习方式，建立和形成旨在充分调动、发挥学生主体性的多样化的学习方式，促进学生在教师指导下主动地、富有个性地学习。由于学习方式的改变，学生由被动接受者变为主动探究者，学习的过程成为学生的主体性、能动性、独立性不断生成、发展、提升的过程。在学习过程中，学生自由选择学习目标、学习内容、学习方式，根据自己的知识基础和学习进度进行个别化学习，不必跟随教师统一的教学内容和进度。这样学生可以根据自己的特点，选择适当的学习内容，自主掌握学习进度，逐步培养起自主性、独立性及创造性思维。

其次，学生由墨守成规的学习者变为富有自主性的发现者。传统的教学让学生学习现成的书本知识、已形成定论的东西，很少由学生自己去探究、发现知识。学生学到的只是现成的知识，而不是自己发现、探究的知识。这样学生会感到单调、乏味，上课兴趣不高（郑云翔，2015）。个性化学习课程倡导学生主动参与、乐于探究、勤于动手，培养学生搜集和处理信息的能力、获取新知识的能力、分析和解决问题的能力。要达到这个目标，学生需要通过网络信息技术自己去探究、思考、发现结论、找出答案，以提高分析问题和解决问题的能力，真正实现由接受者向发现者的转变。

此外，在"个性化英语学习"课程中，学生由单独完成学习任务的学习者变为结伴同学的合作者。交流和合作的能力是现代社会公民不可或缺的基本能力。个性化英语学习课程借助现代教学手段，采取多种信息技术和交流形式，为学生创造广阔的学习空间，让学生开展互助合作活动。学生通过互联网广泛地与外界交流，了解信息，互助合作，进行学习。这些形式有助于培养学生的交流和合作能力以及团队精神，实现由单独学习向合作学习的转变。

5．小结

本研究结果表明，"个性化英语学习"课程能大幅提高学生的学习兴趣，优化学习动机。学生在教师的指导下，自主确定学习内容，选择学习材料，安排学习进度和学习方式，能有效地将英语语言知识的学习、英语运用技能的训练、个人学习兴趣与特长的发展以及思维和创新能力的培养结合起来。我们的调查发现，学生对这种新型的学习模式持赞成态度，非常愿意尝试，并能努力克服课程学习中的困难和挑战。在课程学习过程中，学生不再单纯是知识的接受者，他们扮演着更为丰富的角色，例如主动学习的探究者、专业知识的发现者、结伴同学的合作者等。这样的角色转变对于培养学生的专业知识和技能、提升其专业素养，无疑是大有裨益的。

参考文献：

丁念金，2013. 基于个性化学习的课堂转变［J］. 课程·教材·教法（8）：42－46.

董君武，2016. 个性化学习的学校实践与探索［J］. 教育发展研究（6）：63－68.

胡壮麟，2004. 大学英语教学的个性化、协作化、模块化和超文本化——谈《教学要求》的基本理念［J］. 外语教学与研究（5）：345－350.

李迟，谢小苑，2013. 大学英语网络教学模式构建研究：以南京航空航天大学外国语学院为例［J］. 外语电化教学（1）：76－78.

李广，姜英杰，2005. 个性化学习的理论构建与特征分析［J］. 东北师范大学学报（3）：152－156.

刘和海，潘阳，2018."以学习者为中心"：赋权理论视角下的个性化学习实践逻辑［J］. 中国电化教育（8）：100－106.

马仲吉，李汉斌，刘思来，锁配烈，2017. 教育信息化时代下的个性化学习研究［J］. 中国教育信息化（6）：8－11.

王初明，2001. 影响外语学习的两大因素与外语教学［J］. 外语界（6）：8－12.

王新，郭乃照，2014. 个性化教学与大学生英语应用能力的提高［J］. 外语学刊（4）：123－127.

王艳，2007. 自主学习中的行为与成效研究［J］. 外语与外语教学（11）：34－37.

张文忠，2007. 英语专业研究性学习的内涵［J］. 中国大学教学（10）：81－84.

张文忠，2011."英语研究式学习"课程的理据与理念［J］. 英语教师（2）：2－6.

张文忠，夏赛辉，2011. 兴趣驱动的课外学习调查：以"个性化英语学习"课程为例［J］. 中国外语教育（1）：3－11.

郑云翔，2015. 新建构主义视角下大学生个性化学习的教学模式探究［J］. 远程教育杂志（4）：48－58.

ARNOLD J，2000. Affect in language learning［M］. Beijing：Foreign language teaching and researching press.

BENSON P，2001. Teaching and researching autonomy in language learning［M］. London：Longman.

GUO Y，QIN X Q，2009. Out-of-class computer-and network-assisted autonomous English learning：a study on Chinese non-English major undergraduates' attitude and behavior［J］. Teaching English in China（4）：52－62.

MALCOLM D，RINDFLEISCH W，2003. Individualizing learning through self-directed projects［J］. English teaching forum（3）：10－15.

EFL Learners' Attitudes and Roles in an Individualized English Learning Course

Zuo Hongshan

Abstract：Based on an Individualized English Learning (hereafter shortened as IEL) course, this study probes into students' attitudes towards the course as well as the roles played by the students in learning the course. Results show that the students hold positive views towards the IEL course and report that they have benefited greatly from it. The study also finds that, in addition to the role of "Learner", the students play multiple roles in the learning process, including "Explorer" of autonomous learning, "Searcher" of knowledge, and "Cooperator" in study. It is believed that the multiple roles played by the students are conducive to the improvement of efficiency of learning as well as the cultivation of critical thinking abilities.

Key words：Individualized English Learning；attitudes；roles

大学英语教学中
协作学习的应用策略及效果研究

游 航

（四川大学外国语学院，成都 610064）

摘 要：协作学习这一注重合作、互动与交际的新型教学模式不仅被广泛应用于多个学科的教学，还备受企业与政府部门的青睐。一些发达国家的政府机构和企业也在采用协作学习的管理方法。而协作学习之所以被广泛地应用到大学英语教学当中，是因为这与外语学习以语言应用、跨文化交际为主要目的的学科特点密切相关。将协作学习引入大学英语教学意义深远，它使学习者从被动学习向主动学习转变，使英语教学从以教师为中心向以学生为中心转变，使课堂互动实现了从单向传授知识到师生间的多维度互动的转变，从而提升学生在课堂中的主导地位，激发学生的学习动机与学习兴趣，鼓励学生探索、思辨与创新，使学习者不光可以通过合作与互动解决问题、完成任务，还可以在语言交流与思维碰撞的过程中提高英语综合应用能力，培养批判性思维和创新性思维，进而提高学生的学习效率与自主学习能力。本文结合具体教学案例，探讨了协作学习在大学英语教学中的应用策略及其效果，对以素质教育为导向的高等教育的新型教学模式的研究具有积极意义。

关键词：协作学习；大学英语教学；合作；互动；教学模式

1. 引言

协作学习（Collaborative Learning）是指两个或两个以上的学习者以小组或团队的形式为达到共同目标或完成共同任务而进行的互动和学习的行为。与自主学习不同，在协作学习的过程中，学习者共享资源和信息，合理分配任务并承担相应的责任，充分发挥各自的优势，利用彼此不同的技能，分析、评估彼此的观点与创意，通过合作与互动构建知识、培养技能、训练思维。在协作学习时，学习者"视同伴为一种学习资源，在探究知识、掌握知识的过程中，协调努力、共同冒险"（马兰，2005：5）。学习者既各自独立，又相互依赖，通过个体间的信息传递、经验分享和技能共享去解决问题、达到共同目标并完成特定任务。"协作学习以多人参与、协同合作为特征，旨在通过多人参与、组内协作来完成预设的学习任务，锻炼学生的思辨、沟通和协作能力。相对于个体学习，协作学习更强调成员之间如何分享观点、知识、竞争力和信息，以及如何通过协作完成特定的任务或目标。"（张毅、王永贵，2013）在这一过程中，学习者相互交流思想、相互发问甚至是质疑，从而不断丰富知识结构、更新知识体系，培养语言应用能力与沟通技巧，提高逻辑思维能力与批判性思维能力。而在最后的方案选择和决策制定时，协作学习可以培养学习者的团队合作精神与领导力。英语教学在当代大学生素质教育中占有举足轻重的地位，而学生对大学阶段的英语学习也抱有很高的期望，这就要求教师优化教育教学过程，在教学过程中不仅要传授英语语言及文化的相关知识，培养学生的英语应用能力和跨文化交际能力，还要通过构建真实的学习情境、设置恰当的学习任务、营造支持型的学习环境去激发学生的学习兴趣，提高学生的学习效率与自主学习能力，引导学生勇于质疑、发问，鼓励学生积极探索、创新。大学英语教学需要在注重个性化发展与专业化教学的同时引入协作学习的新理念，摒弃传统教学模式中单向的知识传授形式，充分发挥互动与合作的优势，让学生从"做"中学会应用、学会评估、学会思考、学会交际，以适应我国日益发展的社会对复合型、创新型双语人才的需求。

　　下面，本文将结合具体教学案例探讨协作学习在大学英语教学中的应用策略及其效果。

2. 应用策略

　　协作学习有别于传统的教授式学习，教师不再是台上"表演"的主角，学生成了学习的引导者与监督者，通过设置学习任务或研究课题引导学生思考，并鼓励学生之间开展交互式学习，最后通过学生的成果展示监督测评其学习效果。在传统的教学模式中，学习者认知水平的提高主要依赖于讲授者向学习者单向地传递信息与知识，学习者大多沿袭讲授者的思维模式，在分析问题、评估事物与思考问题时很难推陈出新。然而，协作学习提供了一个开放式、支持型的学习环境，教师与学生之间、学生与学生之间、团队与团队之间能够进行多维度互动，从而有效地提高了学生的学习参与度与积极性，激发学生去探索、思考与创新。在英语教学中，协作学习的优势尤为突出。教学过程以学生为中心，学习者以小组或团队的形式学习，增加了学习者用英语进行会话与交流的机会，在训练其思维能力的同时也提高了英语听说与跨文化交际能力。

　　笔者对 168 位参与了协作学习的大学二年级学生进行调查后发现，72.02% 的被试者认为自己在英语听、说、读、写、译五项技能中阅读能力最好，而 40.48% 的被试者认为自己听力最差，36.31% 的被试者认为自己口语（说）能力最差，近八成学习者认为自己在英语学习过程中亟待解决的问题是提高自己的英语听说能力与交际能力，而 76.19% 的学习者希望通过大学英语课提高自己的英语听说能力，79.76% 的学习者认为大学英语课应该帮助学生学会准确表达自己的思想，培养英语综合应用能力。将协作学习这种通过互动、合作与交流完成任务的学习模式应用到大学英语教学中能很好地满足学生的语言学习需求。目前，大学英语教学中应用的协作学习活动主要包括小组项目（group project）、共同解决问题（joint problem solving）、协同写作（collaborative writing）、角色扮演（role play）、辩论（debate）和结对活动（pair work）等。各类活动的开展主要分为以下四个阶段进行：

　　第一阶段，教师需要对学生进行分组，设置恰当的学习任务，并指导各组成员进行角色定义与分工。由于笔者所在学校四川大学的学生具有较高的英语会话水平与语言应用能力，所以笔者采用全英语授课且任务设置较为复杂（在完成复杂任务的时候更能体现出协作学习的优势），这就要求教师在任务说明环节做到简明、清晰、有逻辑，必要的时候需要给学生举例子、做示范。以小组项目"Smart Cars"① 为例，教师在引入"smart cars"（智能汽车）的概念后给学生展示了几款新型智能汽车的图片与视频，并用英语介绍了智能汽车的主要特点与功能，带领学生一起构建与该主题相关的词汇库，随后让学生以小组的形式设计出一款自己喜欢的智能汽车。如果学生对智能汽车比较陌生，那么任务说明与示范就极为重要。此外，这类任务属于开放型任务，其优点是可以激发学生的想象力和创造力，但也容易让学生不着边际、天马行空，所以还需要在设置任务时提出具体的要求与评价标准，既可以使学生明确自己的目标，又为后面阶段的学习指引方向。第二阶段，教师引导学习者进行初步讨论，制订计划与进行人员分工。以共同解决问题

---

① "Smart Cars"为《全新版大学英语（第二版）》综合教程第四册第二单元主题。

"荒岛求生"① 为例，学习者在这一阶段首先需要合理分工，明确各自的任务与责任。每个小组设定组长、记录员、计时员、资料收集者、成果展示者、监督者（监督组员使用英语进行讨论且不能偏题）和观察员（观察并发现问题）等角色。角色的设定既能保证小组活动的有序进行，又能提高每一位成员的参与度，从而提高学习者的学习效率与积极性。在合理分工之后，组长便带领组员制定流程和计划安排，然后开始协作学习最核心的一个阶段。在这一阶段，学习者需要明确共同的目标任务，完成描述问题、分析问题、解决问题、评估方案、制定决策五个步骤。描述问题可以让学习者发现问题的关键所在，从而进一步明确自己的目标任务。如在"荒岛求生"的任务中，学习者只能选择 5 件物品帮助自己生存并逃离荒岛，那么通过描述问题可以发现"生存"与"逃离"是这一任务的关键，也为后面选择物品提供了评价标准。学习者进一步分析问题可知要完成这一任务需要淡水、食物、庇护所和工具，然后列出获得以上四种东西的途径和所需物品，并着重分析功能相似与功能重复的物品，进而得出解决问题的方案。由于学习者需要相互合作以解决问题，因而经常会出现分歧与矛盾，所以在这一阶段学习者还需充分论证自己的评价标准并评估可能出现的不同方案，以便最后制定出最合理的决策。最后一个阶段是学习者展示成果与教师测评的过程，成果展示的方式应富于变化与多样性，以培养学习者的综合能力，可以是汇报演讲或海报制作，可以是 PPT 或 Flash 展示，也可以是话剧表演等。

　　协作学习的开展过程及其效果会受到一系列社会因素、心理因素和个人因素的影响；在团队活动中，学习者间的相互关系会直接影响人际交往与互动的质量以及团队的任务完成情况（Skinner et al.，2012：192）。因此，在大学英语教学中应用协作学习，合理分组、设置明确的任务、构建真实的学习情境、营造支持型的学习氛围、创建竞争与合作相结合的模式是促进教学活动有效开展的关键因素。关于设置任务笔者已经在前文详细论述过了，这里主要探讨其他四个因素。首先，合理分组是开展协作学习的第一步，不同的分组方式直接影响后续活动的开展。通过话语分析，参与协作学习的学习者中 79.2% 的被试者认为自己的学习会受到团队其他成员的影响，因而选

---

① 教师设定情境，学习者乘坐的飞机失事后坠落在一座荒岛上，从飞机的残骸中找到了以下物品：绳子、小刀、斧头、水壶、电筒、牛排、救生衣、帐篷、被子、吉他、太阳镜、指南针、放大镜、狗、钢笔和一本书，学习者可以从中选取 5 件物品用以帮助自己在岛上生存并逃离荒岛，学习者以小组的形式进行分析、研究和讨论，最后汇报本组的解决方案及原因。

择队友尤为重要。所以，教师在分组时既要考虑每一位学习者的英语水平与个性特点，又要考虑学习者之间的互补与互动，根据任务特点和学习目标采用不同的分组方式（同质分组、异质分组或随机分组等）开展协作学习活动。同质分组是指以共同特征为基础的分组。教师把同一专业、同一性别或有共同兴趣爱好的学习者分为一组，有利于课后调研活动的开展及短期任务的有序有效进行。同时还有助于学习者完成难度大、专业性强的任务。相反，异质分组则"将学生按能力、性别、个性特点、家庭社会背景等混合编组，在小组成员间形成最大限度的差异"（马兰，2005：19）。在大学英语教学中，异质分组体现在让不同经历、背景、价值观和知识结构的人聚集在一起学习，将思维敏捷活跃的学习者与反应较慢的学习者安排在一组，将外向、健谈的学习者与内向、腼腆的学习者安排在一组，将自由创新的学习者与墨守成规的学习者安排在一组，将英语学习能力较强的学习者与较弱的学习者安排在一组。如马兰（2005：19-20）所说，在异质小组中不同观点的碰撞、妥协和整合有助于学习者学会从不同的角度思考问题、解决问题。而与不同性别、家庭背景、个性特点和学习能力的学习者建立积极的、支持型的同伴关系也有助于学习者获得更多的社会支持，提升其沟通能力与交际能力。而小组成员的人数则根据任务的形式与复杂程度来设定，一般四至六人一组最佳。人数过多会让一些成员无事可做而被边缘化，人数太少会增加每位成员的工作量和完成任务的难度。其次，在大学英语教学中应用协作学习，构建真实的学习情境有助于让学生将课堂所学应用到实际生活中，而不是死记硬背或生搬硬套。例如面对"How are you?"（你好吗?）这一问题，绝大多数的英语学习者会条件反射般地回答"Fine, thank you, and you?"（很好，谢谢，你呢?）这就是因为初学英语时大部分学习者只是背诵加模仿，并没有将语言应用到真实的情境中。情境学习有其社会文化基础，知识建构和能力发展就发生在学习者与环境之间的动态互动中。有学者称这种学习模式为实境学习（authentic learning），也有学者称之为真实世界的学习（"real world" learning），学习者在涉及诸多现实问题的情境中去探索、讨论及建构概念、知识与互动关系，这是一种应用于真实情境的学习，与传统教学法相比，它更侧重于"及时学习"（"just-in-time" learning）（Williams, 2017：978）。以"Job Interview"①（招聘面试）为例，学习者在

---

① "Job Interview"是《全新版大学英语（第二版）》综合教程第四册第三单元主题。

课前准备阶段写一份英文简历并写明求职意向，课上教师安排学习者进行模拟面试，包括个人面试（模块化面试、问题式面试和压力面试等）和小组面试（群面），旨在构建真实的学习情境，让学习者对求职面试有切身体会，以提高用英语进行真实的情境对话与沟通交流的能力。第三，营造支持型的学习氛围能促使学习者融入团队、分享观点、增进交流，既有利于团队合作和完成任务，又有利于塑造学习者健全的人格与心态。"在学习过程中，学生们相互帮助、共同探讨任务分工与合作，彼此之间会发生大量的社会互动和相互支持行为，他们对任务分工的理解更深刻，所获的学习体验更丰富、也更持久。"（张毅、王永贵，2013）因此，支持型的学习氛围更有助于协作学习的有效开展。最后，协作学习结合了合作型学习与竞争型学习的特点。组内合作促进小组内部成员之间的交流与互动，实现知识、资源共享，从而有效地解决问题、完成任务；组间竞争则增强了学习者的学习动机，这种竞争与合作相结合的模式能改变学习者的参与方式和参与状态，有效促进学习者完成任务。如在"模拟商店"的任务中，教师将班上学生分为小组，每组同学经营一家商店，且每组都需要从其他商店购买一定的产品以完成相应的任务，盈利最多的商店获胜。小组之间的竞争能激发学生的求胜心与学习动机，促进活动的有效开展。

　　将协作学习引入大学英语教学，结合任务型教学与探究式教学的理念，既培养了学习者独立思考与自主学习的能力，又增强了师生互动，提高了学习者的课堂参与度，激发了学生的学习动机，促进学生探索、创新，使学习者在掌握英语语言知识的同时提升了自己的英语语言应用能力与跨文化交际能力，培养了团队合作精神与领导力。

3. 效果分析

　　笔者在四川大学医学专业大学二年级学生的大学英语教学中引入协作学习，并通过话语分析与问卷调查分析其学习效果。总体来看高达 95.24% 的学习者认为在大学英语教学中引入协作学习有利于提高其英语口语水平，并给予了 3 分以上的评分（如图 1 所示）。且 65.48% 的学习者希望在今后的大学英语教学中更广泛地应用协作学习，约 1/5 的学习者对此表示无所谓，仅 13.69% 的学习者不希望将协作学习引入大学英语教学。

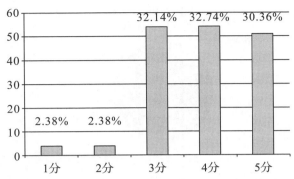

图1　学习者对协作学习有利于提高其英语口语水平的评分（总分：5分）

具体来看，近八成被试者认为协作学习能够提高其英语口语表达的流利程度和准确程度（见图2），其中近四成学习者对协作学习的效果非常满意（给了满分评价）。此外，原本有48.21%的被试者认为自己在公共场合说英语缺乏自信，仅有10.12%认为自己很有自信。但是，通过将协作学习引入这一学期的英语教学，75%的学习者认为协作学习有助于帮助自己建立信心（其中42.86%强烈赞同）、提高英语表达能力。在对协作学习进行评价时，82.74%的学习者认为协作学习比个人自主学习更有效，10.12%的学习者对此表示不确定，仅有7.14%的学习者不认为协作学习比自主学习更有效（见图3）；而且80.95%的学习者认为协作学习对大班教学更有效（见图4）。笔者经过进一步的话语分析发现持反对意见的这部分学习者大多英语基础较差，学习被动，在小组活动中不愿意主动分享自己的观点与经验，甚至有一位学习者明确表示拒绝用英语发言。

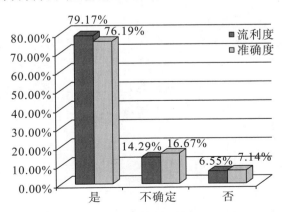

图2　学习者对协作学习是否有利于提高英语口语表达的看法

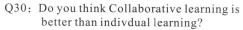

图 3　学习者对协作学习是否比个人自主学习更有效的看法

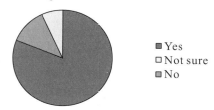

图 4 学习者对协作学习是否对大班教学更有效的看法

　　此外，在具体评价协作学习时，87 位被试者认为在大学英语教学中引入协作学习可以激发他们的学习兴趣，鼓励他们相互促进、共同提高；83 位被试者认为把协作学习应用到语言学习中可以增加与人交流的机会，提高自己的英语会话能力和跨文化交际能力；94 位被试者认为协作学习可以让学习者学会与人合作，培养团队精神；75 位被试者认为采用合作与互动的方式完成任务比独立完成任务难度更小、压力更小；53 位被试者认为以团队的形式开展活动能增强自己学习的动力。通过问卷调查，我们同样可以发现学习者认为协作学习在帮助他们建立信心，提高其英语会话水平，培养团队精神和领导力，学习演讲展示的技能并锻炼自己的逻辑思维能力和创新思维能力等方面都有不同程度的积极作用，其中培养团队精神与创造力的评分最高（如图 5、图 6 所示）。

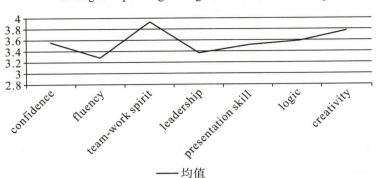

图5　学习者就合作学习对提高英语口语能力/技巧的评分（1）

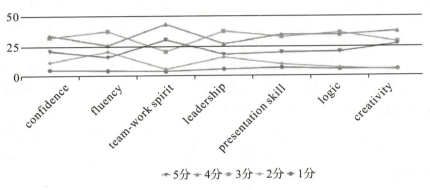

图6　学习者就合作学习对提高英语口语能力/技巧的评分（2）

　　在协作学习的内容设置与应用策略方面，88.1%的被试者喜欢笔者设置的课堂活动（评分见图7）。其中，排名第一的是共同解决问题，其次是角色扮演、小组项目、结对活动、问答与辩论。在话语分析时，笔者还发现多数学习者（67.26%）认为在协作学习时不同的团队应该分配不同的研究课题或任务，且71.43%的学习者希望教师能提前告知其目标任务并给予充分的课前准备时间以促进协作学习的有效开展。

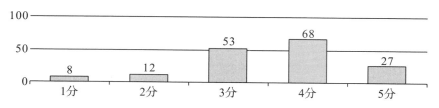

图7　学习者对协作学习内容设置的评分

4. 结语

　　将协作学习引入大学英语教学具有重要意义，而协作学习在大学英语这一具体学科领域的应用研究及其策略与效果的探讨对进一步完善协作学习的开展方法和提高教学水平具有积极作用。教师在教学过程中构建真实的学习情境，设置恰当的学习任务，让学生以小组或团队的形式开展协作学习，在与教师、与其他学习者、与情境的多维互动中构建知识，培养技能。这样的新型教学模式不仅能提高学生的参与度，让学生化被动为主动，使英语教学从以教师为中心向以学生为中心转变，使课堂互动实现了从单向传授知识到师生间的多维度互动的转变，从而提升学生在课堂中的主导地位，激发学生的学习动机与学习兴趣，鼓励学生探索、思辨与创新，使学习者不仅可以通过合作与互动解决问题、完成任务，还可以在语言交流与思维碰撞的过程中提高英语综合应用能力，培养批判性思维和创新性思维，进而提高学生的学习效率与自主学习能力。

参考文献：

李子建，张善培，2009. 优化课堂教学：教师发展、伙伴协作与专业学习共同体［C］. 北京：人民教育出版社.

刘文宇，马立兵，2007. 国内"协作学习"研究的回顾与展望［J］. 电子科技大学学报（社科版）（3）：96 - 99.

马兰，2005. 合作学习［M］. 北京：高等教育出版社.

张毅，王永贵，2013. 基于同步协作学习的教学实践模式探讨［J］. 中国高教研究（6）：103 - 106.

ALMAJED A，SKINNER V，PETERSON R，WINNING T，2016. Collaborative learning：students' perspectives on how learning happens ［J］. Interdisciplinary journal of problem-based learning，10（2）：17.

IQBAL M，VELAN G M，O'SULLIVAN A J，BALASOORIYA C，2016. Differential impact of student behaviours on group interaction and collaborative learning: medical students' and tutors' perspectives [J]. BMC medical education (16): 217-227.

KARAMAN M K, ORHAN ÖZEN S, 2016. A survey of students' experiences on collaborative virtual learning activities based on five-stage model [J]. Educational technology & society, 19 (3): 247-259.

SKINNER V, BRAUNACK-MAYER A, WINNING T, 2012. Getting on with each other: PBL group dynamics and function [M] //BRIDGES S, MCGRATH C, WHITEHILL T. Problem-based learning in clinical education: the next generation. Netherlands: Springer Netherlands: 189-205.

WILLIAMS P, 2017. Assessing collaborative learning: big data, analytics and university futures [J]. Assessment & evaluation in higher education, 42 (6): 978-989.

A Study on Collaborative Learning in College English Teaching: Application and Outcomes

You Hang

Abstract: Collaborative learning, emphasizing cooperation, interaction and communication, are widely used in teaching on various disciplines. College English is no exception. College English is an integrated course that features language application and intercultural communication. It aims at developing students' communication skills, critical thinking as well as problem-solving ability. Therefore, adopting a collaborative learning approach in college English class has far-reaching significance. It helps to transform students from passive learners to active ones, and transform our English teaching from teacher-centered to student-centered, facilitating multi-dimensional interaction in class. Meanwhile, students are motivated to brainstorm, evaluate, explore and innovate through collaborative learning. Based on specific teaching cases, this paper probes into the application strategies and effects of collaborative learning in college English teaching, which has much positive impact on future research.

Key words: collaborative learning; college English teaching; cooperation; interaction; teaching mode

细化本科学生管理　着力培养优秀人才
——以四川大学为例

邱惠林

（四川大学外国语学院，成都610064）

摘　要： 从21世纪开始至今，四川大学在细化本科学生管理、着力培养优秀人才方面，根据学校和学生实际，进行了一系列的积极探索，陆续出台了辅导员＋学分制指导教师、辅导员＋学分制指导教师＋名誉班主任、辅导员＋名誉班主任＋班主任的各项举措。这些努力有助于学校本科教育的长足发展，有助于学校取得更大成绩，培养出更多优秀人才。

关键词： 本科学生；细化管理；学分制指导教师；名誉班主任；班主任

经过一年一度的高考，一批批高中毕业生通过考试选拔得以进入大学的殿堂，开启另一段别样人生。关于高中与大学学习生活的异同，比较常见的说法是：高中给你目标，老师辅助你，你自己也为目标负责并且努力，很简单，很充实。大学没人给你目标，更不会有人为你负责，你自己设定方向，会迷茫，会疲惫，这才是真实的世界。从有明确的目标且有一同努力的伙伴到要自己寻找目标且要独自上路，这便是高中和大学的距离。曾经千军万马同走独木小桥，如今单枪匹马徘徊在十字街头。这些说法文字表述各异，但中心意思都是一样的：高中有各科科任老师和班主任进行详细规划和管理，高中生是被动大于主动；而大学里自由度更大，需要高度的自律，大学生是主动大于被动。能够无缝切换的学生，就可以自如适应大学生活，反之则会陷入迷茫，怀念高中时目标清晰的奋斗好时光。

长期以来，对大学本科学生的具体管理，都实行的是高校辅导员制度。辅导员（school counselor）是指从事学生的思想政治教育、日常管理、就业指导、心理健康以及学生党团建设等方面工作的教师，属于思想政治教师。每个辅导员一般管理一个年级。辅导员按照《高等学校辅导员职业能力标准（暂行）》履行职责。高校辅导员制度已经有接近60年的历史。1961年，党中央庐山会议上出台专门文件，提出在各高校设立专职辅导员，并得到实施；1978年，国家教委出台文件，在高校恢复辅导员制度，因原先思想政治工作人才（包括辅导员）转岗严重，于是主要是由专业教师兼职担任政治辅导员，辅导员工作不再仅仅停留在政治工作上，而是逐步向思想政治教育转变。1987 年也出台过改进和加强大学生思想政治教育工作的文件，政治辅导员工作定位依旧没有变。一直到 20 世纪 90 年代，随着改革开放的深入，高校也出现了很多新情况，帮助困难学生、心理辅导、职业辅导等工作也成了辅导员工作的一部分。进入 21 世纪，党和国家越发重视思想政治教育工作，2000 年、2004 年分别出台文件以促进大学生思想政治教育工作。尤其是 2004 年 16 号文件拓展了辅导员职能，"帮助学生解决实际问题"（包括帮困、心理、就业、生涯规划、人际关系等）作为一项职能被写进了文件，并从很多方面为辅导员的出路和保障做出了努力。16 号文件配套文件《教育部关于加强高等学校辅导员班主任队伍建设的意见》指出："辅导员班主任是高等学校教师队伍的重要组成部分，是高等学校从事德育工作，开展大学生思想政治教育的骨干力量，是大学生健康成长的指导者和引路人。"《普通高等学校辅导员队伍建设规定》于 2006 年 5 月 20 日经部长办公会议讨论通过，自 2006 年 9 月 1 日起施行。后于 2017 年 8 月 31 日经教育部部长办公会议修订通过，自 2017 年 10 月 1 日起施行。与原规定相比，新规定有关高校辅导员队伍建设的要求和措施更加具体，对辅导员队伍的政治要求更严格，要求高校辅导员必须是中共党员，并且"不得有损害党和国家利益以及不利于学生健康成长的言行"。

辅导员的基本要求是：恪守爱国守法、敬业爱生、育人为本、终身学习、为人师表的职业守则；围绕学生、关照学生、服务学生，把握学生成长规律，不断提高学生思想水平、政治觉悟、道德品质、文化素养；引导学生正确认识世界和中国发展大势、正确认识中国特色和国际比较、正确认识时代责任和历史使命、正确认识远大抱负和脚踏实地，成为又红又专、德才兼备、全面发展的中国特色社会主义合格建设者和可靠接班人。

辅导员的职责众多，如下：（1）思想理论教育和价值引领。引导学生深入学习习近平总书记系列重要讲话精神和治国理政新理念、新思想、新战略，深入开展中国特色社会主义、中国梦宣传教育和社会主义核心价值观教育，帮助学生不断坚定中国特色社会主义道路自信、理论自信、制度自信、文化自信，牢固树立正确的世界观、人生观、价值观。掌握学生思想行为特点及思想政治状况，有针对性地帮助学生处理好思想认识、价值取向、学习生活、择业交友等方面的具体问题。（2）党团和班级建设。开展学生骨干的遴选、培养、激励工作，开展学生入党积极分子培养教育工作，开展学生党员发展和教育管理服务工作，指导学生党支部和班团组织建设。（3）学风建设。熟悉了解学生所学专业的基本情况，激发学生学习兴趣，引导学生养成良好的学习习惯，掌握正确的学习方法。指导学生开展课外科技学术实践活动，营造浓厚学习氛围。（4）学生日常事务管理。开展入学教育、毕业生教育及相关管理和服务工作。组织开展学生军事训练。组织评选各类奖学金、助学金。指导学生办理助学贷款。组织学生开展勤工俭学活动，做好学生困难帮扶。为学生提供生活指导，促进学生和谐相处、互帮互助。（5）心理健康教育与咨询工作。协助学校心理健康教育机构开展心理健康教育，对学生心理问题进行初步排查和疏导，组织开展心理健康知识普及宣传活动，培育学生理性平和、乐观向上的健康心态。（6）网络思想政治教育。运用新媒体、新技术，推动思想政治工作传统优势与信息技术高度融合。构建网络思想政治教育重要阵地，积极传播先进文化。加强学生网络素养教育，积极培养校园好网民，引导学生创作网络文化作品，弘扬主旋律，传播正能量。创新工作路径，加强与学生的网上互动交流，运用网络新媒体对学生开展思想引领、学习指导、生活辅导、心理咨询等。（7）校园危机事件应对。组织开展基本安全教育。参与学校、院（系）危机事件工作预案制定和执行。对校园危机事件进行初步处理，稳定局面控制事态发展，及时掌握危机事件信息并按程序上报。参与危机事件后期应对及总结研究分析。（8）职业规划与就业创业指导。为学生提供科学的职业生涯规划和就业指导以及相关服务，帮助学生树立正确的就业观念，引导学生到基层、到西部、到祖国最需要的地方建功立业。（9）理论和实践研究。努力学习思想政治教育的基本理论和相关学科知识，参加相关学科领域学术交流活动，参与校内外思想政治教育课题或项目研究。

一般而言，专职辅导员总体上按 1：200 的比例配备。在实际操作中，存在一个辅导员面对的学生人数太多的情况，而辅导员的职责主要集中在思想政治和日常领域，鲜有涉及学生的专业学习，因而无法做到更理想的细化管理。

四川大学基于此实际，为了细化本科学生管理，着力培养优秀人才，大力改革，推出一系列的优化应对措施，在保持辅导员制度的基础上，引入本科学生管理的新主体，具体可分为以下三个阶段：辅导员＋学分制指导教师；辅导员＋学分制指导教师＋名誉班主任；辅导员＋名誉班主任＋班主任。

1. 引入学分制指导教师制度（2001—2017）

自 2001 年 9 月秋季学期开始，学分制指导教师制度开始实行。学分制指导教师又称学业指导教师，要站在为国家培养人才的高度全面关心学生健康成长，指导学生寻求知识、汲取知识、运用知识，帮助学生构建符合自身特点且比较完整的知识结构和智能结构体系。

学分制指导教师的工作职责如下：（1）对学生进行专业教育。教育学生热爱自己的专业，端正学习目的。（2）指导学生选课。根据专业教学要求介绍学习的方法和经验。（3）指导学生安排好适合自己特点的学习计划，审核学生的选课单。（4）注意发现和培养优秀学生，关心和帮助有困难的学生。（5）指导学生参加课外科技活动和各类竞赛活动，鼓励学生积极参加科研课题的实践和研究工作。（6）以教书育人为己任，做学生的良师益友，积极引导学生成为四有新人。（7）经常了解教与学的情况，提出改进教学的建议，促进教学质量的提高。（8）每月至少与指导的学生见面两次。

通过比较辅导员与学分制指导教师的工作职责，不难看出二者的工作内容有重合的地方，也有不同之处。学分制指导教师一般由专业课教师兼任，与学生的交流更多侧重于学科领域。在 2012 年 9 月发布的四川大学"关于配备 2012 级学分制指导教师（学业指导教师）的通知"中，学校明确指出："大学生活是一个人成长的转折点和关键时期，正在走向成熟的学生需要老师们的指导，尤其是学业方面的指导。"要求根据本学院的实际情况，积极完善各具特色的学分制指导教师制（学业指导教师），将学业指导工作落到实处。组织好指导教师的岗前培训；定期对指导教师的工作情况进行考核；每学期召开两次以上指导教师工作会、经验交流会，研讨相关工作情况，并及时对有关工作进行总结。指导教师要关注学生成长，组织学生学习学校学分制教学管理制度，包括所学专业教学计划、选课程序、学籍管理规定、学生学习要求及毕业要求等；向学生介绍有关选课的各种规定、程序；从学生实际情况出发，指导学生制订适合自身特点的学习计划，并审核学生选课单；指导学生参加科学研究、课外实践和各类学科竞赛活动；经常了解教与学的情况，发现问题及时向有关部门反映，提出改进教学的建议，促进教学质量的提高。同时，学校将不定期对各个学院学分制指导教师（学业指导教师）的工作进行检查，召开指导教师工作经验交流会，并组织开展对指导教师的奖励和表彰。2013 年 7 月曾发"关于推荐优秀学业指导教师

（学分制指导教师）候选人的通知"。在 2014 年 9 月新生入校时，学校发出"关于加强学业指导教师工作及配备 2014 级学业指导教师的通知"，重申大学生活是一个人成长的转折点和关键时期，刚入大学的莘莘学子需要我们的老师给予关心、帮助和学业指导，以利于他们尽快适应大学生活。要求各学院各高度重视学业指导教师（学分制指导教师）工作，为指导教师提供足够的支持、良好的服务，让该项工作落到实处、发挥更大作用。指导教师的工作核心是关注学生成长，做学生的良师益友。具体细化为：（1）帮助学生尤其是新生充分了解学校的各类学习条件、学术资源、发展机会，帮助尽快适应大学的学习、生活。（2）帮助学生充分认识自我，寻求兴趣与潜质的结合点，确立学业发展目标。（3）对学生进行学科、专业教育，介绍我校该专业的优势和特色，使学生对本学科、专业形成系统认识，激发学生兴趣。（4）帮助学生了解其教学计划、选课程序、学籍管理规定、学习要求及毕业要求等，指导学生制订适合自身特点的学习计划，并审核学生选课单。（5）指导学生参加科学研究、课外实践和各类学科竞赛活动。（6）经常了解教与学的情况，发现问题及时向有关部门反映，提出改进教学的建议，促进教学质量的提高。学校要求各学院务必全面组织新生进校后与学业指导教师的第一次见面活动，回答学生对学业生活的主要疑问，保证学业指导教师和学生共同知晓其职责与权利，以及之后交流活动的形式和安排。此外，学院还为指导教师的工作提供足够的支持和良好的服务，保证有合适的场所和适宜的环境进行师生交流，以及师生校区间往来交通的便利。为配合学院，教务处也将开展以下推动工作：（1）组织成绩突出的指导教师开展经验交流会，推广行之有效的经验和心得，支持新配备的学业指导教师开展工作；（2）开辟专栏，宣传报道优秀学业指导教师的事迹；（3）学校将在学期过半时，对学院学业指导教师（学分制指导教师）工作进行检查。由此可见，四川大学对学分制指导教师制度的运行十分重视并提供了有力保障。

2. 实施名誉班主任计划（2012—）

为进一步培育学校优良校风、学风，四川大学在继续强化"四位一体"学生成长关爱服务新体系的基础上，从 2012 年起在全校范围内探索实施名誉班主任计划，由校、院两级领导干部、著名专家学者、教授兼任学生名誉班主任，每学期与学生见面交流，为学生的成长成才保驾护航。

据《成都晚报》报道，时任四川大学校长的谢和平院士，也率先"挂职"名誉班主任，亲赴江安校区，与建筑与环境学院 2010 级力学专业 1 班的学生在草地上召开了首次班会，与同学们畅谈学习和人生。"刚开始还挺紧张的。"2010 级力学 1 班班长文虎涛告诉记者，得知校长将成为自己的班主任时，全班 23 个同学都显得非常激动，而第一次班会就让同学们记忆深刻。据他介绍，作为名誉班主任，谢和平校长与学生第一次开班会的地点选在学校的一块草地上。同学们围着谢校长而坐，他拿到学生名单后，开始依次点名，几个湖南同学还趁机认了老乡，用家乡话与校长交谈。认识了所有同学之后，谢校长回答了同学们抛出的各种问题。

经过多年的探索和发展，四川大学的名誉班主任制度日趋成熟。校院两级领导和多位院士、杰出教授、专家学者们先后被聘为多个班级的名誉班主任，为学生的学习和生活提供指导，助力学生成长。校长谢和平院士后来又担任了艺术学院书法专业的名誉班主任。据新浪网报道，2017 年 12 月 19 日，谢和平校长作为名誉班主任来到艺术学院，与 2014 级书法专业 2 班的同学们畅谈交流，关心指导同学们的学习生活，鼓励大家全面发展，追求卓越。在 2014 级同学即将面临人生新选择时，谢和平非常关心大家对未来的规划："就快毕业了，未来有什么计划？""考研准备得如何了？""第二专业学习得怎么样？"面对校长的关心，同学们主动地向校长汇报了自己的近况："我正在准备考研。""我保送研究生了。""我已经完成了辅修专业所有课程的学习了。"听到同学们的进步和规划，谢和平鼓励大家要不断丰富自己的学识，努力成长为全面发展的复合型人才。在谈到是否要考研时，谢和平说，考研是一个努力追求上进的过程，是对同学们学习意志的一种磨炼，希望每一位同学都能在这个过程中得以提高和进步，更重要的是养成一种对目标孜孜以求的精神。活动过程中，谢和平认真倾听了同学们对学业、对人生的规划和思考，与同学们分享自己的成长感悟和人生智慧。同学们纷纷表示校长的关心和学校持续开展的名誉班主任活动，让他们能与一流的学者交流学习，让他们受益匪浅。正所谓，与智者同行，能得智慧；与高人为伍，能登上巅峰。

此外，其他学院的名誉班主任工作也得以积极开展。为进一步贯彻落实"全员育人、全方位育人"的精神，加强老师与同学间沟通，丰富学生课余文化生活，建筑与环境学院在 2017—2018 学年秋季学期第 15 周举行了名誉班主任活动周活动，由学院领导干部、教授、副教授等老师担任的名誉班主任到各自联系班级开展活动。各位名誉班主任老师在开展活动期间，就同学关注的读研、就业等问题，以及如何在大学期间明确目标，结合自己的兴趣爱好和性格等方面的因素开展多样化的学习和生活，给出了明确的指点与建议。同时希望同学们心怀理想，脚踏实地，无论是在现在的学习中还是在将来的工作中都要保持虚心学习的态度，在学习过程中高效利用时间，度过一段有意义的大学生活。名誉班主任活动的开展，为老师与同学间架起了沟通的桥梁，加强了老师与同学的沟通，增进了师生之间的感情。活动过后，同学们纷纷表示在交流过程中受益匪浅，不仅对本专业的学习有了更深入的了解，对今后的人生发展也有了更加明确的目标，对未来的就业、读研和出国等问题也有了更加清晰的认识，增强了学习的动力。2017 年 12 月 20 日晚，轻纺与食品学院 2016 级轻化工程 3 班名誉班主任座谈会在江安校区西园十四舍活动室举行。四川大学党委副书记、副校长李向成教授担任 2016 级轻化工程 3 班名誉班主任。此次座谈会是 2017 年李向成副书记与其所带班级全体成员的初次会面。班干部对同学们的学习科研、团日活动、社会实践、志愿服务等方面进行了全面详细的介绍。李副书记表示，非常高兴到轻纺与食品学院并与 2016 级轻化工程 3 班这个集体相遇，并表示在接下来的时间里会一直持续关注轻化工程 3 班全体同学的成长，直至毕业，而本次座谈会只是一个美好的开始。同时，李副书记指出名誉班主任制度是学校与同学们交流的良好平台，有利于学校政策方针的上传下达，也有利于同学们建议的下情上达，实现良性互动。李副书记分享了自己分管学校学生工作的各个方面经历，表明自己的工作与同学们的成长与生活息息相关，十分珍惜这个与大家亲切交流的平台和机会，希望能够听到同学们最真实的声音，帮助同学们树立正确的人生观，一起努力，为学校、社会、国家建功立业。

榜样的力量是无穷的。借助名誉班主任制度，本科学生得以与校院两级领导和院士、杰出教授、专家学者零距离接触，从而站在一个更高的平台，有了更宽阔的视野和更宏伟的目标，可以激发学生的上进心和使命感，从而助力专业学习和全面成长。

3．开始施行班主任制度（2017—）

从 2017 年秋季学期开始，学分制指导教师制度被班主任制度代替。为贯彻全国高校思想政治工作会议精神、落实《四川大学关于"全课程核心价值观"建设的实施意见》，更好地发挥专业课教师对学生发展、成人成才的指导作用，学校决定全面推行班主任制度，教务处为此专门制订了《四川大学班主任工作指导意见（试行）》。指导意见对班主任的定位是：班主任是学校立德树人、全面培育和践行社会主义核心价值观教育的骨干力量，是发挥专业课教师独特影响力引领大学生健康成才、全面成长的指导者和引路人。班主任应贯彻落实党和国家的教育方针政策，坚持育人为本、德育为先，在潜移默化、润物细无声的关爱中引导学生健康成长。

学分制指导教师是以教师为主线，每个教师会对大约20名左右的学生进行指导，不以班级作为单位来考量。而班主任制度则以整个班级作为管理指导的受体，借助班级本身的班干部系统，操作性更强，教师工作更加便利。

班主任由教授班级课程的专业课教师担任。班主任工作职责为：（1）以立德树人为根本任务，指导学生树立正确的人生观、价值观、世界观，引导学生德智体美全面发展。（2）弘扬社会主义核心价值观、中国精神、中华传统美德，创建健康向上的班风、学风。帮助学生尽快适应大学生活，增强克服困难、承受挫折的能力。（3）引导学生确立适合自身的学业规划和人生目标，帮助学生确立考研、出国留学、就业或创业的发展目标，处理好学习成才、生活交友、求职择业等方面的具体问题。（4）做好学生的专业教育和专业学习指导，帮助学生完善符合自身特点的完整的专业知识和技能结构体系。（5）提高学生创新和实践能力。指导学生参与学术社团、科研立项、创新训练、学科竞赛、社会实践、见习实习等活动。（6）充分了解学生思想动向和日常生活，发现问题及时向有关部门反映，并给予学生具体的指导和帮助。

班主任工作加大了对学生日常的细化管理，对学生指导的目标性和针对性进一步加强。以笔者为例：笔者曾担任外国语学院英文系2014级2班的名誉班主任，目前担任2015级1班的名誉班主任工作，同时也是该班两门专业课程的授课教师。在担任2014级2班名誉班主任期间，笔者鼓励和引导学生积极申报大创项目，并担任大创项目指导教师，最后班上在2017年度有3个学生课题组获得国家级大创项目立项，题目分别为"学龄前儿童英语学习工具/媒介使用现状及发展方向调研——以成都市四川大学附属幼儿园为例""手机背词软件的使用对非英语专业学生词汇产出性影响研究——以百词斩为例""儿童学前英语学习经验对小学英语成绩的影响"。在卸任2014级2班名誉班主任并开始担任2015级1班的名誉班主任后，笔者于 2017 年 9 月 26 日上午利用大课间的间隙，邀请以上 3 个国家级大创项目组成员来到 2015 级 1 班班上，介绍课题情况并传授成功申请国家级大创项目的经验。2015 级 1 班学生感觉收获颇丰，对自己参与大创项目的申请有了方向，增强了信心。2019 年春季学期本人指导了 2016 级 1 班和 2 班的 6 组学生参加大创申请，其中 2 组获得国家级立项（题目分别为 "WebMD 对国内医学科普平台构建及优化启示的实践探索——以微信公众号为例" "'碎片化'英文阅读平台对非英语专业学生词汇附带习得影响研究——以薄荷阅读为例"），2 组获得省级立项，余下 2 组分别获得校级立项和院级立项。另外，笔者还登记了班级所有学生的基本信息，包括常用电子邮件、电话号码和宿舍房间号等，从而可以方便地联系学生。有的学生存在学习习惯和到课率的问题，可以通过询问室友、打电话和 QQ 聊天的方式个别交流。有的学生遭遇学业问题，可以约好面对面与之交谈，做好一对一的帮扶工作，督促学生解决问题。同时，笔者还积极与学生所在年级的辅导员沟通，反映学生情况，共同全方位无死角地细化对学生的管理。

　　综上所述，从 2000 年开始至今，四川大学在细化本科学生管理、着力培养优秀人才方面，根据学校和学生实际，进行了一系列积极的探索，陆续出台了辅导员＋学分制指导教师、辅导员＋学分制指导教师＋名誉班主任、辅导员＋名誉班主任＋班主任的各项举措，目前运转良好。岷峨挺秀，锦水含章。巍巍学府，德渥群芳。四川大学是教育部直属全国重点大学，是国家布局在中国西部的重点建设的高水平研究型综合大学和双一流大学。相信这些努力会有助于学校本科教育的长足发展，帮助学校取得更大成绩，培养出更多优秀人才。

参考文献：

四川大学学分制指导教师工作记录.

四川大学班主任工作记录.

四川大学教务处官网，http://jwc.scu.edu.cn.

百度百科，https://baike.baidu.com/item/%E8%BE%85%E5%AF%BC%E5%91%98/3947590?fr=aladdin.

新浪网，http://news.sina.com.cn/o/2017-12-20/doc-ifypwzxq4322645.shtml.

A Systematic Refinement of Undergraduates Administration for the Training of Excellent Personnel: Sichuan University as a Case Study

Qiu Huilin

Abstract: From the beginning of the 21st century on, according to the actual situation of the school and students, Sichuan University has done thorough explorations and taken several measures, i. e. , counselor + mentor equipped in credit system, counselor + mentor equipped in credit system + honorary class teacher, and counselor + honorary class teacher + class teacher in the systematic refinement of undergraduate administration and the training of excellent personnel. These painstaking efforts are helpful for the long-term development of undergraduate education, the training of more excellent personnel and consequently greater achievements for the university.

Key words: undergraduate; systematic refinement of administration; mentor equipped in credit system; honorary class teacher; class teacher

微信打卡群在外语专业
高年级教学中的应用研究①

赵　玥

（四川大学外国语学院，成都 610064）

摘　要：移动学习是教育信息化发展不可逆转的趋势。随着微信的普及，它也成了一个新的移动学习平台。本研究通过在两个班级法语专业大三学生中开展微信读报打卡活动，探索怎样将微信打卡群应用于外语专业高年级教学。

关键词：移动学习；微信群；读报；自主学习

1.　外语高年级教学引入微信群的意义

移动学习是教育信息化发展的重要趋势。2018 年新媒体联盟发布的《地平线报告》指出，移动技术每年均被列为在教育领域具有发展潜力和应用空间的重要技术，将对教与学产生积极影响。近两年对移动技术教育应用的关注重点已经从硬件设备转为如何通过移动设备更好地进行教育应用研究。而腾讯 2018 年财报显示，微信即 WeChat 合并月活跃账户数达 10.98 亿。微信自出现以来打破了传统电信通信和移动互联网的界线，开启了移动沟通的新体验，成为一种重要的移动互联网入口，同时也成为移动互联网环境下一个新的学习平台。大学生是微信极为重要的用户群之一。将具有良好使用体验、庞大用户群体和方便传播平台的微信运用于移动学习领域，能为移动学习者提供更多的学习选择和更加丰富的交流方法。而微信打卡群是伴随这种交流平台产生的一种新的应用手段，某些新媒体教育机构已经开始使用这种手段敦促学生，提升学生的自主学习积极性。本项目致力于把这种新的技术手段引入传统大学课堂，尤其是外语专业高年级课堂，丰富已存在的混合式教学模式。

微信已经被越来越多的受众接受，随着翻转课堂、微课、移动学习等新的教学方式的发展，有关微信平台在教学中的运用研究已经逐步展开。这些

---

① 本文系四川大学新世纪高等教育教学改革项目工程（第八期）研究项目"微信打卡群在外语专业高年级教学中的应用研究"（项目编号：SCU8104）的研究成果之一。

研究主要集中在三个方面：首先是对微信学习支持的可能性和价值的探讨，从微信的平台特征等方面分析，论述了微信在教育领域具有的应用潜力（白浩等，2013；徐梅丹等，2014）；其次是对微信教学资源的归类整理，如微信公众号等（罗勇，2013）；最后是从比较差异的角度审视微信平台在教学中的应用，如通过比较微信和 QQ 的特点和功能差异，比较两种技术手段应用于教学的效果差异（王晓玲，2013；楚亚楠等，2015）。

同时，在实践教学探索上，有学者进行了微信类教育应用的案例研究，通过教学实践证明微信类教育应用对教与学的促进。有些学者对移动学习工具在 e-Learning 中的应用进行了分析，并在此基础上建构了移动支持的社会化学习（eMASE）模型。而在外语方面，对于微信在教学中的探索主要集中在大学英语教学上（王丹波，2016；杨璐，2017），而且这种探索多数集中在翻转课堂和微课的应用上。

上述国内外学者的研究，从理论和实践层面指出了微信等新媒体能够促进移动学习的开展，在教育教学中的应用具有积极的影响，产生了很好的效果。但是目前的研究更侧重的是对可行性的分析和对整体宏观模式的构建，而且在外语教学方面的应用主要集中在大学英语教学上，对于平台细节性功能在教学中的具体运用，尤其是在外语专业教学中的应用研究较少，有待进一步拓展和深入。

2. 研究设计

本研究是基于微信平台，通过在微信群中打卡的方式实施的。根据《汉语大词典》的解释，打卡是指"一种考勤方式，把考勤记录卡插入考勤机，自动记录上下班时间"。而近年来，随着网络的普及，"打卡"一词获得了越来越丰富的内涵，出现了景点打卡、网红打卡、背单词打卡等用法，本文所指的微信群打卡就是借助"打卡"这一大家耳熟能详的方式在教学中记录学生完成某项学习任务情况的行为。在教学中，打卡行为通常是通过两类平台完成的。第一类是蓝墨云班课等专业的教学 APP，第二类是微信小程序以及各类打卡 APP。第一类平台往往需要一定的培训才能被有效利用，而第二类平台的稳定性却难以保证。因此，本研究选择直接在微信中建立以教学班级为单位的打卡群来实施打卡行为。这样既方便了师生的使用，又保证了打卡的稳定性，同时还能通过微信实现实时的沟通。

2.1　研究对象

本研究的对象是外语专业高年级学生，具体来说，是四川大学法语专业大三的学生。经过两年系统的专业学习，进入大三，学生已经掌握了常用的词汇和词组，能够听懂法语讲课和会话；掌握了法语中级语法和句型，具备较强的阅读技能，能读懂中等语言难度的篇章，这就为大三开始进行法语报刊阅读提供了可能。本研究所涉及的课程是"综合法语5"，微信打卡群的打卡内容是法语报刊阅读。"综合法语5"是法语专业的专业基础课，教学目标是"着力培养和提高学生综合运用法语语言的能力"，"使学生熟练掌握法语语言的实际运用和语篇阅读理解能力，掌握法语文学文化方面的相关专业知识"①。报刊阅读是一种接受度很高的丰富学生词汇量，提高学生阅读能力，同时让学生掌握对象国文化和时事热点的方法，非常契合该课程的教学目标。但是由于课时量的限制，无法在课堂上完成大量的报刊阅读。因此，读报打卡群是一种督促学生课后自主学习的有效方式。

2.2　研究问题

本研究旨在通过具体教学实践和对数据进行理论分析探讨微信打卡群这一新手段在外语专业高年级教学中的具体运用，争取建立比较完善的微信打卡群辅助教学模型；通过微信打卡群加强对学生自主学习的监督，提升学生自主学习的主观能动性和能力，并探索如何通过微信打卡群形成的资料加强对学生的过程性考核。

具体来说，通过对学生在微信群中的打卡行为展开研究，本文拟探讨以下问题：

（1）学生微信群打卡的参与度如何？

（2）学生的法语报刊阅读微信打卡群的行为特征是什么？

（3）怎样更有效地组织报刊阅读打卡？

2.3　具体措施

在研究开始前，建立法语读报打卡群，确保法语专业大三学生全体入群。对于学生，要求每人每个工作日使用移动网络平台阅读两篇法语报刊的新闻，并到群打卡。打卡内容包括阅读的新闻标题，每条新闻的一句话摘要，以及在每条新闻中找出的三个以上重点词汇。每周由一名学生担任群秘

---

① 摘自《四川大学法语专业"综合法语5、6"课程描述》。

书，在周末对全班本周打卡情况进行总结，并把大家找出的重点词汇做成表格放在群中供大家参考。打卡活动每学期持续 15 周。教师每天监督打卡进度和内容，适时对大家的阅读内容进行引导，并在每次上课时，用大约 5 分钟时间引导学生使用重点词汇对所读话题进行讨论，并每个月进行一次新闻主题听写或短篇写作练习，同时对重点话题进行文化导入教学。

在学期末，整理本学期打卡记录、秘书表格以及考察内容，对学生进行过程性学业评价。具体来说，读报打卡计入学生的平时成绩考核，占学生平时成绩的 10%。同时，教师设计相关问卷，了解学生对打卡群的评价和建议。

然后，结合一学期打卡群的活动，以及学期末学生的建议，进一步完善打卡群的组织模式，在大三下学期在同一班级学生中再次开展打卡群活动，但这次的打卡不纳入过程性学业评价，而建立在学生的自觉参与基础上。期末再次通过问卷调查，了解学生的评价和建议。

最后，在两次打卡群活动的基础上，建立一套相对完善可行的外语专业高年级打卡群组织形式，以及与之相关的过程性学业评价方式。

3. 取得的成效

本研究的读报打卡活动已在四川大学法语专业 2015 级的 18 名同学和 2016 级的 22 名同学间展开。在具体实施上，对于 2015 级学生，大三上学期的读报群实践纳入平时成绩考核，而下学期为不进行考核的自主性学习；对于 2016 级学生，两个学期均纳入考核。

3.1 学生参与度

通过对两个年级的对比观察，可以发现学生的参与度与是否把读报打卡纳入过程性考核密切相关。2015 级大三上学期参与度为 100%，而下学期参与度为 0.74%。具体来说，上学期所有学生均完成了 15 个教学周的打卡；而下学期仅有一名学生打卡两周，之后就没有任何学生在打卡群中进行读报打卡了。2016 级大三上下学期的参与度相当，约为 97.8%。除一名学生上下两学期都仅打卡 7 次外，其余学生两学期都完成了 15 个教学周的打卡。

3.2 读报打卡的特点

首先，学生的自主学习意志力较弱。在学期末的问卷调查中，对于"读报打卡是否必要？"，2015 级 50% 的学生回答"非常必要"，34% 的学生回答"必要"；2016 级 45% 的学生认为"非常必要"，另 45% 的学生认为"必要"。而对于问题"是否想要提高自己的法文报刊阅读能力？"，两个年级都有超过 80% 的学生回答"非常想"。当被问到"通过读报打卡，你是否有收获？"时，2015 级 45% 的学生回答"收获很大"，38% 的学生回答"有收获"；2016 级 50% 的学生回答"收获很大"，45% 的学生回答"有收获"。可以看出，大部分学生都意识到了应该提高自己的报刊阅读能力，而且也认为读报打卡让自己收获良多。但是反观读报打卡的参与度，会发现学生打卡时的表现与问卷答案有较大反差。在不纳入过程考核的学期，几乎没有学生参与读报打卡。由此可见，即使在主观上意识到进行该项学习的必要性，考试和成绩仍然是自主学习最强大的动力之一。在没有任何考察机制的情况下，很难长期保持自主学习，学生自主学习的时长和频率会受到学习者自身的情绪、惰性和一些外在原因，如整体学习计划的安排、其他课程的强度等因素影响。通过对 2015 级大三下学期坚持两周打卡的学生进行个别访谈，笔者发现从众心理也会影响学生的自主学习行为。有学生认为，只有自己一个人在群里坚持打卡"会令其他同学有看法"。

其次，学生在进行读报打卡时，倾向于阅读法国报刊的快讯，对时事热点有较高的把握度。在本研究中，对于报刊的选择，教师不做强制性规定，由学生自主选择。学生选择最多的报纸是《世界报》《费加罗报》《巴黎竞赛报》等法国主流报刊，而对于新华网法语版等中国法语新闻的来源则较少涉及。只有在"两会"期间，在教师的引导下，有些学生才阅读了新华网上关于"两会"的报道。学生选择阅读的文章类型大部分是时事快讯，较少有长篇社论。尤其是"黄马甲"运动在法国兴起以来，大部分学生持续关注该事件。这既与报刊新闻本身对时效性的重视有关，又反映了大三学生的法语词汇量和阅读水平。

4. 反思

4.1　进一步完善组织形式和数据收集模式

通过学生的参与度分析可以看出，进一步完善读报打卡群的考核机制非常必要。2015 级学生在两个学期的参与度对比，以及大三第二学期 2015 级学生和 2016 级学生的参与度对比，都一再说明过程化考核是保证学生积极完成自主学习的重要条件。本研究已经把过程考核纳入了考虑，但还需要进一步细化考核的具体措施。如学生每日打卡、课堂主题讨论、秘书每周词汇总结，以及每月的听写和写作练习在考核中具体占据的百分比和具体的考核模式都需要进一步完善。

同时，目前本研究收集的主要数据是学生的打卡记录、相关作业和期末问卷。对于打卡数据主要分析的是参与度和新闻主题，而对于学生的一句话总结和关键词并未做更多的分析。而对以上数据的分析可以有效了解学生时事词汇的掌握程度以及应用能力，从而考察微信读报打卡这一教学活动的成效，所以进一步加强对数据的分析势在必行。

4.2　引导学生注意报刊选择的多样性

正如上文所说，在本研究中，学生对于报刊的选择是完全自主的，主要选择的是法国主流报纸上的新闻快讯。这些信息既可以帮助他们增加词汇量、学习地道的表达方式，又可以让他们了解时事热点，对学生来说有很大帮助。但是，新闻快讯主要集中在政治、经济领域，涉及的范围比较单一。事实上，法国媒体除了有新闻版还有文化版，内容涉及历史、地理、科学、电影、艺术等各个领域。教师适当引导学生在关注新闻时事的同时，也适当阅读文化类文章，这样更有利于开阔学生的眼界。同时，除了法国媒体，中国的法语媒体中也有很多关于中国国情、文化的文章，教师引导学生打卡时适当选择这些文章，更有利于学生在之后的工作中对外介绍中国文化，发出中国的声音。

4.3　加强文化导入和中国文化教学

在阅读法语报刊时，学生所面对的不仅仅是语法知识、词汇、表达法等语言层面的内容，法语世界的文化传承、民族传统和价值观等共同构成了报刊阅读不可绕过的文化背景。在本次研究开展期间，法国经历了"黄马甲"运动和巴黎圣母院的大火。在具体的操作中，教师有注意到去引导学生探究这些时事新闻后面所隐藏的文化内涵。如阅读关于"黄马甲"运动的文章时，引导学生了解法国的税收政策和马克龙政府的环境政策；阅读关于巴黎圣母院大火的文章时，引导学生熟悉巴黎圣母院的历史，以及文学、影视作品等对其的描绘。有了这些文化信息的导入，学生能更好地提升跨文化交际能力，避免出现文化交流障碍。

但是，跨文化交际是一个双向交流的过程，在加强对法国和法语文化导入的同时，也不能忽略关于中国文化的报刊文章的阅读。在阅读到法国某些文化问题时，可以引导学生将其与中国的情况进行比较。如同样是巴黎圣母院大火的新闻，法国大使馆驻武汉领事馆网站上就刊登了黄鹤楼写给巴黎圣母院的慰问信。引导学生读这篇新闻，然后反思中国某些有文化意义的古建筑的历史和艺术表现，这样就更能使简单的新闻阅读得到升华。同时，教师也要引导学生加强阅读中国的法语媒体的文章，从而让学生学习更准确地表述中国文化的相关内容。

5. 结束语

随着信息技术的发展，越来越多的新媒体手段被应用到外语教学中，微信打卡也经常可见于语音教学等领域。而本研究以四川大学法语专业大三学生的微信读报打卡群为例，探讨了微信打卡群这种模式在外语专业高年级教学中的应用可能。从两个年级学生打卡的实践操作可以看出，学生有较强的自主学习意愿，但是自觉性不足，需要在实际操作中建立完善的过程性考核机制。同时，具体到读报打卡的活动上来说，教师应引导学生丰富阅读文章来源，注意文化导向，积极引入对中国文化的介绍。以本研究的微信读报群为例，之后可以进一步探索微信打卡群在外语专业高年级教学中应用的可能性。

参考文献：

白浩，郝晶晶，2013. 微信公众平台在高校教育领域中的应用研究 [J]. 中国教育信息化 (4)：78 - 81.

李玲玉，2018. 高级法语教学中的文化导入研究 [J]. 教育现代化 (8)：167 - 169.

庞维国，1999. 自主学习理论的新进展 [J]. 华东师范大学学报 (教育科学版) (3)：68 - 74.

韦晓保，2014. 大学生外语学习目标定向、学习焦虑和自主学习行为的结构分析 [J]. 外语界 (4)：12 - 20 + 38.

ZIMMERMAN B J，MARTINEZ-PONS M，1990. Student difference in self-regulated learning：relating grade，sex，and giftedness to self-efficiency and strategy use [J]. Journal of educational psychology (82)：51 - 59.

On Application of WeChat Punch Group in the Teaching of Senior Foreign Language Majors

Zhao Yue

Abstract: Mobile learning is an irreversible trend in the development of higher education. With the popularity of WeChat, it has also become a new mobile learning platform. This study explores how WeChat punch group can be applied to foreign language teaching for senior students by conducting newspaper reading group in WeChat among French major senior students.

Key words: mobile learning; WeChat group; newspaper reading; self-regulated learning

通识教育视角下大学英语公共课课程改革与设置
——基于北欧的经验

席珍彦

（四川大学外国语学院，成都610064）

摘 要：我国大学英语公共课多年来一直采用传统的综合英语授课模式，考试方式也跟传统的中学英语考试无异。自2003年实行大学英语教学改革以来，课程设置和考试模式的变化微乎其微，大部分高校都只是削减了大学英语公共课课程的学分，实质授课内容和考试模式等并没有改变。为了推动大学英语课程的进一步改革，与国际较先进的非英语国家大学英语课程设置接轨，本文以北欧英语教育代表性国家芬兰的大学英语公共课设置为借鉴，旨在对在通识教育的指导下对我国的大学英语课程进行改革和创新提供参考，使新一代大学生既能提高自己的英语水平，又能提升自己的文化素质和个人修养。

关键词：大学英语；课程改革；课程设置；通识教育；北欧经验

我国高校开设大学英语课程，是为了提高我国教育国际化水平，培养国际化人才，提升我国的国际竞争力。英语作为全球应用最广泛的语言，是国际交往和文化科技信息交流的重要工具。随着社会的发展，不断改进大学英语教学，是全面提高高等教育教学质量，适应国际化发展的需要。

随着全球化和教育国际化的发展，社会对学生英语能力的需求不再停留在会用的层次，对学生的文化素养提出了更高的要求，因而，只具备单一的英语知识体系的大学生已经不能在竞争中获得优势，也不符合时代的需求。自2003年起，我国大学英语教学开始正式改革，十几年的教学改革取得了一定的成绩，但仍旧有很大的改进空间。根据多年的教学经验，笔者发现在应试教育的压力下，大学生的文化知识面较为狭窄，部分学生的英语学习也仅仅停留在做客观选择题和单词语法学习上。以培养具备高素质、跨文化能力的人才为主要目标的通识教育，可以有效地把自然科学与人文知识结合起来，全面提升学生的综合素质，因此受到世界各国的重视。

1. 通识教育的内涵

通识教育的理念和思想历史源远流长，柏拉图的自由教育理念以及亚里士多德的"发展杰出理智"的教育思想可以看作是其开端，1828年的《耶鲁报告》和纽曼的《大学的理想》中所提出的自由教育观都是其延续和发展。1945年哈佛大学《自由社会中的通识教育》红皮书报告的出台标志着现代意义上的通识教育的开始，发展通识教育从此成为高等教育领域中的一个共识。

在通识教育理念下，大学英语课程不应仅停留在语言框架的教授上，更应注重语言背后的文化。如何让学生在两年的大学英语课程学习中既提高英语水平，又提高自己的文化素养，成为教育教学改革者们关注的问题。那么，该如何设置大学英语课程，使学生在大学英语课堂上既能延续之前对英语技能的学习，又能提高自己在英语方面的专业知识、科研能力和文化素养呢？

2. 目前大学英语课程设置存在的问题

大学英语课程虽经过改革，但笔者认为改革后的课程设置只是压缩了学分，课程的实质内容并没有改变，因此仍旧存在不少问题。

2.1 我国大学英语教学课程实施要素有待优化

大学英语课程实施要素包括课程实际规划、课程实施过程以及课程实施的结构。

（1）在实际的课程中大学英语课堂实施的情况不容乐观，很多大学生很难形成自主学习的意识。

（2）在课程安排上，非英语专业的英语课程安排，通常是一周一大节，共90分钟。通常这些课程所教授的内容是整本教材，这样就会存在学生抓不到学习重点的现象，加上课程安排时间间隔较长，往往上周学习的知识未及时巩固，就会出现遗忘知识的现象。

（3）有些英语教师未能重视英语课堂的安排，例如对于有些非英语专业学生的教学，在课上教师只是草草了事，甚至有些教师还会在课上播放视频来应付教学，这样就会逐渐使英语教育偏离正确的发展方向，大学生的英语水平和英语实际掌握程度不容乐观。

2.2 大学英语课程设置没有统一的标准，不利于教学和课程定位

我国高校的外语教学规划真正开始于 2007 年颁发的《大学英语课程教学要求》，随后 2008 年《非英语专业研究生英语教学大纲》出台，两个标准虽然分别针对高等教育的两个学习阶段，但内容重复且界限模糊。

《大学英语课程教学要求》强调学生的听说读写语言技能，因此大学英语通常被语言学家和外语教师定义为帮学生打好语言基础的通用英语课程（EGP）。

随着外语教育的普及和外语学习的低龄化，很多高中毕业生通过以往的学习其英语能力已经达到大学英语的课程要求，大学期间的英语学习对他们来说是重复学习，导致其对英语学习倦怠。甚至在大学生中广泛流传着这样的说法：进了大学，英语水平不升反降。其根本原因在于我国外语课程设置没有统一的标准，高中课程与本科课程缺乏很好的衔接，大学英语不能满足学生的需求和后续学习的需要，外语学习费时且低效。

此外，即便是有些学生的英语水平很高，考试成绩优秀，但是阅读国外原版文献和进行学术交流的能力薄弱，研究生和博士生也很难在国际期刊上发表外语文章，所以仅注重学生听说读写语言技能的大学英语课程标准不利于大学英语教学和课程定位。

2.3 教学目标和课程设置不明确

大学英语的教学到底是该注重语言的工具性还是人文性，这个问题一直在学界争论不断。

学生对外语的工具性也存在误解，很多学生认为学好外语就是取得各种证书，他们把高校内外针对大学英语四、六级的辅导和培训机构当作学习英语的主要课堂，从而忽视了真正的英语学习。

2.4 课程设置与国际脱轨

由于课程设置与国际脱轨，加上语言障碍，导致我国外语类国际化课程缺失。我国英语教学虽然取得了巨大进步，但是随着学生英语能力的变化，外语教学有很多问题亟待解决，英语课程设置必须改革。

从大学英语课程设置上来讲，非英语北欧国家的大学生在英语学习上取得了优秀的成绩，其经验值得借鉴。

3. 北欧课程设置对改进我国大学英语课程设置的启示

北欧五国，不论是在地缘特征、文化渊源、外语学习还是英语水平上都很相近，其中芬兰的大学英语课程设置具有代表性。

芬兰的外语课程设置、外语学段划分、课时分配及英语教育状况都具有独特性。芬兰优质的英语教育对我国英语教育提供了经验和启示：创设尽量真实、自然、有意义的英语学习环境，努力实现英语学科与其他学科的综合化，全面提升教师的科研素质。

尽管芬兰和我国在经济发展、教育状况、人口数量等国情方面存在差异，但是其优质的外语教育经验仍然对我国开展高效高质的英语教育具有重要借鉴意义。

（1）20世纪90年代中期，欧洲的芬兰和荷兰等国兴起了独具特色的语言学习方式——课语整合式学习，即以另外一门语言为工具学习非语言课程，以期达到语言能力和科目知识同步发展的双重教学目标。这种学习方式避免了科目和语言脱离对立的状态，增强了语言学习的文化内涵与意蕴。许多学校教学都是用外语（最常见的是英语）进行的，比起单纯的语言学习，在教学中重视语言意义和语言形式，更能在真实的情境中培养学生的外语综合运用能力。

（2）鼓励教师和教育管理人员开展积极的自主学习和研究，并提供免费的培训，不断提高他们的专业素养。同时，教师也把参加在职培训看作一种特殊权益，因此都积极参加各种教师培训。在芬兰"信任文化"的社会氛围之中，教育权力逐渐下移，教师承担起学校课程开发的责任，投身本校教育改革策略的设计。因而，他们不仅能研发出适合本校学生学习的英语课程，而且极大地提升了其自身的教育科研能力。

（3）针对硕士和博士研究生开设的公共英语课程，不再局限于单纯的语言学习，而是考虑到高层次人才培养的需要，开设更实用、与科学研究相关性更强的课程，如"学术英语写作""学术英语语法""英语课题申请""国际会议陈述"等。

4. 对优化我国大学英语课程设置的建议

那么，我们该如何设置适合我国国情和大学生的英语课程呢？

（1）统一外语课程标准，因地制宜设置课程。

首先，我国外语课程标准的制定可以参考《欧洲语言共同参考框架》，该框架把语言能力等级标准分为 A1，A2，B1，B2，C1，C2 共 6 个级别，各个级别难度逐层增加，根据所分设的级别对教学、考试、教材等提供基准。根据我国学生的外语水平和外语需求，外语教育者和专家应制定统一的课程标准、英语等级量表。标准的制定应涵盖各个级别，从初级水平到高级水平，界限明确，从而有助于实现大中小学的课程衔接，实现外语教学规范统一，有效避免重复学习和课程衔接不当的问题。

（2）课程设置要有差序格局。

要做好外语教学整体规划，才能使外语教学衔接得当，避免重复教学、浪费教学资源。但是同时要实施个性化办学的差序格局分布，即只设定英语能力达到的标准，不做硬性要求，各地区和各高校可根据自身定位参照标准设置课程。我国经济发展不平衡，各高校受地域和经济影响生源和师资相差悬殊，因此选择适合各地自身条件的课程标准是教学的需要。

（3）定期完善和评估课程设置。

课程设置不是一劳永逸的，学校应根据外语学科的课程特点和学习者需求等定期评估课程，对课程设置进行全面监控，以不断完善并满足学习者的更高需求，适应社会对毕业生的整体发展需求。

（4）高校外语课程的培养目标兼顾工具性和人文性。

目前我国外语教学课程标准以英语能力为培养目标，强调工具性，教学模式趋同化，培养目标模糊。语言是文化的载体，忽视人文性的语言教学仅仅是文字的堆砌，只有注入了人文精神的外语学科才有鲜活的生命力。工具性和人文性不是对立的关系，两者结合，相得益彰。比如，可在大学英语一年级开设通用英语课程，以人文性目标培养为主；在二年级以上开设与专业相关的英语课程，以英语工具性目标培养为主。

（5）课程设置与国际接轨，加强师资队伍建设和引导师资转型。

《国家中长期教育改革和发展规划纲要（2010—2020 年）》提到要"培养具有国际视野、通晓国际规则，能够参与国际事务与国际竞争的国际化人才"。各高校根据本校的师资情况和办学特色开设拓展课程，课程设置包含语言技能类、文化类及专业类。

国以人立，教以人兴，外语课程的开设和课堂教学的成功进行离不开教师，教师是有效课堂教学真正的实施者。所以应为教师提供学习和进修的机会，要为教师提供学科专业知识、教学方法和教学技术三个方面的培训。

5. 改革大学英语课程设置的措施建议

看到了大学英语课程设置的不足，了解了发达的非英语国家外语教育教学的经验，今后该如何改革我国的大学英语课程设置呢？

（1）丰富大学英语课程体系的内容。

在课程改革中，首先要改变传统的教学理念，以通识教育的理念整合各种教育资源。因为大学英语面向的是全校各个专业的学生，所以在教材选取（或自编）及授课内容上应涵盖各学科（人文科学、社会科学、自然科学、医学等）的普遍性知识，同时突出人文特色，这样才能培养学生具有广泛的知识，提高其语言应用能力和跨文化交际能力。此外，教师在教学过程中应补充与时俱进的知识和热门话题，引导学生进行批判性思考。

（2）提高课程设置的灵活性。

目前，四川大学和全国绝大多数高校一样，所有专业的学生（英语专业除外）需进行四个学期即两个学年的大学英语学习，然而，随着中国学生总体英语水平的不断提升，相当一部分学生（像四川大学英语 A 级的学生）在大学阶段的第一或第二学期已通过大学英语四、六级考试，因此，统一的课程设置已不能满足他们的需求，应考虑后续课程的分流设置，比如开设交际英语、西方文化、英美文化、世界通史概况、论文与写作等课程，或者设置针对人文科学、社会科学、自然科学、医学、艺术等学科的专门课程，以及针对应试的课程如雅思、托福、GRE 课程等供学生选择，各学院也可根据实际情况，将某些课程设为必修或选修。

（3）采取多样化的考试方式。

四川大学一直以来对该门课程的考核局限于卷面做选择题的方式，这种单一的考试方式使得一些学生对该门课程的学习产生懈怠心理。因此，对考试内容的改革势在必行。其实，考试内容完全可以根据教师授课内容灵活设置，大学英语的考试应该加大主观题的分量，加强对交流水平、文化知识、思维方式和写作能力的考核力度，去除单纯的应试做题式的传统考试模式。主观题为主的英语考试模式有助于大学生看到自己英语文化知识和应用水平的不足，在学习中自然会更加关注文化知识的学习和英语应用能力的提高，从而有助于实现教考相长。

（4）建立新的课程评估体系。

现行评估制度始终对英语课程教学起着指挥棒式的作用。在现行的学生评教的体系下，一些教师不敢管学生，而学生评教主观性强，甚至有的学生还以此向老师要高分，有些老师想方设法跟学生搞好关系，甚至投学生所好，滋长了不点名、对学生监管不严等不良教学风气。学校在确保大学生学有所获与监管教师教学方面应增加对教师的信任度，给予教师教学方面的政策倾斜，可以换一种方式，比如从学生的英语沟通能力、跨文化交际能力和自主学习能力等方面来检验学生的学习效果和教师的教学效果。

（5）促进教师自身知识水平和教学能力的提升。

毋庸置疑，教师是课程设置改革的主导者和实施者。但众所周知，在国内从事大学英语教学的教师群体的专业背景基本上都是英语语言文学文化，知识结构的单一性使得他们难以很好地胜任通识化英语课程的教学，因而加强教师的职业培训非常重要，学校应给教师提供各种国内外进修的机会，鼓励教师运用英语优势进行跨学科研究，加强其职业素养和知识积累。尤其是海外的专业培训是培养高素质英语教师的关键所在，可以通过开展校际合作，让教师前往英语为非母语，但几乎人人都具有较强英语运用能力的北欧国家的大学英语课堂，亲身体验他们的课程设置和教学方法，或前往英美国家，接受教学法的专业培训等。

6. 结 语

我国高校发展不均衡，各高校生源外语水平差异较大。有些学校学生还没有掌握基本的英语技能，如果盲目开设各种拓展课程，将不利于英语教学的发展；而有的学生英语水平很高，如果继续学习基本技能则势必是对生源和师资的浪费。

因此，我国高校应形成个性化办学的差序格局，避免办学模式趋同。按功能分化是高等教育发展进程中的必然趋势。目前我国很多高校课程定位不清，导致的结果就是办学趋同，没有特色可言。各高校应在统一标准下，根据自身的特色开设适合生源的课程，培养不同类型的人才，研究和学习国内外成功的高校办学模式，客观审视我国的办学条件、师资力量、生源水平，因地制宜地解决外语教学中出现的问题，以进一步推动外语教学改革。

参考文献：

刘阳，2014. 芬兰大学英语教学中的素质教育：以赫尔辛基大学为例［D］. 荆州：长江大学.

彭梅，冯瑗，2014. 国外外语课程设置研究对我国大学英语教学的启示 ［J］. 外语电化教学（4）：51 - 58.

周淑惠，2015. 芬兰优质的英语教育及启示 ［J］. 现代教育科学（2）：169 - 170.

Reform and Setting of College English from the Perspective of General Education: Based on Nordic Experience

Xi Zhenyan

Abstract：The college English course in China has been adopting the traditional comprehensive English teaching mode for many years, and the examination is similar to the traditional middle school English test as well. Since the implementation of the college English teaching reform in 2003, the changes in the curriculum and examination mode have been minimal. Most colleges have only cut the credits of the college English courses while the substantive teaching content and examination mode have not changed yet. In order to promote the further reform of the college English curriculum, and to integrate with the more advanced college English curriculum in the developed non-English-speaking countries, this paper takes the Finnish college English course design as a reference since Finnish English education is well-known in the world and can represent the Nordic English education. It aims to reform and renovate our college English courses in China under the guidance of general education, which will enable a new generation of college students to improve their English and enhance their cultural quality and personal accomplishment.

Key words：college English; curriculum reform; course design; general education; Nordic experience

文学文化

20世纪早期美国医生镜头下的藏族明正土司及其女儿婚礼[①]

赵艾东

（四川大学外国语学院，成都 610064）

摘　要：本文结合照片来源和其他相关史料，对 20 世纪早期美国医生史德文所拍摄的当时打箭炉（康定）藏族明正土司女儿婚礼的一张珍稀照片进行初步考证，展现照片中部分人物的身份与土司家庭的一些情况。该照片是当时康定藏族土司家庭的生动见证，对其研究有助于了解该时期藏族社会风俗和有关土司的历史，对中西文化互动历史的研究也有重要的学术价值。

关键词：明正土司；打箭炉（康定）；史德文；藏族婚礼

史德文（Albert L. Shelton）医生是 20 世纪早期将西医（尤其是外科手术）传入康藏地区的重要人物。1904—1908 年他在打箭炉（康定）从事医疗活动，并拍摄了数张有关当地人物与风俗的照片。今天这些照片成为珍贵的地方历史记忆的展现，其中一张是当时打箭炉藏族明正土司女儿婚礼的直观见证。本文结合照片来源和其他相关史料，对拍摄于 1920 年前的这张珍稀照片做一初步考证，试图展现照片中部分人物的身份及土司的家庭情况。这一初步研究有助于了解这一时期藏族社会风俗和有关土司的历史，对中西文化互动历史研究也有学术价值。

1. 照片来源及其在美国的发表

明正土司，为康区四大土司之首，从明永乐 5 年（1407 年）至 1922 年甲木参琼珀死亡，共 12 代，历时 515 年，在康区影响甚大，且"历代土司一直保持与中央的关系，对西南边疆的巩固，民族团结等作出了一定的贡献"（四川省康定县志编纂委员会，1995：425）。图 1 展现的是藏族明正土司女儿婚礼上的合影，由史德文拍摄于康定（打箭炉）。依据笔者于 2012 年在纽华克博物馆查阅的档案记录和影像，1919 年史德文从巴塘返美休假，

---

① 本文系 2018 年国家社会科学基金重大招标项目"美英涉藏档案文献整理与研究"（18ZDA192）的阶段性成果之一。

将与图 1 照片相同画面的照片（而非底片）带回美国后赠送了一张给纽华克博物馆，照片说明显示其拍摄于"20 世纪早期"，即当为 1920 年之前，但纽华克博物馆所存照片上仅有右边 3 人，左边两人的画面明显被剪切掉了（但画面上还保留了未剪切掉的左二妇女的衣袖和裙角）。

史德文摄于 1920 年之前（赵艾东、朱晓陵，2014：22）

图 1　镜头下的藏族明正土司女儿婚礼

1921 年史德文在美国《国家地理杂志》上发表了一篇长文《生活在东部藏区的人们》，并配有一些插图；与图 1 完全相同的照片也出现在插图中，其标题为"甲拉王的女儿及其新郎"，文字简介称："她身着新娘长袍，新郎（中间）站在其右边。甲拉的首府是打箭炉，其范围包括巴塘以东的两个省。"（Shelton，1921：301）这是以上照片第一次出现在西方公众视野中。上述文字说明中"两个省"实际上是指四川省和当时拟建的西康省。1923 年出版的史德文夫人所撰史德文在康藏经历的专著也将图 1 照片作为插图之一，标题为"婚礼上甲拉王的女儿"（Shelton，1923：49）。该照片问世约半个世纪后，1972 年纽华克博物馆出版了一本有关史德文在藏区个人经历的画册，画册选用的一张照片便是上述画面仅有右边 3 人的明正土司女儿婚礼上的合影，英文说明称："甲拉王站在正在举行婚礼的女儿的右边，他所管辖的省里，打箭炉是首府。甲拉王的公主周身穿戴华丽的服饰，是一个典型的中国美人（汉族美人）；其左边是新郎，身着典型的康巴服饰，头戴毛边礼帽。"（Reynolds，1972：32）上述英文说明有三个问题：一是误认为照片中身着汉族服饰的唯一妇女是藏族明正土司的女儿。二是语意含糊不清。英文"Chinese beauty"一语中，"Chinese"一词有"中国的"

"汉族的"等意,故"Chinese beauty"可译为"中国美人"或者"汉族美人";该妇人身着汉式服饰,说明编写者据其服饰风格称她为典型的"Chinese beauty",那么问题在于,她究竟是藏族血统的"典型的中国美人"还是"典型的汉族美人"?三是称明正土司"所管辖的省里,打箭炉是首府",这一表述存在时空错乱和史实有误的问题。清末朝廷曾拟建西康省,但未果。宣统三年(1911 年),明正土司被令缴印,改土归流(傅嵩炑,1932:34)。民国时期筹建西康省经历了漫长的过程,1939 年 1 月初西康省才正式成立。因而,明正土司并未管辖过西康省。以上错误和语意的模棱两可明显给西方读者的理解带来很大困难,造成西方读者对一些史实的错误认识,故有必要结合中外文献,对照片中的人物和明正土司的相关史实做一考证。

2. 明正土司甲木参琼珀其人其事及史德文应邀参加婚礼并拍此照的缘由

图 1 照片中的明正土司即是改土归流前的末代明正土司甲木参琼珀,汉名甲宜斋。据史德文记述,他是自己认识的第一位藏人,也是自己医治的第一位藏族病人。1903 年秋,史德文一行人从美国来华。1904 年春,他们在从华东前往打箭炉(1908 年始称康定)途中,于嘉定府(今四川乐山)逗留期间巧遇结伴从康定到嘉定的内地会传教士徐丽生与明正土司。史德文记述道:"我们在嘉定首次遇到藏人,即'打箭炉王'(King of Tachienlu),他正前往该省首府成都……'打箭炉王'身染微恙,通过徐丽生请我为他治疗。他是我的第一个藏族病人。我俩的友谊始于那时并持续至今。"(Shelton,1921:23-24)"打箭炉王"即明正土司。元代设长河西鱼通宁远宣慰使司(简称明正土司),明、清两代承元制,清代明正土司成为康区四大土司之一。清代中期起明正土司移驻打箭炉城,故又称"打箭炉土司"。由此可见,当时在康区的西方人在英文记述中恐因找不到与藏、汉语称呼"明正土司"能够确切对应的英文名称,而"土司"在其看来类似西方的"王"(King),故将其译为"打箭炉王"(King of Tachienlu)。同时,史德文在打箭炉期间跟随藏族老师苦学藏语,而藏人称明正土司为"嘉拉甲波"。"嘉拉"在汉语中亦作"卡拉""甲拉",本为其家族名,后引申为"明正土司所辖之区";"甲波"则为藏语"王"的读音。明正土司官高地大,昔统辖咱里古土司、鱼通甲土司以及 48 个土百户(冯有志,1994:

6）；辖境"南抵云南界，西抵雅江，北至道孚，北东包丹巴县大部及孔玉区、鱼通、穆坪、咱里、冷边、沈村各土司皆其附庸，境土万里"（任乃强，1929）。因而，史德文称"甲拉的首府是打箭炉，是巴塘以东的两个省"，此处对"甲拉"一语引申为改土归流之前"明正土司所辖之区"的理解是正确的，但并不是"两个省"。据史夫人记述，明正土司在嘉定期间经史德文治疗和用药，病情明显好转，后来其夫妇在打箭炉期间，甚至在迁离打箭炉之后，"得到土司多方面的关照"。这当为史德文被邀请参加明正土司女儿婚礼并能拍摄该照片的原因。

　　关于明正土司甲木参琼珀的继位与经历，国内文献记载颇丰，但学界对西方人的相关记述和报道却有所忽视。清光绪二十八年（1902 年），明正土司甲木参琼望病故后，乏嗣，清廷令其胞弟甲木参琼珀承袭其位；光绪三十一年（1905 年），甲木参琼珀因出兵泰宁协助清廷剿办阻挠开办金厂的喇嘛有功，被川督锡良奏请赏以总兵衔。宣统三年（1911 年）辛亥革命爆发，明正土司被令缴印，改土归流。改土归流后土司实权仍存，民国四年（1915 年）他被授以康定总保正之职；民国六年（1917 年）汉藏冲突中，因其在康区颇有影响，被川边镇守陈遐龄派作代表之一与当时的西藏地方政府所派人员谈判；民国十一年（1922 年）他被镇守使署发现有叛意而被捕入狱，后其属下劫狱得逃，次日身亡（赵艾东，2008：117）。近代在中国出版时间最长、发行量最大、最具影响力的外文报纸为《北华捷报/字林西报》。《北华捷报》（*North China Herald*）创办于 1850 年（道光三十年），是上海第一家英文报刊；《字林西报》创刊后，《北华捷报》成为《字林西报》的星期附刊，继续出版。《北华捷报》对"甲拉王"（King of Chala，明正土司）的死讯和死亡前的越狱刊登了英文报道，叙述了其自绝过程：民国十一年（1922 年）6 月 1 日傍晚，甲木参琼珀从监狱逃出来，但发现既无马匹也无朋友助其远逃，而康定昼夜都在严密的监控之下，他在绝望中支走了仆人，让其去转山，而自己走到河边，挖掘了一个浅坑，自己溺水而亡。次日早晨人们发现了土司的尸体，其怀里还揣着护身符、佛像、藏语祈祷文（转引自 Shelton，1923：59 - 60）。从 1902 年至 1922 年，末代明正土司在职共 20 年。甲木参琼珀去世后，其子甲联芳（包包旺吉）承袭土司（四川省康定县志编纂委员会，1995：424 - 425）。

3. 照片中的人物及相关史实考

该照片展现的是当时康定地区（乃至康区）最富贵的藏族家庭的婚礼。照片中可以明确身份的人物有三个：右一为明正土司，左二为新娘，即明正土司的女儿，中间为新郎。新娘和新郎均身着十分华丽的藏族服饰。

那么，照片中余下的左一和右二又为何人呢？既然是在婚礼上拍摄的这张照片，最有可能的是明正土司的家庭成员。这就产生了两个有趣的问题。首先，身着华丽的汉族服饰的妇人（右二）是何人？从她的年龄和坐在土司身旁的位置看，很可能是土司女儿的母亲，即明正土司的妻子，但史德文并未明确指出这点，那么他是在回避什么呢？而史德文夫人则记述了她所了解的明正土司家庭和其中一个女儿。她写道："明正土司有几个妻子和许多仆人。由于期望自己的一个小女儿是儿子，从小就把她打扮成男孩子的样子。这个小女儿出行骑羊，羊载着她跑得很快。多年后这个小女儿在打箭炉城嫁了人，但未听说过她过得幸福还是悲惨。"（Shelton，1923：57）据该记述，照片中土司身旁的妇人很可能是土司几个妻子中的一个。那么她究竟是藏人还是汉人？这仍给我们留下了一处疑惑。但无论其身份如何，其汉式着装反映了当时藏族明正土司家庭内汉藏生活方式的交融（Shelton，1921：301）。

上述美国纽华克博物馆所出版的画册中展现的则是该照片的右半部分，从5人照片中剪除了左边两人的画面，仅保留了右半部分3位人物，即明正土司、身着汉族服饰的中年妇人、藏族新郎。但所附文字说明却称照片中唯一的妇人（即身着汉族服饰的中年妇人）是土司的女儿（Reynolds，1972：32）。鉴于其信息是二手来源，同时，既然这是史德文本人拍摄的照片，他在5人合影的文字说明中称"新郎（中间）"站在土司女儿（左二）的"右边"，"右边"（即左二）身穿藏族华服的女子看上去是年轻女子而非中年妇人，那么史德文本人的这一说明就具有最大可信度。当然，这也并不排除身着汉装的妇人也可能是土司的女儿（新娘），但可能性极小。这同时也带来了另一个问题，即纽华克博物馆所存照片究竟原本是残缺的（即史德文赠予时就剪切掉了左边两人部分），还是博物馆员在整理图片过程中，因无法辨认照片中5人的确切身份而剪切掉了左边一男一女的图像呢？这个问题的答案我们目前仍不得而知。

将中外史料和照片结合起来进一步考察，则产生了另一个问题，即明正土司究竟有几个妻子和几个女儿？照片中土司身边的妇人究竟是身着汉族服饰的藏人，还是兼有汉藏血统的"团结族"，或是汉人？据康定当地的文史资料和传闻，在对民国时期康定城里锅庄的考查中，笔者发现康定城内康化小学旁的包家锅庄，当地人也称"水桥子包凤英锅庄"，主人包凤英又称"甲包氏"。该锅庄藏文汉译名为"郎白莎"，藏语原文意为"内臣院"，所司职责是管理土司的衙内事务，该锅庄主人包凤英与明正土司有亲属关系，但具体是什么关系，当地人也不清楚。有人称她是土司之女，有人说她是土司之妾。她后来嫁给李海庭，该锅庄后来称"李海庭锅庄"（高济昌、来作中，1985：131 - 132）。又据民国中期调查，这家李家锅庄地点在中正街。改土归流前，该片房产为明正土司所有，1933 年前后李海庭从当时的包家锅庄主人包洪银手中购得（任汉光，1948：29）。民国后期报刊文章亦载："今明正土司绝嗣，仅有孀妇数人，无号召能力。"（朱祖明，1945：33）由上可见，传闻与调查大致可以说明明正土司甲宜斋有数个妻妾，死后留下了数个丧偶的妇女（"孀妇"）。那么照片中的中年妇人究竟是其中哪个妻子，土司女儿是否就是史德文夫人记述的那个小女儿，或是当地传闻中的甲包氏？因史料有限，今天仍难以得知。

此外据载，末代明正土司有两个儿子。这就产生了另一问题，即照片中的藏族青年（左一）究竟是明正土司的儿子甲联芳，还是另一个儿子甲联升，或是上述史夫人记述中的女扮男装的小女儿？关于甲联芳，据称甲宜斋纳打箭炉城的邱家锅庄之女为妻并生下了他。1928 年甲联芳承袭穆坪土司，为其下属所杀，明正绝嗣（任乃强，1929：18）。又据《康定县志》，明正土司的长子甲联升在德格学医，甲联芳死后，后经川康边防总指挥署同意，将其调回署理土司署的事务；二十四军曾委任甲联升为运输队长（四川省康定县志编纂委员会，1995：425；朱祖明，1945：33）。虽无更多史料可以证明照片中藏族青年（左一）的确切身份，但从明正土司的家庭成员和婚庆典礼的习俗看，该青年很可能为其子女。

4. 结语

综上所述，本文作为对 20 世纪早期美国医生史德文所拍摄的藏族明正土司女儿婚礼照片的初步考证，纠正了西方出版物中的几处错误，确定了照片中土司、新娘及新郎 3 个重要人物的身份，对其余 2 人的身份做出了初步判断；将照片与中外史料结合起来考察，还展现了以往鲜为人知的有关末代明正土司及其家庭生活的一些细节以及当时藏族社会的风俗与文化互动；但同时，这一初步考证又给我们带来了更多的问题，为我们展现出一个开放性的探索空间，促使今后我们进一步研究。这方面研究对于丰富历史上土司制度下的社会生活研究、土司及其家庭生活变迁史研究、中外文化互动史研究具有重要的学术意义。

参考文献：

冯有志，1994. 西康史拾遗（上）［M］. 康定：甘孜藏族自治州政协文史资料委员会.

傅嵩炑，1932（1911 初版）. 西康建省记·明正改流记（三卷中第一册）［M］. 上海：中华印刷公司.

高济昌，来作中，1985. 康定锅庄传闻录［M］// 政协四川省甘孜藏族自治州委员会. 甘孜藏族自治州文史资料选辑（3）.

贺觉非，2005. 我所熟悉的西康土司［J］. 湖北文史（2）：64 - 82.

任汉光，1948. 康定锅庄调查（续十一卷六期）［J］. 西康统计季刊（7）.

任乃强，1929. 康区视察报告第二号——康定县［J］. 边政（2）.

四川省康定县志编纂委员会，1995. 康定县志［M］. 成都：四川辞书出版社.

赵艾东，2008. 20 世纪初美国传教士史德文在康区打箭炉的医疗活动［J］. 中国藏学（3）：115 - 120 + 146.

朱祖明，1945. 明正土司之过去与现在（附表）［J］. 康导月刊（6）：5 - 6.

1922. Tachienlu, Szechuen［N］. North China Herald（June 24）.

REYNOLDS V, 1972. Journey to Tibet：one man's experience, 1904 - 1922：photographs from the Dr. Albert L. Shelton Archive［J］. The museum（24）：2 - 3.

SHELTON A L, 1921. Life among the people of eastern Tibet［J］. The national geographic magazine, XI（3）.

SHELTON A L, 1921. Pioneering in Tibet：a personal record of life and experience in mission fields［M］. New York：Fleming H. Revell Company.

SHELTON F B, 1923. Shelton of Tibet［M］. New York：George H. Doran Company.

ZHAO A, ZHU X, 2014. Far, far away in remote eastern Tibet：the story of the American doctor Albert Shelton and his colleagues from the Disciples of Christ 1903—1950［M］. St. Louis：Lucas Park Books.

A Witness to the Tibetan Mingzheng Tusi and His Daughter at Her Wedding through the Camera of an American Doctor in the Early 20th Century

Zhao Aidong

Abstract: This article has a discussion on a rare photo, taken by the American doctor Albert L. Shelton, which shows the wedding of the daughter of the Tibetan Mingzheng Tusi of Tachienlu in the early 20th century. Based on source material of the photo and other historical literature, the preliminary study attempts to reveal the identity of some of the figures in the photo and other relevant historical facts about the Tibetan Tusi and his family. With the vivid witness via the photo to the Tibetan Tusi and his family, the study contributes to a further understanding of the Tibetan customs and of the Tibetan Tusi at that time and is of academic significance to the historical study of the Sino-Western cultural interaction.

Key words: Mingzheng Tusi; Tachienlu (Kangding); Albert L. Shelton; Tibetan wedding

越来越多的标签与越来越难的认同
——美国身份政治的困局

帅仪豪　陈　杰

（四川大学外国语学院，四川成都 610064）

摘　要：随着特朗普的上台、另类右翼的崛起、族裔冲突的频发，美国愈发呈现出身份认同乱象，其背后是以"政治正确"为大旗的身份政治在不断分裂着社会认同。本文从后现代主义视角出发，结合实际案例，分析原旨在消弭压迫、促进和谐的身份政治缘何使美国陷入分裂，指出身份政治过分强调认同标签本身就是一种压迫与分裂，更因其在文化领域的霸权地位而成为民主党"表演政治"及共和党"反动政治"的催化剂，挟持了社会正常的纠错能力，值得我们深思与警惕。

关键词：身份政治；标签；美国分裂；压迫；政治正确

1. 身份政治：少数的反抗

身份政治（identity politics/ identitarian politics），或称身份认同政治，作为政治术语最早出现于 20 世纪 70 年代[①]，是对美国民权运动（Civil Rights Movement）中少数群体政治诉求模式的总结。它将政治立场与少数群体的身份认同、切身利益、自身视角紧密联系起来，以帮助其解构主流权威，强化自我意识，发出群体声音，反抗外部压迫。因此身份政治从诞生肇始便与少数群体反抗压迫密不可分。

并非所有少数群体成员皆使用身份政治，但通常而言使用身份政治的是少数群体，或者认为自身在政治上受到压迫的弱势群体，譬如黑人、女权主义者、LGBTQ 等群体。基于性别、种族、宗教信仰、性取向、阶级等不同变量进行划分的这些少数群体，具有多元化特点。其群体成员为了在政治上争取平等而团结起来，通过强调自身经验与属性来强化自身形象，并将施予枷锁的主流一方分离为"他者"，从而实现反抗。这不仅回应了伴随越战和民权运动在美国蔓延的认同危机，更是各种少数群体、弱势群体及亚文化群

[①] Howard J. Wiarda：*Political Culture*，*Political Science*，*and Identity Politics*：*An Uneasy Alliance*，London：Routledge，2016，p. 150.

体在主流话语高压下发泄文化疏离感、寻求文化认同感的路径，客观上促使美国的多样性更为活跃与复杂。

身份政治家们认为，强调多样性能使社会上每一个少数成员的利益得到保障，从而最终实现真正的社会和谐与社会认同。具体而言，他们试图通过对少数群体及边缘群体的身份再确认来唤起社会的同理心与共情，呼吁社会的平等对待，反对将主流意识形态与规约强加至每一个体，进而由包容求共识。

美国左翼是除各民权团体及各少数族群自身外推动身份政治发展的最主要力量。原因之一是强调公平、多元、福利本身符合左翼的政治路线。原因之二是这也是 20 世纪后期民主党对抗共和党的战略路线——趁共和党忙于国际事务时利用身份政治及"政治正确"的大旗渗透国内高校、传媒等文化战场，掌握文化主动权，扼住共和党的话语咽喉，增加自身在各少数群体中的选票。

这种发展效果自然很好：左派牢牢掌握了大部分大媒体，更是以各大高校与新兴行业为宣传阵地，驱使美国在文化上一路向左。自 20 世纪 80 年代开始，身份政治在美国愈战愈勇，在整个西方世界亦焕发出强大的生命力。然而，随着其不断涉入社会生活各个方面以及对身份认同过度机械的强调，由身份政治引起的标签化却将身份政治推入进退维谷的困境。

2. 标签化：新的压迫与分裂

首先，身份政治的发展呈现出势不可挡的标签化趋势。例如"黑人""女性""年长者""无证移民"等各种标签层出不穷。一方面，政治上的反抗及对压迫的剖析有赖于标签的介入——唯有如此，才能厘清复杂而潜在的权力关系；另一方面，标签亦给予少数群体以归属感及自我认同感。然而，事实证明，标签化本身是一把双刃剑，存在着诸多隐患，首当其冲的便是差异的放大，而放大的差异直接导致了白人的反抗。

2016 年特朗普的胜选在某种程度上昭示了身份政治所面临的危机。种族问题在美国经过奥巴马八年"政治正确"的"洗礼"后似乎不但没有缓解，反而愈发严峻。以"政治正确"拥护者、多元文化支持者及多元人口构成的东西两海岸，与更"白"、更传统及生活方式更 WASP 化的中部地区形成了空间上的分裂。这种分裂更是同美国在经济分布、人口分布、两党所占州的分布等方面的分裂状况相互呼应。一个各方面都出现了分裂局面的美国赫然呈现。造成这种情况的原因固然很多，白人对身份政治大行其道的不满和反感正是其中之一。

根据预测，美国白人的社会总人口占比将在2050年降至72%，而如果除去其中的拉美裔，将在2042年低至50%以下（拉美裔有着美国种族里最高的生育率，而传统意义上的白人的生育率最低）①，这预示着白人在不久的将来很可能会成为美国的少数族裔。经济的萎靡、就业的压力再加上人口优势不再，很容易让白人，特别是那些饱受全球化冲击的传统行业的白人中产迁怒于移民，认为是其他种族抢了自己的就业机会。与此同时，民主党在教育、医疗、福利等社会生活各方面甚嚣尘上的"政治正确"更是火上浇油，使本就在文化新闻领域逐渐丧失主导权甚至被迫收缩的保守派白人群体不由心生危机感，开始在少数族裔身份认同的高歌猛进中呼吁白人的认同，高举"白人"这一标签。身份政治之前一直是左派取得黑人选票、妇女选票及社会底层选票的尖兵利器，但现在，危机感使右派中的白人也取其为己所用。与欧洲白人认同运动（identitarian movement）遥相呼应，白人国家主义（white nationalism）和另类右翼（alt-right/alternative right）的崛起都是美国白人认同不断高涨的表现，其结果便是在"政治正确"充斥社会生活的高压中孕育出了"沉默的大多数"。

当标签化不再是少数群体的专利而被仍旧占美国人口大多数的白人使用时，身份政治也不再仅仅是左翼与少数群体用以反抗压迫的专利，右翼特别是另类右翼也开始用它来武装自己。这就是标签化的问题之一。至此，身份政治本身已然脱离原初"少数群体"与"反抗压迫"两大特点，而异化为一种为个别群体谋求利益的斗争手段，成为一个又一个根据不同变量规制起来的利益集团相互攻击的助推器。身份政治的初衷本是消除对立、求得共识，可实践证明它并没有通过理想中的"相互尊重"来淡化或者弱化不同群体间的差异，反而因其不断强调的身份标签使原本存在的差异不断被放大。

其次，标签化本身就是一种压迫。身份政治的发展受后现代主义影响很大。从解构主义的观点出发，社会文化中很多概念都是人为建构的，这些概念组成的社会本身就是一种"迷思"（myth）。少数群体每一次对主流权威

---

① "Total fertility rates are lowest among whites and highest among Hispanics", Familyfacts. org, http://www. familyfacts. org/charts/217/total-fertility-rates-are-lowest-among-whites-and-highest-among-hispanics, 2018-02-10.

的挑战就是一次"祛魅"（demystification），帮助我们看清这些概念的"所指"究竟为何，以及我们如何一直被自己误解的"能指"所束缚。最简单的例子便是"美国人"一词，究竟什么是美国人？这是美国研究绕不过的经典母题，黑人民权运动及女权运动正是对该词掩藏下的 WASP 标准犀利的揭露。除此之外身份政治还吸收了很多酷儿理论（queer theory）的内容，比如区分性别（sex）和性属（gender），强调性别是后天人为建构的，力求促成人的全面发展。

　　具有反讽意味的是，后现代主义本身是反对身份标签的，因为它认为人没有本质且人与人之间存在各种差异；同时，每一个标签都是一种语言、一个暗含特定规约与行为准则的牢笼。比如"男人"就暗示了你必须得有男子气概、不能随便哭，它既暗含着社会普遍的期望，又是社会体制化个体的重要手段。虽然男人也分很多种，有粗鲁的，有大气的，有文雅的，有风趣的，但通过贴标签，标签的排他性使个体的格局无限缩小，从而间接隐藏了男人也可以拥有二元对立的另一方——女人——的很多特质的可能性，事实上实现了意识形态上主流的霸权。又比如说，因为历史、经济、偏见等诸多原因，"黑人"一词往往和暴力、毒品等负面内容联系在一起，强调黑人这一标签本身就是一种压迫及规训。再如，对于同性恋来说本不应该强调"出柜"一说，因为这一标签本身就暗含了同性恋确实和异性恋不一样，需要宣告自身身份的前设条件，而这对于实现自由毫无帮助。所以朱迪斯·巴特勒（Judith Butler）才说："把我自己放进一个身份类型之中，将会使我转而反对那个类型所代表的性倾向……［只要］它认为自己可以描述和恩准这种性倾向，至少是想去'解放'这种性倾向，我就会去反对它。"① 少数群体的解放与自由应该依托于对规约与桎梏的挣脱本身，而不应该跳进另一个由强化身份而铸成的囹圄。

　　有趣的是，在 20 世纪 60 年代的黑人民权运动中，非裔美国人并未提出或者强调身份政治；这一词是后来才被使用，而如今更是走火入魔，在美国的各个领域呈现脱缰之势。如黑人不能说"黑人"（black people），要称"非裔美国人"（African Americans），老人不能叫"老人"（old man），要叫"年长者"（aged people），"非法移民"（illegal immigrants）更是通过被替换为"无证移民"（undocumented immigrants）绕过法律从文化层面向大众兜

① 　葛尔·罗宾：《酷儿理论》，李银河译，北京：文化艺术出版社，2003 年，第 331 页。

售左翼的世界观。这些文字游戏试图从"体面"（decent）的角度消除歧视，但实际上还是一种无形的束缚，更因过度的强调标签而促生了"文字狱"的出现，激化了各方矛盾，使各少数群体的境遇更为微妙。

第三，标签及标签细分使美国的分裂加剧。新保守主义（Neoconservatism）随着美国在伊拉克战争中越陷越深及布什政府的下台，终于在21世纪初大行其道之后仓皇收场。历史就像一个往复的车轮，每种社会思潮的登场终归有走过了头而与社会生活格格不入的一天，新保守主义的失败给予了身份政治高歌猛进的空间，但身份政治也因为走过了头而成为现今激化西方世界内部冲突的顽疾。

在新保守主义看来，虽然每个人都是完全不同的个体，但每个人的身份又是复合及多重的，标签既无法包含一个人的全部亦无益于消除冲突。因此他们更倡导普适性的特征，反对将身份认同政治化。一个人是同性恋和这个人喜欢玩游戏一样只是一种选择的现实，而不具备政治差异上的规范性（normativity），人们不应该强调同性恋的身份，就像人们不会强调他是一个"玩游戏者"一样，只有淡化各族群的身份认同，整个社会才能从压迫中解放。很明显，共和党将新保守主义作为信条运用在国际事务上使美国得到了惨痛的教训，因为每个国家国情不同，政治制度的优劣本身并没有一个放之四海而皆准的标准，强行推销自己的意识形态只不过是傲慢的文化沙文主义。在国内，共和党也因为忽视人们的身份认同诉求而受到攻击。但新保守主义本身的反道德相对主义特点是有一定借鉴意义的，不能矫枉过正，需要批判的反思。身份政治正是在"拨乱反正"上走得太远，忽视普适性特点而一味强调群体差异，将身份认同越做越细，越做越激进，结果只能是社会生活越发上纲上线。在美国，从前做彩妆品牌宣传，只要一个女模特就够了，后来必须要有白人、黑人、亚裔三个人，现在还必须加一个变性人，否则就是对变性人群体的不尊重。其实，不管是什么肤色抑或是变性人还是女性，细分族群的结果就是让一个整体不断破碎、分化，客观上造成了一种分化主义。

并非没有人察觉到这种分裂，只因推行多年身份政治在文化领域业已根深蒂固，更超越思想本身而与现实利益挂上了钩——一句不尊重少数族裔的口误很可能使一个人丢掉饭碗——因此哪怕左翼自身也是骑虎难下。既然身份政治无法刹车，一部分左翼干脆开始了"表演政治"① ——将身份政治作为作秀的工具，只关心选票而丝毫不考虑激进的"漂亮话"是否具有现实可行性，更不关心被煽动起来的各群体意识是否会造成整个美国的分裂；另类右翼则利用身份政治开始了"反动政治"②，2017 年于弗吉尼亚发生的暴乱正是白人种族主义者吹起的号角。身份政治就像一颗定时炸弹，随时准备将美国彻底分裂。

第四，反向歧视及结果公平使矛盾更为激化。Black Lives Matter 运动、肯定性行动（Affirmative Action）等措施原本试图帮助少数群体争取权益，但很容易衍化为对多数群体，往往是白人中产的反向歧视。作为回应，白人发起的运动如 All Lives Matter 又被指责为白人至上主义的表现。双方的矛盾由此被激化。

托克维尔（Alexis de Tocqueville）早在 19 世纪《论美国的民主》（De la démocratie en Amérique）一书中就论证过自由与公平的不可兼得性——若是追求绝对的公平，人们就会失去一直向往的自由，而如果没有自由，人权也就无从谈起。③ 饱受争议的肯定性行动正是这样，这只是粗暴的结果公平，代价则是牺牲其他种族，特别是亚裔的利益。"亚裔细分"更是赤裸裸的双重标准，连结果公平都未做到。一个社会应该尽力做到的是机会平等而不是结果平等，前者能够激发公民的奋斗精神，后者只能大大伤害公民积极性，并埋下冲突的种子。

身份政治放大了所有群体的负面情绪，通过强化标签属性，群体认同及其需求持续上升，呈现出的结果便是充斥社会生活的标签越来越多，但离全社会认同的宗旨却越来越远。

3. 现状：越来越多的标签与越来越多的务虚

标签的不断增加不仅使作为美利坚合众国公民的公民属性不断淡化，更使得同标签相关的负面话题在"尊重""得体"等堂而皇之的大道理下成为不可言说的禁忌。比如随便指责吸毒者是对"药物滥用者"的不尊重，就

---

① 孔元：《身份政治、文明冲突与美国的分裂》，http://www.sohu.com/a/213829892_425345，2018 - 02 - 10。

② 孔元：《身份政治、文明冲突与美国的分裂》，http://www.sohu.com/a/213829892_425345，2018 - 02 - 10。

③ 参见 Alexis de Tocqueville：Democracy in America，Edited by J. P. Mayer，New York：Anchor Book，1969，pp. 503 - 506。

全美不断攀升的非婚内生子现象发表担忧则是对单亲母亲群体及性开放群体的不尊重。这种对实际存在问题的不可触及将全社会变成了一架脆弱不堪的火柴桥，桥下水流汹涌湍急，桥上拥挤着看似相安无事的人，但大家只是心照不宣地不去提湍流而已，而一旦有人就事论事地说出实话则会被群起而攻之。

2017 年 2 月宾夕法尼亚大学法学院教授艾米·瓦克斯（Amy Wax）在《费城询问报》（*The Philadelphia Inquirer*）上发表了一篇名为《美国资产阶级文化崩溃的代价》（"Paying the Price for the Breakdown of the Country's Bourgeois Culture"）的短文。文章中，瓦克斯教授通过列举美国适龄男性劳动参与率处于大萧条以来历史最低、毒品问题的日益严峻、暴力问题在内陆州的泛滥、单身母亲的增加等事实，呼吁社会共同致力于恢复 1940 至 1960 年主导美国社会的"资产阶级文化"。她所谓的资产阶级文化并非马克思主义理论中的资本主义文化，更多的是特属于美国特定时间段的社会精神，包括但不限于为了家庭和孩子努力维护婚姻，努力学习以获得好工作，拒绝懒惰，维持邻里和睦，远离药物滥用和犯罪等一系列美国中产阶级的伦理价值观。她坦言，即便是在这种文化占主导的时期，社会也不一定会很完美，就像 40 至 60 年代也是种族主义、反犹主义盛行的年代一样，但她认为要使美国摆脱糟糕的现状，需要人们重新找回优良的传统精神。她甚至旗帜鲜明地表达了对身份政治的反感，认为其"颠覆了马丁·路德·金这样的民权领袖对不以肤色评价他人的愿景"①，反而成为政客故意操纵民意的手段。

文章一经发布便引起轩然大波，在全美范围内掀起了激烈的讨论，成为围绕身份政治展开的一场全美思想运动。一方面有很多人致信瓦克斯教授，认为她说出了他们多年来想说却受制于"政治正确"不敢谈及的话，另一方面，更多的人则是表达了激烈的反对，甚至给她贴上了白人至上主义者的标签，哪怕瓦克斯在文中和私下明确表达过反对种族主义。宾夕法尼亚大学更是有 33 名老师联名抵制她，让她感到连学术这块净地都无法容忍异见的存在。

贴标签是一件轻松但却有害的事。轻松，因为它使人能够对自己不喜欢的事物快速否决，不留余地；有害，是因为它潜在地抑制了人独立思考的能

---

① Amy Wax & Larry Alexander："Paying the price for breakdown of the country's bourgeois culture", *The Burning Platform*, https：//www. theburningplatform. com/2017/08/10/paying - the - price - for - breakdown - of - the - countrys - bourgeois - culture/，2018 - 02 - 10.

力。正所谓真理越辩越明，贴标签却使真理主观化了，标签客观化了。

　　大部分主流媒体都因为瓦克斯教授一句"资产阶级文化"而给她戴上了白人至上的帽子，甚至不愿去认真读她建议恢复的究竟是怎样的生活方式，这是非常可悲的一件事。瓦克斯教授的这些倡导单独拿出来看完全没有问题，甚至是一个良好运作的社会本身应该倡导的，比如家庭对于孩子成长的重要性、社会包容的重要性、对毒品及暴力坚决拒绝的态度等。将白人文化视作洪水猛兽并将其与美国文化完全分割显然是不符合历史事实及现实的，如塞缪尔·亨廷顿（Samuel P. Huntington）所言："［美国］文化的精髓在于新教精神。"[1] 然而当标签替换了交流成为正确性的代名词时，社会会站在更高的角度发出务虚的声音，比如指责瓦克斯的言论充满白人文化霸权主义，没有给予亚文化应有的尊重。但对亚文化的尊重就必须要表现为对它不加质疑的接受甚至鼓励，包括对其药物滥用的赞许吗？难道说我们对正确性的探讨是与对特定生活方式的尊重水火不容的吗？站得高，看似很潇洒，脚却踩不实，而不能脚踏实地探讨问题不仅有悖于美国的建国精神，更使身份政治的危害跳脱分裂本身，影响了整个社会的纠错系统与发展前景。

4．小结

　　所谓反抗压迫，最终目的是全社会的和谐共处。这种和谐既不应该靠反向压迫得来，也不应该靠牺牲自身利益换取，而应该基于相互理解与共情，而共情则要求彼此有相同属性，通俗而言就是"共鸣"。身份政治依托身份标签完成了群体意识的觉醒及高涨，这对于看清压迫的本质，唤醒反压迫精神有积极作用，但如果仅仅停留于此而不谋求更深入的探讨，那么身份政治就很容易滑向单纯的情绪宣泄，成为两党"表演政治"及"反动政治"的催化剂，最终造成社会的分裂，并挟持社会正常的纠错能力。

参考文献

亨廷顿，2005. 我们是谁？美国国家特性面临的挑战［M］. 程克雄，译. 北京：新华出版社.

孔元，2017. 身份政治、文明冲突与美国的分裂［J］. 中国图书评论（12）：59-68.

罗宾，等，2003. 酷儿理论［M］. 李银河，译. 北京：文化艺术出版社.

---

[1]　塞缪尔·亨廷顿：《我们是谁？美国国家特性面临的挑战》，程克雄译，北京：新华出版社，2005 年，第 53 页。

Tocqueville Alexis de, 1969. Democracy in America [M]. Edited by J. P. Mayer. New York: Anchor Book.

Total fertility rates are lowest among whites and highest among Hispanics, Familyfacts. org. [2018 - 02 - 10]. http://www. familyfacts. org/charts/217/total - fertility - rates - are - lowest - among - whites - and - highest - among - hispanics.

WIARDA H J, 2016. Political culture, political science, and identity politics: an uneasy alliance [M]. London: Routledge.

WAX A, ALEXANDER L, 2018. Paying the price for breakdown of the country's bourgeois culture [J/OL]. The Burning Platform. [2018 - 02 - 10]. https://www. theburningplatform. com/2017/08/10/paying - the - price - for - breakdown - of - the - countrys - bourgeois - culture/.

The More Tags and the Stronger Tribalism: The Dilemma of Identity Politics in the United States

Shuai Yihao, Chen Jie

Abstract: America witnesses the mess of identity politics amid the presidency of Donald Trump, the rise of the alternative right, and the spate of ethic confrontations. It is identity politics dressed up as a political correctness which is breaking down the collective identity. The paper, adopting the post-modern perspective with case studies, decodes the reasons why identity politics that was meant to serve anti-oppression and social harmony has become the catalyst of a kind of separatism, and points out that identity politics, with its predominance in culture, has become the intellectual resource of Democrats' "performance politics" and Republicans' "reactionary politics", and hence a dysfunction of the society's correction capability. The excessive emphasis of identity "tags" is, in itself, an act of oppression and separation.

Key words: identity politics; tags; American separatism; oppression; political correctness

经典文学的文化选择问题

——以《太阳照样升起》为例①

吕 琪

（四川大学外国语学院，成都610064）

摘 要：本文采用英国文化先驱人物雷蒙·威廉斯的文化分析理论对海明威《太阳照样升起》成为经典的原因进行一次案例解读。通过分析《太阳照样升起》所选择的表现主题和独特的写作手法及风格，本文探讨了小说对西欧和美国文化传统中核心价值观的继承和叛逆。这种继承和叛逆正好印证了文化是一种选择性的传统，因此文学与文化之间具有持续的互动关系。《太阳照样升起》是美国与美国文化上升时期的美国文学对欧洲文化根基的瓦解和对美国文化价值的批判性继承，它表面上的"迷惘"正是一种典型的文化转型期的挣扎。

关键词：美国文化；选择性的传统；价值观

"经受时间的考验"似乎既是一部作品成为"经典"的条件，又往往理所当然地被视为其成为"经典"的原因。然而细看不同作品通向"经典"的道路，其间的千差万别却显而易见。为什么有的作品能一鸣惊人或是赢得身后名，有的却无人问津或是昙花一现？为什么有的经典"名利双收"有的却"叫好不叫座"？《太阳照样升起》正是一部经受了传统选择的经典，一部名利双收的经典。《太阳照样升起》创作于1926年，描写了同时代旅居欧洲的美国青年一段醉生梦死的岁月。这部海明威27岁时在长篇小说创作上啼声初试的作品，被公认为海明威绝对的代表作（即使不能算最重要的一部），也被奉为20世纪美国文学的经典，在美国文学的教科书和文学史中占据着重要地位。通常能称为"经典"的作品须是历经时间考验后的幸存者。自《太阳照样升起》问世以来，持久的评论关注已经让这部作品满足了成为经典的必要条件。

但成为经典的它对文化发展有无真正的贡献？简单的"时间理论"无法回答这样的追问。这样的追问并非是对文学研究的离经叛道，而恰恰触及

---

① 项目基金：中央高校基本科研业务费研究专项（哲学社会科学）项目——区域国别研究专项，项目编号skzx2015 - gb66；四川大学美国研究中心2018年度研究课题，项目编号ASC201804。

了文学在文化传统中的地位和价值这一基本问题，应该得到学界更多的关注。20世纪90年代以来，国内海明威研究受文化研究的影响，对海明威的人生观、价值观和哲学思想颇为关注，集中探讨的是海明威本人或是作品中反映的硬汉精神、死亡意识、虚无意识、悲剧意识和妇女观等（刘容强，1999：28）。但是很少有人就一部文学作品如何与文化进行有机的互动这类涉及文化理论的课题进行探讨。

本文运用英国文化研究先驱人物雷蒙·威廉斯的文化分析理论对《太阳照样升起》成为经典的原因进行一次案例解读，分析《太阳照样升起》所选择的表现主题和独特的写作手法及风格，探讨其对西欧和美国文化传统中核心价值观的继承和叛逆，期望这将不仅有助于我们更好地理解这部文学作品本身，更重要的是，有助于我们理解文学作为文化有机体的一部分是如何选择性地承载传统文化，而文化出于种种目的又是如何利用某些文学作品作为其载体的。也许正如雷蒙·威廉斯所言："认识到这点，比无条件地信奉'伟大的评价者，时间'这种神秘主义要好。"（王逢振等，2007：136）

1. 雷蒙·威廉斯的文化分析理论

雷蒙·威廉斯在其著名的论述"文化分析"的文章中对文化概念的三个含义（作为一种"理想"的文化、被记录的"文献式"的文化和最广义的作为"生活方式"的文化）做出了精辟的阐释，指出在进行文化分析时单单就一个含义下的文化来研究是不全面的。而他对文化的选择性传统也进行了富有远见的深刻分析。他认为即使就文化最广的定义而言也有必要区分文化的三个层次："在一个特定时期和地点活生生的文化，只有生活在那个世代和地点的人才能完全理解；各种被记录的文化，从艺术到最普通的事实：一个时期的文化。也存在把活生生的文化和一个时期文化相联系的因素，即选择性传统的文化。"（王逢振等，2007：58）

各种被记录的文化是一个活生生文化消失后唯一残存的方式，也是人们了解一个消失的文化的唯一途径，然而，威廉斯指出："这一时期文化的残存物不是受这个时期本身所支配的，而是受渐成传统的新时期所支配的。"（王逢振等，2007：58）选择性传统的运作是一个承上启下的严格过程。它始于这一时期的自身内部，是从全部活动中选择出来某些方面加以评价和强调，这种选择一般会反映这一时期的整体组织，但不一定可以全盘保留当时文化的方方面面，更不一定可以全部保存到下一个新的文化中。威廉斯认为："一个社会的传统文化总是倾向于与它同时代的利益和价值系统相一致，因为它不等同于全部文化产品的集合而只是对其一种持续的选择和阐释。"（王逢振等，2007：60）因此，我们越是主动地将所有的文化产品与它所植根的整个组织结构或与当代利用它的组织结构联系起来，我们就越能清楚地看出它的真正价值。

笔者认为，文学作品作为文化作品中非常重要的一类，是对文化的记录，但是这种记录首先将受到作者本人的选择性过滤和当时出版商以及主流文化的选择，之后，一部作品若能继续存活并流传下来成为经典，它又必须经过逐渐形成传统的新文化的再次筛选。经典作品的形成是文化选择的结果，是作品中的价值观元素与它所记录的时期价值趋向（而非静止的取向）的呼应，是作者对于社会的感觉结构的"真实描写"使其可以经受重重筛选而幸存。反过来，通过对一部经典的能动的解读，我们不仅可以得到对它所记录的时期的部分体验，而且可以看到我们当代文化的价值趋向。海明威的《太阳照样升起》正是具有这样特征的非常典型的经典。

2. 永恒的太阳：《太阳照样升起》对传统价值观的继承

乍看《太阳照样升起》的内容，似乎是一个情节简单的爱情故事：一个风流女人与几个男人间发生了感情纠葛，最终这个女人和这些男人们都没得到圆满的结局，但也没有得到任何明显的惩罚，一切不了了之。《太阳照样升起》出版后却立刻成为畅销书，但是又激起了很多评论家乃至海明威父母的强烈反感。海明威父亲委婉地表示自己喜欢"更健康"的作品，而他母亲则更直率地指责海明威写出了该年度最下流的作品之一（海明威，1985：98）。而海明威则在给母亲的回信中不无懊恼地争辩自己并不为这本书而羞愧，因为"作家选择什么题材创作是不能勉强的，应该加以评论的是他如何处理他的题材"（海明威，1985：102）。要了解海明威对作品进行的文化选择，我们应当认真考虑海明威提出的问题：他为什么无可选择地选择了这样的题材？他又是如何处理他的题材的？

《太阳照样升起》扉页上的两段引言，格特鲁德·斯坦因的"你们都是迷惘的一代"和《传道书》的开篇，关于人生虚空的感悟，为《太阳照样升起》赢得了"迷惘的一代"代表作的名声。而海明威也在写给母亲的关于这本书题材选择的同一封信中承认："我写的这些人物是颓唐的、空虚的、垮掉的——我是企图从这个角度去表现他们。"（海明威，1985：98）

那为什么选择这样的题材呢？海明威在给父亲的信中解释："我写的故事是要尽力传达出对实际生活的感受——不止是描写生活——也不是判断生活——而是真正把生活写活。……你不把坏的、丑的东西连同美的东西一起写进去，你就做不到这点。"（海明威，1985：100）这里我们可以清楚看到海明威在创作这部作品时对传统文化的核心价值观的考虑。虽然他宣称不是要判断生活，但是对于作品中所描写的生活哪些是美的哪些是丑的他显然已经做出了判断。那他是如何判断的呢？我们需要再回到那两段引言上来。

海明威在《流动的圣节》这部回忆他 20 世纪 20 年代旅居法国岁月的回忆录中有些戏讽地解释了斯坦因这句评语源自一个修车间老板对自己学徒的评语，海明威在当时对于用这样一个简单标签来概括一代人的处境是不认同的。"后来我写第一部小说时从《圣经·传道书》里引了一句话来和斯坦因小姐从修理间老板那里听来的话作对比。……每一代人都曾由于某种原因而感到迷惘，过去是这样，将来也是这样。"（海明威，1985：23－24）可见海明威认为虚空和迷惘是确实存在的，甚至是永恒存在的，因而唯独给他们这代人贴上"迷惘的一代"这样的标签是荒唐可笑的。但这也证明了海明威对于"迷惘"这种标签的排斥和不认同。同样在《流动的圣节》中，海明威在思考斯坦因的评语时联想到了自己在第一次世界大战中当救护车司机的经历，想到自己这代人中经历过战争洗礼和考验的那群人，他有一个意味深长的设问："我想到了斯坦因小姐和舍伍德·安德森，想到了与严格律己相对的自私态度和精神上的懒惰；究竟谁在说谁是迷惘的一代？"（海明威，1985：23）

如果说海明威选用斯坦因的评语是用一种暗讽的方式表达对这种标签的否定，那么选用《圣经》中的引言增强了小说要表达一种严肃的主题的意图。而海明威在引用《传道书》的开篇训诫时省去了前文也略去了后文，这种摘选更能让我们看出海明威处理题材的用心。他略去的部分是：

> 传道者说：虚空的虚空，虚空的虚空，凡事都是虚空。人一切的劳碌，就是他在日光之下的劳碌，有什么益处呢？……万事令人厌烦，人不能说尽。眼看，看不饱；耳听，听不足。已有的事，后必再有；已行的事，后必再行。日光之下，并无新事。岂有一件事人能指着说这是新的？哪知，在我们以前世代，早已有了。已过的世代，无人纪念；将来的世代，后来的人也不纪念。
>
> ——《圣经·传道书》

这段略去的部分显然对人生意义的虚空下了定论。熟悉《圣经》的读者都应该能明白略去这部分的意义。将这部分与海明威最终引用的部分乃至全书的定名相比较，我们可以明显感到他所要强调的"太阳照样升起"对人生的意义有更积极的向往。

除去扉页上的引言，海明威对待这些题材的态度更显现在小说中人物的对话中。对话是海明威创作小说的一大特点。虽然他不止一次地在和访谈和会议发言中提到，好的对话是要让人物说符合他说的话，但是毫无疑问，哪些人物该说哪些话却必须经过作家的判断和过滤。因此，我们也可以从人物的对话中看出作家的价值判断。

《太阳照样升起》中杰克与比尔在钓鱼胜地布尔葛特（Burguete）的一段对话反映了海明威对旅居法国的美国年轻人的某些放荡生活的负面评价和他写作小说时所持有的批判态度。这段对话发生在比尔和杰克前往钓鱼前在旅馆吃早餐时。比尔哼起了一首名为"讽刺与怜悯"的歌，杰克不知歌的出处，比尔解释说这首歌已经是纽约人耳熟能详的歌了，接着他要杰克也表现出"讽刺"来，而杰克的做法在他看来显然不得要领，于是比尔说道：

> "你看你的。而你声称你也想当名作家。你就只是个记者。一个流放在外的记者。你应当从你起床的那分钟就要带着讽刺。你应当一醒来就满嘴的怜悯。"
>
> "继续啊，"我说道。"这些东西你都是从谁哪里听来的？"
>
> "每个人。你不读书的吗？你从没见过谁吗？你知道你是什么吗？你是个被流放的人。你为什么不住在纽约？那样你就什么都知道了。你想我来做什么？每年来这儿告诉你一切？"
>
> ············
>
> "你是个被流放的人。你不和你的故土亲近了。你变得做作了。冒牌的欧洲标准把你给毁了。你喝酒醉到死。你沉迷于性中无力自拔。你把你的时间都花在说空话上了，而不是工作上。你明白没，你是个被流放的人？成天就在咖啡馆闲逛。"
>
> （海明威，1926：94）

在这段话中，借比尔之口，海明威表现了受到美国传统价值观影响的美国人对在欧洲的美国青年抛弃以清教徒的勤奋工作、严于律己为主的传统价值观的做法的猛烈批判。那比尔的意见是否就是海明威的观点呢？海明威将比尔的身份定为一位长居美国的成功的小说家。他在全书中的其他部分的表现都展现了一个作家对人和事的敏锐观察和判断，同时良好的经济状况和他对美国人身份的认同又让他始终自信满满、敢说敢言而又不失体面，加上每年的欧洲旅游更使他得以将欧洲和美国社会的发展变化以及人们的精神状态做一更切实的比较。海明威在写作此书时还没有达到成功小说家的地步，也还没有靠小说赚大钱，然而他对于成功的向往是毋庸置疑的。我们可以推断，海明威让比尔说出这样的话，应该是海明威自己认同的成功的小说家对后辈的训言。值得注意的是，在进行这段对话时，杰克对于比尔的批评似乎无动于衷，没有辩驳，也没有应和。这也是由杰克在书中的身份决定的。

杰克在"一战"中因伤失去性功能，但是他仍然靠工作养活自己。在书中，在这段话发生前，也没有描写杰克常常宿醉的段落，显然杰克的生活并不像比尔所指的那群沉迷于酒色之中不思进取的流放者。比尔的指责是不全面的，他不可能应和比尔。但是杰克的生活圈子中确实又有很多过着这种生活的年轻人，书中描写的其他人物都印证了比尔的批评，他必须承认这样的事实，所以也没有辩驳。杰克的无动于衷可以说是此时无声胜有声。

我们可以看到海明威对于题材的处理经过了美国传统价值观的过滤，他主观上并不愿意成为"迷惘的一代"的一员。与海明威同时期的美国诗人兼评论家马尔科姆·考利（Malcolm Cowley）在其文学历史著作《流放者的归来》一书中，描述了 20 世纪 20 年代旅居欧洲的美国年轻作家们的生活状态和形成这样生活状态的原因。从他的描述中我们可以看到传统的美国中产阶级道德标准和价值观在这些年轻作家身上如何渐渐瓦解。但是，如果我们将之与海明威的人生经历和他回忆录中的记述（这些记述即使有人工修饰后的不实，但至少是他价值观认同的方面）相比较，我们可以看到个体的差异。海明威在 20 年代对于自己的人生和创作事业没有过多的迷惘。他把写作当作自己职业的梦想始终没有改变，工作勤奋，相信成功一定会到来，并且非常渴望成功；他对于金钱的态度也较为谨慎，具有计划性；虽然他的性经历丰富，但对于婚姻他却仍然愿意选择门当户对的、家事清白的对象；对于美国，他出生成长的祖国，虽然他承认很多东西已经不再让他感到振奋，但他也依然怀有热爱之情（辛格，1983：94）；对于战争，虽然战争真实的残酷和给海明威带来的切实的伤痛使海明威对于荣誉、死亡和正义有了新的思考，但并没有从根本上改变他积极的生活态度，也并没有使他的所有的梦想幻灭（辛格，1983：92）。因而，对于迷惘中的同辈甚至前辈乃至后辈，他的态度正是"讽刺与怜悯"。

3. 流动的文化：《太阳照样升起》对传统价值观的叛逆

主观上，海明威是以一种隐含的来自传统中产阶级价值观的批判眼光来处理《太阳照样升起》的题材，但由于采用了真实克制的写作技法，即重描写而轻评价的方式，他又不自觉地全面呈现了他所体验到的迷惘的文化。虽然海明威不愿意成为"迷惘的一代"的代表，但是客观上，《太阳照样升起》的确充当了"迷惘的一代"的"活生生的文化"的载体。这里"迷惘的一代"不再仅限于在欧洲参加过"一战"的美国的年轻作家们，而应当涵盖了广大的在 20 世纪一起成长起来的美国青年们。

"迷惘的一代"的文化不是"迷惘"二字就可以概括的，但"迷惘"传达出了某种"真实的感情，那就是青年人们在精神上失去了根"（考利，1986：40）。"迷惘的一代"的文化是一个流动渐变的过程，不仅仅表现为艺术和学问中的某些价值和意义，更表现在制度和日常生活之中。考利在《流放者的归来》中观察到，"迷惘的一代"美国青年从小就在经历了一种文化"除根"的过程，而这种过程所带来的的影响被"一战"突然加剧了。第一次的"除根"在于这一代的美国青年们一贯接受的教育使其对祖国的文化历史不了解，反而以欧洲文化为自己的文化根基；但"一战"使他们对这样的根基感到了怀疑，而回归美国文化寻根，这是第二次的"除根"。然而，由于他们对于"文化"所代表的含义不甚了解，"我们接受的教育是把文化当作表面文章，当作阶级差别的标志——那种假装的东西，就像牛津音或一套英国式衣服那样"（考利，1986：40），他们对美国清教徒文化一贯务实的价值观和在 20 世纪初逐渐显露的越来越强烈的商业消费意识又一时难以接受，尽管他们在无意识下已经参与其中。对参与了"一战"的青年，这种回归更是格外艰难，因为他们需要在多元的文化碰撞中寻根，在一种流动的文化中找到自己的位置。

《太阳照样升起》的故事都发生在欧洲——从巴黎到西班牙，但是描述的主要是美国青年的生活状态。对于去欧洲参战或是仅仅对欧洲有书本里描述概念的美国青年来说，故事十分具有吸引力。更有意思的是，《太阳照样升起》选择表现的欧洲文化与美国青年们过去所受教育中的欧洲文化相去甚远。

从海明威的回忆录中我们可以看到，在巴黎时海明威自己经常流连于卢森堡艺术馆或是"莎士比亚之友"图书馆兼书店，也经常参加作家、艺术家的沙龙聚会。但是在《太阳照样升起》中我们没有看到这些传统文化地点，经常出现的是酒吧兼舞厅和咖啡馆。现实中海明威也常去咖啡馆，但咖啡馆更是他写作的主要地方，这与小说形成了对比，因为书中的咖啡馆没有体现出"高雅的"工作场所的作用，更多是一个消遣的地方。在对信仰天主教的西班牙的描写中，教堂的出场也总是显得和生活现实格格不入：杰克是书中唯一经常出入教堂或者注意到教堂的人，但是即使他在教堂中的所思所想也常常与俗世生活相关，而没有圣贤的训诫。杰克这样自白道："……我有点惭愧，后悔自己是个不合格的天主教徒，但是我意识到我对此无能为力，至少现在，也许永远，但是无论怎么说，这是个很棒的宗教，我只希望我能显得虔诚些，也许下次吧……"（考利，1986：40）那么西班牙真正吸引杰克们的是什么呢？是"奔牛节"的狂欢和斗牛表演的振奋人心。对于旅居在欧洲，或者在欧洲战斗、生活过的美国青年，这种生活状态是他们熟悉的；而对于仅仅去短暂旅游过或者没有去过的年轻人而言，这种生活状态是他们希望了解的。关键在于，海明威所描写的题材不是壮烈的浪漫的英雄主义，也没有直接涉及高深的哲学思辨，而是着眼于普通的、平淡的，但和日常生活非常贴近的东西：吃、喝、玩、乐。这种吃喝玩乐的状态又始终穿插着一个若有若无的主线：追求价值。每个人物都有自己的追求，而非无欲无求，但每个人的追求都还没有实现。

值得小说受众中的新文化势力注意的是，海明威在呈现欧洲文化的时候又切切实实显示了伴随美国经济力量增强而来的美国文化对欧洲文化的影响。首先，海明威的口语化风格就已经带有鲜明的美国文化的特征。如布尔斯廷所言，H. L. 门肯那富于口语化的文体已经在 20 世纪 20 年代树立了强有力的榜样，成了美国语言的先驱（布尔斯廷，1993：511）。同时代的海明威文体的选择既是个人风格，也恰好契合了美国文化审美的大势。其次，全书中无处不在的美国人和美元效应，进一步动摇了欧洲文化作为美国青年们的文化根基的地位。美国文化中对欧洲文化的传统崇拜正在瓦解是个事实，美国新文化中的商业主义和消费主义的价值观在崛起也是事实，欧洲文化一直以来所代表的主流"高雅"正在美国消费主义文化的澎湃下褪色。但是，海明威笔下的人物对于美国对欧洲的影响并没有显示出自豪感，反而常常充满自嘲。比如杰克和比尔去饭店吃饭，发现这个饭店挤满了美国人，书中做出了这样的评论："有人把这里列在了'美国妇女俱乐部'名单上，说这是一间巴黎地区尚未被美国人染指的精巧的饭店，结果我们就等了45分钟才有桌子。"（Hemingway，1926：76）同样的情景也发生在前往钓鱼胜地的火车上，一大帮皈依天主教的美国人前去朝圣而挤满了餐车，杰克和比尔直到下午才吃上午饭。比尔戏讽道："真是足以让人加入三K党了。"（Hemingway，1926：88）此外，杰克在"奔牛节"中也让旅店老板不要把斗牛士罗梅罗介绍给美国大使。这些描写都显示了美国这一代年轻人对于正在进行中的逆向文化寻根的一种矛盾与挣扎。

4. 结语

《太阳照样升起》的表现主题沿袭了美国传统价值观对待人生的积极态度，这种积极态度关系到一种文化传统是否能保持生命力。从这点来看，《太阳照样升起》对于作为一种"理想"的文化（即就某些绝对或普遍价值而言，文化是人类完善的一种状态或过程）做出了积极的贡献。

海明威选择的克制的描写风格一般被认为是现代主义的写作技巧，而这种技巧与现实主义提倡真实描写结合之后，《太阳照样升起》对传统价值观的叛逆是不可避免的。海明威的批判只能在一种克制的状态下被细心的读者体会出来，但是这种真实描写为当时渐成传统的新文化提供了展示的舞台，而这种被展示的文化本身的力量超出了海明威的控制。《太阳照样升起》的出版和畅销正是这种文化力量使然。当新文化（绝不仅仅包括知识分子群体）敏锐地察觉到了这种叛逆，和书中所描写的人物状态产生了共鸣时，他们会主动地利用这个载体来印证或是加强这种文化在"被记录的文化"中的地位。从这个意义上，对于记录一种"活生生的文化"，《太阳照样升起》的确有它特殊的贡献。

《太阳照样升起》能成为一种跨越文化障碍的经典，同其他很多成为经典的美国文学作品一样，也与美国国际地位的提高带来的美国文学地位的提高紧密相连。世界对于美国的关注，对于美国人的关注，也必然带来对美国文学的关注。《太阳照样升起》从内容到形式带有的跨文化性，无论是传统文化和新生文化之间的，还是欧洲文化和美国文化之间的，都符合当时以及当代的文化冲突和交流这样的趋势。如果我们能从这个意义上来重读经典，相信这对于当下不仅需要面对中国还需要面对世界的中国的文学研究和创作都会有新的启发。

参考文献：

布尔斯廷，1993. 美国人——民主历程［M］. 北京：生活·读书·新知三联书店.

海明威，1985. 海明威回忆录［M］. 孙强，译. 杭州：浙江文艺出版社.

海明威，1985. 海明威谈创作［M］. 董衡巽，编选. 北京：生活·读书·新知三联书店.

惠特曼，等，1984. 美国作家论文学［M］. 刘保端，等译. 北京：生活·读书·新知三联书店.

考利，1986. 流放者的归来——二十年代的文学流浪生涯［M］. 张承谟，译. 上海：上海外语教育出版社.

罗钢，刘象愚，2000. 文化研究读本［M］. 北京：中国社会科学出版社.

王逢振，王晓路，张中载，2007. 文化研究选读［M］. 北京：外语教学与研究出版社.

辛格，1983. 海明威传［M］. 周国珍，译. 杭州：浙江文艺出版社.

伊格尔顿，2003. 文化的观念［M］. 方杰，译. 南京：南京大学出版社.

2001. 圣经（中英对照·和合本·新修订标准版）［M］. 中国基督教协会.

BAKKER J，1983. Fiction as survival strategy：a comparative study of the major works of Ernest Hemingway and Saul Bellow［M］. Amsterdam：Rodopi B. V.

DONALDSON S，2000. The Cambridge companion to Ernest Hemingway［M］. Shanghai：Shanghai Foreign Language Education Press.

HEMINGWAY E，1926. The sun also rises［M］. New York：Charles Scribner's Sons.

LEE A，1983. Ernest Hemingway：new critical essays［M］. London：Vision Press Limited and Barnes & Noble Books.

MATSEN W，1993. The great war and the American novel：versions of reality and the writer's craft in the selected fiction of the First World War［M］. New York：Peter Lang.

ROVIT E，BRENNER G，1986. Ernest Hemingway, revised edition［M］. Boston：G. K. Hall & Co.

WAGNER-MARTIN L，2007. New essays on The Sun Also Rises［M］. Beijing：Peking University Press.

Cultural Choice in the Classic Literature
—A Case Study of *The Sun Also Rises*

Lü Qi

Abstract：By adopting the theory of cultural analysis of British theorist Raymond Williams, this article tries to illustrate the reason why Hemingway's *The Sun Also Rises* could be popular and classic. Focusing on the writer's choice of theme and his unique way of writing style, this article analyzes how the novel has maintained some of the core values in traditional American culture while demonstrating its rebellion of tradition at the same time. This duality of maintaining/rebellion shows that the culture is a selective tradition and there is a constant dynamic between the literature and the culture. *The Sun Also Rises* was a work born in a time that America as a country and a culture was rising, thus it doubted the European culture as the foundation of American culture seriously, but selectively and critically maintained some core values in American traditional culture. Hemingway's "loss" shown in this novel was only in the surface, as this is a typical struggle and hard choice a responsible writer has to make when the culture he lives in is transforming and stepping into a new phase.

Key words：American culture；a selective tradition；values

从 "平" 到 "圆"
——电影《为奴十二年》中所罗门的文化身份认同研究

靳倩倩

（四川大学外国语学院，成都 610064）

摘 要：纵观近些年奥斯卡影片，因黑人题材获奖或获得提名的电影并不少见。本文分析了第 86 届奥斯卡最佳影片《为奴十二年》中的主角所罗门的黑人形象，试图论证所罗门这个人物角色从"平"到"圆"的变化趋势，即最初电影中展现出的所罗门的睿智精明、反应机敏、隐忍稳重的较"平"的人物形象过渡到反传统、懂反抗、个性化形象的"圆形人物"（round character）形象。本文也探讨了黑人文化认同和处于"政治正确"大环境下的奥斯卡影片未来发展的关系问题。

关键词：《为奴十二年》；黑奴；黑人文化身份认同

1. 引言

第 91 届奥斯卡颁奖典礼于 2019 年 2 月 25 日在美国洛杉矶完美落幕。最终《绿皮书》打败《黑豹》《黑色党徒》《宠儿》《罗马》《一个明星的诞生》《副总统》《波西米亚狂想曲》七部影片，夺得奥斯卡最佳影片奖。同时《绿皮书》还获得了最佳原创剧本、最佳男配角两个奥斯卡奖项。纵观历届奥斯卡获得提名或获奖的影片，黑人题材的电影并不少见。以近三年在奥斯卡获得提名或者获奖的影片为例：第 89 届奥斯卡《月光男孩》爆冷获得最佳电影，比电影的艺术品质更引人注意的是这部片子的题材：几乎是全黑人阵容，彻头彻尾反映了这个种族的生存状况。第 90 届奥斯卡也有一部黑人电影《逃出绝命镇》意外闯入提名，这部电影巧妙地把惊悚喜剧元素与种族题材结合在一起，吸引了大众的眼球。而在第 91 届奥斯卡颁奖典礼上，七位获得提名的非裔美国电影人在六个类别中获得了奖项，创造了奥斯卡历史上美国非裔电影人获奖的新纪录。这些电影中，黑人无论作为主角还是配角，似乎显得睿智精明、反应机敏、充满领导力。这样的人物架构不仅让看惯了"白人英雄主义"的观众无法接受，也让越来越多不那么"挑剔"的普通大众提出批评，认为这是美国"政治正确"在奥斯卡的体现。

所谓美国的"政治正确"①，核心是思想的质疑和精神的解放，所以出现了很多反传统、反文化乃至反社会的现象。结合美国社会的种族问题而言，"政治正确"主要是"反歧视"，特别是对黑人的肤色歧视。这是美国人以他们"人人生而平等"的基本理念在现代社会对自己做出进一步反省的结果。"政治正确"是产生于民间，流行于校园，兴起于 20 世纪 60 年代，广泛地改变了美国社会面貌的民权运动，并在 90 年代在美国成为一个颇为流行的新名词。到了 21 世纪的奥斯卡的舞台上，这种"政治正确"导致该奖项似乎特别偏爱黑人题材的影片，黑人在电影中的形象也似乎总是高尚甚至完美的。影片《为奴十二年》是第 86 届奥斯卡最佳影片，主角是"近乎完美"的所罗门·诺瑟普。笔者通过影片分析，结合美国文学中的黑人文化身份认同理论来讨论这部电影里"看似完美"的所罗门从一个自由人被贩卖为奴，忍辱负重，逐渐变成一个有反抗意识并最终逃脱的黑人形象。在获得自由后，所罗门后半生积极投身废奴运动和"地下铁路"运动，最终下落不明。所罗门用自己的奋斗和牺牲向血淋淋的奴隶制提出挑战。

2. 《为奴十二年》中"扁平"的所罗门

作为一部直面美国历史上最黑暗一页的优秀电影，《为奴十二年》的时间设定在 1841 年，讲述了住在纽约州萨拉托加的自由黑人所罗门被欺诈绑架后卖到南方庄园，几易其主，最终重返自由的故事。这部电影基于所罗门·诺瑟普（Solomon Northup）在 1853 年所著的传记体小说《为奴十二年》改编。原著小说几乎与《汤姆叔叔的小屋》同时出版，但却从未获得过与后者同样多的关注。该片斩获了第 86 届奥斯卡金像奖的最佳影片、最佳女配角、最佳改编剧本三项大奖②。

所罗门·诺瑟普是美国 19 世纪五六十年代纽约州的一个自由黑人，他本人接受过良好的教育，事业有成，家庭美满。但他其乐融融的生活在一次被人贩灌醉然后卖掉之后变得面目全非。所罗门会拉小提琴，也正因为如此，他被两个白人以为马戏团表演伴奏所骗，去了华盛顿。在醉酒后醒来

---

① 在"政治正确"的道路上，好莱坞是始终走在最前沿的。举例来说，第二次世界大战期间，好莱坞坚定地输出着反法西斯主义，为了这个目的，哪怕把战斗进行到底也在所不惜。

② 第 86 届奥斯卡金像奖完整获奖名单，https://ent. qq. com/a/20140303/014443. htm? ADUIN = 472091010&ADSESSION = 1393804974&ADTAG = CLIENT. QQ. 5216 _ . 0&ADPUBNO = 26228，2019 - 03 - 01。

时，他发现自己手脚都被锁了铁链，并被关在一间小黑屋里。正当他拼命回忆昨夜醉酒的细节时，一个白人人贩子走进房间。所罗门迫不及待地告诉他自己是谁，但他还来不及问出自己为什么被困于此，这个白人就对他一顿暴打。人贩子先是将木板活活打断，然后用鞭子打得所罗门皮开肉绽，倒在地上。这样的酷刑加身无非想达到一个目的：从现在起，你必须忘记自己的真名，你只是个逃跑的黑奴！人贩子绝对不允许你喊出我是自由人。随后，所罗门被几个人贩子送上了前往南方的运输船。在船上，所罗门亲眼见到同样被贩为奴的一个黑人男性被白人贩子无情杀害，而他只不过想保护差点被白人贩子侵犯的黑人女子伊莱莎（Eliza）。这两件事让所罗门学会了一个生存技巧：不要见人就说自己是谁。所罗门和几个被贩黑奴几经辗转，终于到了目的地。等待他们的是公开出售，而所罗门也有了新名字——普莱特（Platt）。在几个来买黑奴的奴隶主中，有一位福特先生（Mr. Ford）对所罗门和伊莱莎另眼相看。这位看似彬彬有礼、身份尊贵而又平易近人的福特主人没有像黑奴贩子那样展现出凶恶嘴脸。相反，福特不忍见到伊莱莎因为即将和自己的儿女分开而痛哭，他甚至在买伊莱莎的时候劝人贩子"人道"一些，将伊莱莎的小女儿低价出售给自己。

福特的善心没有感动唯利是图的人贩子，伊莱莎和她的两个儿女也被分别出售。就这样，所罗门和伊莱莎连同几个黑奴来到了第一个主人——福特主人（Master Ford）的庄园。他被分到福特的白人木工头约翰·提毕茨（John Tibeats）手下。所罗门的聪明才智没有因他被迫成为黑奴的遭遇被掩盖，他给福特主人提了一个利用河道减轻工作量的建议，得到福特的肯定。这一举动遭到了约翰的妒恨，他借题发挥要惩罚所罗门，却被所罗门击倒在地。随后，约翰叫来两个随从一起对所罗门"公报私仇"，他们用绳子将所罗门吊在树上，试图吊死他。这时福特的另一位白人侍从及时出现并赶走了约翰等人，但与观众期待的不同，他没有释放所罗门，他所做的只是派了一头小毛驴去慢悠悠告诉福特主人这个事实。所罗门依然被吊在树上，利用脚尖勉强触地，免于窒息。所罗门不停挣扎，却又不敢大动。此时镜头转向了所罗门旁边路过的黑奴。这些人就像什么都没发生似的从所罗门身边经过。这似乎在暗示观众，视若无睹的黑奴不伸出援手的原因在于他们明白，所罗门的遭遇是白人主人对一个黑人奴隶反抗的惩罚，如果自己和这件事发生联系，也会受到惩罚。后来有个黑人女仆给了所罗门一点水，但她不敢放了他，这更加表现出那块土地上的人与人之间的冷漠、对生命的蔑视和绝望。

电影中那近五分钟对所罗门镜头的特写，一种冷酷的血淋淋的记录一个在垂死挣扎、渴望生存下去的生命镜头，令本片上升到无比真实的高度。最终，福特主人因为所罗门和约翰之间无法调和的矛盾和经济原因将所罗门转卖，此时的所罗门还对福特抱有一丝幻想。他告诉福特他不是奴隶，希望得到福特的帮助。可惜福特说："我不能听你说这个……我有债要还，身不由己。"所罗门意识到这时的福特与那些凶狠的人贩子没什么本质区别。就这样，所罗门被卖到了埃德蒙·艾普斯（Edmund Epps）的农场。

　　与文质彬彬的福特不同，艾普斯是个十足的既贪婪又凶狠的奴隶主。他把黑奴看成自己的私有财产，不许任何人靠近。作为基督徒，他认为拥有、奴役和剥削奴隶的行为是《圣经》默许的，是天经地义的，因此他奉劝黑奴接受所谓的宿命。艾普斯冷酷无情，被称为"黑人终结者"（Nigger Breaker）。如果说所罗门作为本片的主角获得观众的关注，那么另一个表现得可圈可点的黑奴角色是露皮塔·尼永奥饰演的帕特西（Patsy）。她应该是从小就被卖到这里，没有自由人身份证明，所以她看不到一丝可以逃离的希望。帕特西勤快能干，每天能采超过 500 磅的棉花，艾普斯经常表扬她，却对她一直不怀好意。为了生存，帕特西沦为艾普斯的性奴，而且还不断受到女主人的挑衅和攻击。所罗门是她唯一可以感受到温暖，可以倾诉的对象。作为基督徒，帕特西缺乏结束自己生命的勇气。一天晚上，她来到所罗门面前说："我所有的请求，请结束我的生命。"她对所罗门说如果他能杀了她是一种"神的慈悲"，是在帮她逃离苦海。帕特西不想因为自杀从一个地狱到另一个地狱。这是何等的绝望！有一天是安息日，因为夫人不给她洗澡的肥皂，帕特西去了肖恩（Shaw）夫人那里，回来却遭到气得发疯的艾普斯的质疑和暴打。她对艾普斯解释说："身体已经臭得让自己想吐，她有权保持自己干净。"占有欲让艾普斯认为这是一个十足的谎言，加上艾普斯夫人的挑唆，他开始对她施以鞭刑。帕特西被扒光衣服绑在柱子上不停地抽打，先是艾普斯自己，后来他又威胁所罗门，让他下狠手打帕特西，如果他不把帕特西打得皮开肉绽他就要杀掉庄园上每一个黑奴。一个帕特西背部全裸、被皮鞭不停抽打直到皮开肉绽的特写镜头让观众陷入极度压抑之中。帕特西疼得晕了过去，电影给了一个肥皂从帕特西手中落下的特写，仅仅因为一块那么小、无足轻重的肥皂，帕特西付出了惨重的代价，这是一种多么可笑而又深入骨髓的讽刺。后来帕特西渐渐康复，所罗门和来自加拿大的木匠巴斯（Bass）一起建造露台。巴斯和艾普斯的对话透露了巴斯反对奴隶制的立场，所罗门信任他并请求巴斯帮他转交自己写好的一封信。在为奴 12 年后，所罗门重获自由回到了自己的家。

同为奴隶题材，很多人都把这部电影和昆汀的《被解放的姜戈》做比较，认为此片相比充满戏剧感、热血高潮不断、"血浆与正义齐飞"的《被解放的姜戈》来说简直平庸得一塌糊涂。但在观影后，笔者认为此片的难能可贵之处在于真实感。导演史蒂夫·麦奎因（Steve McQueen）的镜头异常冷静，用一种近乎上帝般克制的视觉来记录一场发生在人类历史舞台上一段可怕和不可告人的羞耻史。在所罗门所处的奴隶制时代，黑人没有话语权，即使他是一个自由人，因为黑人的命运取决于白人。肤色种族差别是美国社会最深、最普遍、最悠久的差别。20 世纪六七十年代是美国南方彻底废除种族隔离的地方法律、确立种族平等的法制的年代。影片最终没有直接展现所罗门与家人团聚后的生活，而是以字幕交代所罗门穷尽余生仍然在为黑人争取合法权利而斗争。他先是积极投身废奴运动，后在"地下铁路"运动中表现出色，帮助了无数黑奴逃脱，却在这个过程中下落不明。影片摆脱了好人一定有好报的俗套，给观众展示了一个真实而又不平凡的所罗门，一个在当时的历史背景下曾经自由、后被奴役、又获释放、追求人生的普通人物。在废奴运动和"地下铁路"运动中，无数的"所罗门"用自己实实在在的行动挽救了无数逃奴的生命，帮助他们获得自由人身份，有时甚至甘愿牺牲自己的生命。

3. 从"扁平"到"圆形"的所罗门

切瓦特·埃加福（Chiwetel Umeadi Ejiofor）扮演影片的主角所罗门。在他的表演之下，黑奴的求生本能融入了血液，他的肤色、躯体都给了他足够的表现空间。在整部电影中，埃加福的眼神坚毅而刚强，充满了求生的欲望。他把人物的品格塑造成了本性，把性格带入了骨髓。所罗门为人稳重，充满智慧，在遭遇了人贩子的"洗脑"教育后懂得及时隐瞒自己的真实身份。后来，他因不经意间展示了自己的才华，在获得了福特的认同的同时却遭到约翰的嫉恨。他曾对福特抱有幻想，希望他能帮助自己，却在福特真实面目被揭发后没有自甘堕落，理智得"可怕"。这与黑奴伊莱莎形成了鲜明的对比。伊莱莎从自己上船的那一刻起就开始哭泣，在自己和所罗门等人的拍卖会上因为和两个孩子分开哭泣，到了福特的庄园也从未停止哭泣。伊莱莎曾经为了生存沦为前奴隶主的情妇，虽然已经生儿育女，却还是被前奴隶主的女儿卖掉，重新成为奴隶。她的个人经历告诉她奴隶主是靠不住的，即使是福特这样看上去知书达理的奴隶主。所以，当所罗门劝她不要过分沉湎于对儿女的思念之苦中时，她毫无遮拦地向他喊出："你以为主人不知道你是谁？不知道你会干什么？"所罗门在洞悉了这一切后选择了隐忍。被卖到艾普斯的庄园后，他继续保持了多做事、少说话的风格。有一次，艾普斯太太派他去买东西，询问他是否识字。所罗门回答道："不太会，一两个字而已，我的太太"。艾普斯太太立即表现出非常满意的样子，放心地派他去采购。后来，所罗门通过糖料种植园主人得到一次演奏提琴的机会，并且获得了劳动报酬。他想用这些钱请一个新到艾普斯农场的白人奴隶寄一封信给他在纽约州的朋友。这个白人表面上答应了他的请求并收了钱，背地里却告发了他。所罗门勉强让艾普斯相信了他是无辜的，最后他只能悄悄地烧掉这封信——他唯一的希望。至此，所罗门对白人的信任似乎被耗得一点也不剩了，观众即使隔着屏幕都能感受到他那种深深的绝望。所罗门从最初对福特"毫无保留"的自白到对白奴小心翼翼的托付标志着所罗门内心的变化，那份信任终于被白奴的告发撕得粉碎，并且在很长一段时间内，所罗门都不敢将他饱受摧残的真实情感展现给任何一个人。终于，所罗门遇见了白人木匠巴斯。巴斯的反奴隶制言论让所罗门再次燃起逃生的希望。他拜托巴斯替他向纽约州的朋友转交一封信。巴斯起初认为这会威胁到他自己的生活，所以并没有答应，但善良的他还是同意了所罗门的请求。所罗门最终获救，而影片中所罗门这个角色也从一个睿智精明、反应机敏、隐忍稳重的较"平"的人物形象过渡到了反传统、懂抗争、个性化形象的"圆形"人物形象。

在所罗门所处时代的美国，奴隶制成为一项深受保护的制度，尤其在南部各州。在美国的北部和南部，奴隶制度成为政治上甚至神学上的一个非常热门的话题。奴隶制时期的黑人群族依赖"集体记忆"和"结构性失忆"两种族群策略来实现身份认同。法国历史学家和社会学家莫里斯·哈布瓦赫（Maurice Halbwachs）开创了"集体记忆"理论。他认为，现实的社会组织，如国家、家庭和民族等都有相应的集体记忆。人们在社会中得到记忆，也在社会中拾回、重组这些记忆；每一种社会群体都有其相对应的集体记忆，群体身份借此得以凝固和延续①。文化研究学者斯图亚特·霍尔

---

① 王明珂：《华夏边缘——历史记忆与族群认同》，台北：允晨文化实业股份有限公司，1998年，第50-58页。

（Stuart Hall）曾指出："我们先不要把身份看成已经完成的、然后由新的文化实践加以再现的事实，而应当把身份视作一种'生产'，它永不完结，永远处于过程中，而且总是在内部而非外部构成的再现。"① 也就是说，身份认同在动态的过程中被建构，是身份主题对周围的反映和认识，并将他们加以内化。在与白人的相处中，一些黑人"选择性地记忆"一些痛苦的经历，或者干脆用"失忆"的方式来构建新的身份，试图融入白人群体以获得认同。另一位文化研究学者爱德华·赛义德（Edward Said）借助福柯和葛兰西的理论，对西方在对东方文化中呈现的霸权主义进行了揭露。他认为从古希腊时代的文学、历史、哲学等各种著作中呈现的东方是欧洲人的一种文化构成物，欧洲人用这种虚构的文化上的"他者"来陪衬和确证自身的优越。② 而谈到人的身份建构时，他指出，自我身份的建构，总是涉及不断地阐释与再阐释"他者"与自己不同的特质。每一个时代和社会都会重新创造自己的"他者"③。在与黑人的相处中，有些白人盲目排斥、迫害黑人，甚至不将他们当人对待，由此形成自己的身份认同，进一步地凸显"我者/他者"的两分。于是，奴隶制度下的黑人社会族群认同普遍缺失，他们只好在家庭中寻求群体归属感和身份认同。奴隶们从来没有放弃过对自由的渴望，也从未丧失他们反抗白人、掌握自己生命的决心。在残酷的现实面前，他们成功地发展出一种以家庭和教会为中心的半独立文化。这种文化帮助他们能够在不放弃自尊的同时从受奴役的经历中生存下来，也使得他们能够将一套与奴隶主们根本不同的思想与价值观一代又一代地传承下来。

4. 结语

黑人文化身份认同往往伴随着一定的困惑与迷惘。黑人文化身份认同的困惑（black cultural identity dilemma）是美国文学与文化中的一个特殊现象。它表现了生活在以盎格鲁－撒克逊白人种族占主导地位的美国社会中黑人对自身文化身份认同的迷惘。因此，它不仅是一种生理特征的认同，而且具有深刻的社会和文化内涵。黑人文化身份认同的困惑不仅导致了美国黑人个人

---

① 斯图亚特·霍尔：《文化身份与族裔散居》，载罗刚、刘象愚著，《文化研究读本》，北京：中国社会科学出版社，2000 年，第 208 页。
② 罗刚、刘象愚：《文化研究读本》，北京：中国社会科学出版社，2000 年，第 29 页。
③ 爱德华·赛义德：《东方学》，王宇根译，北京：生活·读书·新知三联书店，1999 年，第 48 页。

人性的压抑、心理扭曲和畸变，而且在一定程度上成为美国社会内部白人与黑人社会、文化冲突的重要根源。黑人对于自身文化身份的困惑、怀疑和追求成为研究美国文学与文化的重要线索。从历史的角度来看，黑人文化身份认同之所以会出现困惑与迷惘，是由黑人被非自愿地带到美洲社会后一直无法确立自己合适的身份地位造成的，这与美洲的奴隶贸易和奴隶制在美国的发展分不开。《为奴十二年》拥有一个宏大的题材和价值观，演员阵容也非常强大。除了主角所罗门，对农场主艾普斯、女黑奴伊莱莎和帕特西等人物的刻画也是入木三分的。影片中还出现了一些仅有几次对话的黑奴形象，他们不同的性格特征似乎也在决定他们的命运：是继续忍辱负重、苟且偷生，还是干脆一死了之，抑或像所罗门那样奋起反抗，与奴隶主拼个你死我活，甚至什么都不想，一味沉浸在无穷无尽的伤痛和迷惘之中。总之，《为奴十二年》这部影片对于"个体的人"的那种"西西弗斯情结"的掌控和把握，对于历史洪流和道义伦常的描绘，还是非常准确的①。

参考文献：

付超，2019. 第86届奥斯卡金像奖完整获奖名单 ［EB/OL］. ［2019－03－01］. https://ent. qq. com/a/20140303/014443. htm？ ADUIN ＝ 472091010&ADSESSION ＝ 1393804974&ADTAG ＝ CLIENT. QQ. 5216_ . 0&ADPUBNO ＝ 26228.

罗刚，刘象愚，2000. 文化研究读本 ［M］. 北京：中国社会科学出版社.

萨义德，1999. 东方学 ［M］. 王宇根，译. 北京：生活·读书·新知三联书店.

王明珂，1997. 华夏边缘——历史记忆与族群认同 ［M］. 台北：允晨文化实业股份有限公司.

云起，2019. 评《为奴十二年》：大菜小做的生命赞歌 ［EB/OL］. ［2019－03－02］. https://ent. qq. com/a/20140303/015998. htm.

---

① 《评〈为奴十二年〉：大菜小做的生命赞歌》，https://ent. qq. com/a/20140303/015998. htm，2019－03－02。

From "Flat" to "Round":
A Cultural Identity Research on Solomon

Jin Qianqian

Abstract: For recent-year Oscar winners, "black" themed pictures have won many rewards ranging from best picture to best actors/actresses or get nominated. This paper analyzes the change of the main character Solomon Northup in *Twelve Years as a Slave*, which was crowned as 86th's Oscar best picture. Solomon's experience made him change from a smart, quick and well-educated black freeman to a silent, sophisticated black slave who learns how to protect himself. Finally, he learned how to fight and escaped at last. In this way, Solomon grows from a flat character into a round character. The paper also discusses black cultural identity dilemma and the possible trend for black movies in Oscar under the circumstances of "political Correctness".

Key words: *Twelve Years a Slave*; black slaves; black cultural identity

早期欧洲天主教修会进藏传教活动述评

刘瑞云

（四川大学外国语学院，成都610064）

摘　要：欧洲天主教修会曾于17至18世纪中叶先后数度进入我国西藏阿里、日喀则及拉萨等地开展传教活动，开启了西方人进入西藏活动的历史序幕。对早期天主教修会进藏传教活动的历史展开研究和述评，不仅有助于了解这一时期西方世界同我国西藏接触之肇始、天主教与藏传佛教的矛盾与冲突以及中西交通与文化交流等，而且还可以阐明早期天主教传教士进藏活动同近代天主教修会重返西藏传教活动之间的历史关联。

关键词：天主教；传教士；西藏

15世纪起，葡萄牙、西班牙等早期欧洲海上强国逐步掀起到海外开拓殖民地的浪潮，欧洲的天主教传教团体及其传教士们也随之大规模走向海外。葡萄牙于1510年占领印度果阿（Goa）及其部分西海岸，在果阿建立总督府，葡萄牙天主教修会——耶稣会很快也随之进驻果阿。1581年，旅居印度莫卧儿帝国的葡萄牙耶稣会传教士蒙塞拉特（Montserat）在一次跟随阿克巴大帝外出巡视途中，在旁遮普的卡拉瑙尔（Kalanaur）听当地人讲述，孟加拉以东、喜马拉雅山脉另一侧居住有一名为"博坦"（Bothant/Bothi）的民族，所信奉宗教与基督教在教义、仪轨等许多地方都很相似，从此便传言喜马拉雅山脉另一侧可能生存有信仰基督教的民族（伍昆明，1992：55－60）。正是在这一传言的激励之下，天主教藏区传播活动的序幕被拉开。

1. 早期进藏传教活动概述

1.1　第一阶段的进藏传教活动

一直以来，亲履西藏证实蒙塞拉特听到的关于"博坦"民族信仰基督教的传言对于天主教会来说都很重要，关系到新教区的开拓以及教会势力的发展。如果这一传言被证实，那么罗马天主教会就会增添新成员，但如果西藏没有基督徒，天主教会就要使之归化。

1.1.1　扎布让传教会

最早到达中国西藏并开展传教活动的是以安德拉德为首的印度果阿教省耶稣会的传教士们。在一次陪同莫卧儿帝国皇帝贾汉吉尔出巡过程中，安德拉德神父从一队要到位于德里东北一座印度庙朝圣的香客处得知，从这座印度庙宇继续向前走就可以到达传言"有基督徒"的西藏，他甚至来不及向果阿耶稣会会长请示便决定前往西藏一探究竟，他的打算是，如果关于"博坦"民族信仰基督教的传言得到证实，就要让他们回归天主教会的大家庭，如果他们不信仰基督教，就要使之归化（伍昆明，1992：119 - 120）。

安德拉德一行于 1624 年 3 月 30 日从阿格拉（Agra）出发，经德里（Delhi）翻高山、穿峡谷、跨河流到达克什米尔首府斯里那加（Srinagar），在穿过一片自然条件极其恶劣的荒漠之后，从位于西藏阿里地区南边的马纳山口翻越喜马拉雅山；高耸的喜马拉雅山上，道路十分艰险，此外，持续的暴风雪使安德拉德一行几乎寸步难行，他们最终于 1624 年 8 月抵达当时的西藏地方政权古格王国的首都扎布让（Tsaparang，位于今西藏阿里扎达县境内）（Launay，2001：23）。到达扎布让后，安德拉德在古格国王犀扎西查巴德处证实，当地并无传言中所说的基督徒，传教士们便决定留下来向古格国王及其臣民宣播基督教（Launay，2001：27）。

按照耶稣会一贯"走上层路线"的传教策略，安德拉德一行首先打算设法取得古格王室对基督教的肯定和支持。他们主动接近古格国王，除了向其宣传基督教教义的正确性之外，还对藏传佛教予以激烈抨击，恰巧当时的古格王与以其弟、叔父、叔祖为首的黄教寺院僧人集团之间存在尖锐的政治矛盾，鉴于此，古格王产生了利用基督教抗衡喇嘛黄教的想法（伍昆明，1992：135 - 141）。因此，安德拉德一行的传教活动很快便获得了古格王室的支持。在随后的几年里，以安德拉德为首的耶稣会传教士们针对古格王室成员及古格百姓取得了一些传教成绩，他们不仅在首都扎布让修建了西藏第一座天主教堂，还在离扎布让约 200 公里的日土设立了另一个传教站，教徒人数最多时达 400 余人（伍昆明，1992：161 - 167）。

天主教传播所取得的成绩对藏传佛教利益集团形成了严重威胁，致使其坚决抵制耶稣会传教士们在当地的传教活动；1630 年，黄教寺院集团推翻了古格王犀扎西查巴德的统治，失去了靠山的古格传教会也遭受到严重打击，扎布让和日土的传教站几近完全被摧垮（Launay，2001：29）。果阿耶稣会不甘心就此结束在藏传教活动，于 1635 年初派遣以科勒斯玛（Coresma）为首的七人小组奔赴扎布让，以对那里的传教会形成援助。最终只有科勒斯玛与一位名叫科里亚（Correa）的传教士最终抵达扎布让，其他五位当中，两人死在途中，三人病倒（佘素，1959：3）。到达西藏的传教士们在扎布让的传教活动举步维艰。同年年底，扎布让当局勒令耶稣会传教士科勒斯玛和另一名传教士马科斯（Marques）撤出古格地区；迫于古格当局的压力，果阿耶稣会会长塔瓦勒兹（Tavarez）在同诸神父商议之后同意关闭古格传教会，理由有两点：其一，西藏人民未能跟上传教士的工作；其二，果阿不能给古格传教会提供足够的物资（伍昆明，1992：249）。传教士们随后撤出古格地区，扎布让传教会被彻底关闭。

然而，果阿耶稣会并不甘心失败，曾几次尝试派传教士重返扎布让。首先，果阿耶稣会会长塔瓦勒兹并不愿意放弃古格传教会，他于 1636 年先后派三位神父进驻克什米尔首府斯利那加，以伺机返回扎布让传教，未果；其次，印度有一部分耶稣会传教士对古格传教会被关闭的结果不满，写信给罗马耶稣会总长穆奇奥，要求重振古格传教会。穆奇奥赞同这一提议，责成果阿耶稣会重振古格传教会，四位传教士因此被派驻斯利那加以伺机重返西藏，却受阻于扎布让当局，最终未能重启古格传教会（朱解琳，1986：292）。

1.1.2　日喀则传教会

在古格境内活动期间，安德拉德听说扎布让东面有一个名叫"卫藏"的地区，是整个西藏和喇嘛教的中心，于是写信给果阿耶稣会会长，请他建议马拉巴耶稣会会长拉埃尔西奥（Laercio）神父派传教士前往孟加拉以东更远的地方开辟新的教区（曾文琼，1985：49）。几乎就在同一时期，拉埃尔西奥从中亚来的商人那里听说，西方人探寻已久的震旦就在"喜马拉雅山另一侧与西藏接壤的地区"，于是命卡塞拉（Cacella）、卡布拉尔（Cabral）等传教士经由西藏前往震旦（伍昆明，1992：279）。

因受命经由西藏寻找震旦，1626 年 3 月，马拉巴教省耶稣会传教士卡塞拉神父、卡布拉尔神父及修士丰泰伯纳（Fontebona）从印度马拉巴教省出发，前往西藏。以上三人当中，除丰泰伯纳因病在途中离世之外，卡塞拉和卡布拉尔经达卡（Dhaka）、库奇比哈尔（Cooch Behar）、库奇哈约（Kuch Hajo）、不丹，于 1628 年正月抵达西藏日喀则（佘素，1959：4）。耶稣会的传教士们称，他们在到达日喀则后受到了当政者藏巴汗的欢迎和支持，再加上对震旦信息的打探进展得很不顺利，他们便决定暂时留在当地创建日喀则传教会（伍昆明，1992：286 - 289）。但是，日喀则传教会在创建后并未存续太长时间，卡塞拉神父于 1630 年死亡，之后，唯一留守日喀则的传教士卡布拉尔也于 1632 年离开日喀则。次年，日喀则传教会正式关闭。1630 年扎布让暴动后，果阿耶稣会传教士科勒斯玛于 1635 年赴扎布让做调查，其随后形成的调查报告中明确指出，三点原因导致日喀则传教会最终被关闭："危险太大；成功希望太小；国王只想从传教士那里得到礼物"（转引自伍昆明，1992：294）。可见，非常有可能藏巴汗并非真正欢迎传教士们，至少他没有保持最初对传教士们的欢迎态度，他看重的只是后者能提供给他的"洋"礼物。再者，由于当时藏巴汗与格鲁派之间存在深刻的政治矛盾，导致当时的西藏地方的政局很不稳定，这种情况下，传教士们的处境自然十分危险，传教工作也无法得以正常展开。

果阿耶稣会和马拉巴耶稣会的传教士们完全撤出西藏标志着天主教早期进藏活动第一个阶段的结束。

1.2　第二阶段的进藏传教活动

在第二个阶段，天主教在西藏的传播不再是某个传教修会单方面的自发活动，而是在天主教会海外福传事务最高管理机构罗马教廷传信部的主导之下开展的。这一阶段内，虽然也有意大利耶稣会传教士进藏传教，但是，在藏传教的主体已经不再是耶稣会，而是意大利的嘉布遣会，上述两个传教团体之间甚至还爆发过西藏传教权之争。值得注意的是，这一阶段内天主教会在藏传教活动的场域移至西藏首府拉萨一带。

1.2.1　意大利嘉布遣会的进藏传教活动

意大利嘉布遣会是天主教会早期进藏传教活动第二阶段的主要修会。但是，最初提出进藏传教请求的却是法国的嘉布遣会。18 世纪初，在印度苏拉特（Surat）活动的法国嘉布遣会传教士们从一些亚美尼亚商人和穆斯林口中听到了喜马拉雅山另一侧有基督徒的传闻，便向罗马教廷申请到印度东北部及西藏开辟新的传教领域，出于教务工作均衡分配的考虑，西藏教务被交给了意大利的嘉布遣会（伍昆明，1992：347 - 352）。1704 年 1 月 11 日，罗马教廷传信部颁布教皇克雷蒙十一世（Clement XI）之谕令，在西藏成立宗座监牧区，交由意大利嘉布遣会成立西藏传教会管理其教务（Launay，2001：32）。第一批意大利嘉布遣会传教士于 1707 年抵达拉萨。从此，天主教在西藏的传播进入了由意大利嘉布遣会主导的时期。这段时期中，该会曾于 1712 年和 1733 年两次离开西藏后又返回，直到 1745 年从西藏完全撤离，其在藏传教活动大致可以分为以下三个阶段：

（1）1707 年—1712 年。

最早到达西藏的两位意大利嘉布遣会传教士是弗朗索瓦·玛利（François Marie）和古瑟普（Giuseppe）。他们于 1704 年 4 月从意大利出发，经印度、尼泊尔、中国西藏的聂拉木及定日，于 1707 年 6 月 12 日到达拉萨（伍昆明，1992：360）。与之前进藏之后立即公开自己欧洲传教修士身份的果阿耶稣会不同，意大利嘉布遣会的传教士们此次到达拉萨后未敢暴露自己的宗教身份，除开展了一些免费的行医活动之外，他们并未开展任何传教活动，言称这样做的目的是为了减少当局和群众对他们的怀疑（伍昆明，1992：361）。由此可见，拉萨当地官民并不欢迎意大利嘉布遣会传教士们来藏。1712 年，嘉布遣会因财源枯竭而撤离西藏。

退居印度的传教士们不甘心失败，他们选派多米尼科（Dominico）神父前往罗马，向传信部递交一份长篇报告，言称资金和传教士缺乏是导致前一阶段西藏传教会失败的主要原因，要求大幅度增加经费和传教人员，并在昌德纳戈尔和拉萨之间的巴特那、加德满都等地增设传教站以作为进出西藏传教士们的中转站（伍昆明，1992：375）。多米尼科神父的提议在传信部的研究会议上遭到很多人的反对，他们认为西藏传教会地处偏远，路途艰险，以往传教士们到那里去传教付出的代价与最终收效不成比例，今后是否能成功亦无信心，因此不建议再度进藏传教（伍昆明，1992：375）。传教士们撤回印度时，遇到了一位名叫弗朗索瓦·拉以内（Francois Laynez）的主教，他给教廷传信部写了一封信，请求罗马增加人力物力给养以恢复西藏传教会（Launay，2001：32 - 33）。多米尼科神父的请求再加上拉以内主教的帮助，使得罗马教廷最终决定将派往西藏的传教士增加至 12 名并向西藏传教会拨款 1 000 埃矩（Écu，约合 3. 496 克英金）；为保证西藏传教会的传教士与欧洲之间的联络，罗马教廷还批准在印度北部的昌德纳戈尔和巴特那、尼泊尔的加德满都以及西藏的塔布建立传教站（伍昆明，1992：376）。这些措施使得西藏传教会面临的传教活动困难得以大大缓解。值得一提的是，教皇克雷蒙十一世还专门于 1714 年 1 月 6 日给西藏王（即拉藏汗）写了一封信，感谢他对天主教传教士们以优待并请求他对传教士们永远保持良好的态度（Launay，2001：33）。罗马教廷所采取的以上措施为嘉布遣会开启其第二个阶段的进藏活动打下了基础。

（2）1716 年—1733 年。

1716 年 10 月 1 日，多米尼科、奥拉济奥（Francesco）及乔瓦尼（Giovanni）三位嘉布遣传教士经加德满都及西藏聂拉木到达拉萨公开传教，标志着意大利嘉布遣会在藏活动第二个阶段的开始。

这一阶段，罗马教廷不仅在人力、物力方面给予嘉布遣会大力支持，教皇克雷蒙十二世（Clement XII）亦写信请求西藏僧俗首领对天主教在西藏的传播予以宽容和支持，这使得嘉布遣会的传教士们曾一度与西藏僧俗政要建立良好的互动关系，七世达赖喇嘛和康济鼐、颇罗鼐不仅颁文准许天主教在西藏公开传播，减轻传教士们的赋税，还批准他们在拉萨修建教堂及僧馆（伍昆明，1992：407－434）。即便如此，1725 年秋还是爆发了拉萨僧众捣毁教堂抵制天主教的事件，据说是因为当年拉萨河河水泛滥成灾，有传言称这是由天主教传教士来藏活动所引起（伍昆明，1992：424）。到了 1730 年，西藏传教会几乎没有什么传教成果，不仅入教者寥寥无几，传教士数量也严重缩减，在册的 16 位传教士只剩下 5 人，这 5 人当中在西藏的只有两人，其他 3 人分散在巴特岗、巴特那和昌德纳戈尔；同时，传教士们的身体素质急剧下降，以至于他们不适合再在高原生活；再者，从第二个阶段传教工作开始之后，西藏传教会连续 18 年未接到来自罗马的信件、汇款和传教士增援，西藏传教会的传教士们再次面临人力、物力以及精神上的三重压力，这使得西藏传教会在藏活动难以为继；1733 年，嘉布遣会的传教士们再次从拉萨撤离，嘉布遣西藏传教会在藏活动的第二个阶段结束（伍昆明，1992：444）。

（3）1741 年—1745 年。

第二次撤出拉萨后，在尼泊尔休养的奥拉济奥神父接到罗马教廷的来信，被告知因为财政困难西藏传教会将被裁减人员和经费；嘉布遣会的传教士们既不甘心上一阶段在藏传教活动的失败，也不甘心接受被裁减人员与拨款，派奥拉济奥神父前往罗马向传信部和嘉布遣会总长汇报工作并申述失败原因，论证重返西藏的理由并提出一些必要措施（伍昆明，1992：456）。最初，因为西藏传教会之前的"大投入、小产出"，罗马教廷并不支持奥拉济奥的申诉；后来，奥拉济奥的坚持加上教廷贝鲁加（Belluga）的支持最终使西藏传教会重新获得了教廷的肯定和支持，除 9 名嘉布遣会传教士被增派往西藏外，传信部还为每一位西藏传教会传教士的路费及年金各增加 80

埃矩（Launay，2001：39）。获得罗马教廷的支援后，嘉布遣西藏传教会的传教士们经印度的昌德纳戈尔和尼泊尔的巴特岗于 1741 年重返拉萨，开启了嘉布遣西藏传教会在藏活动的第三个阶段。

第三阶段开始后，嘉布遣西藏传教会在藏传教活动较之于前两次有了很大进步，这不仅源于罗马教廷再次提供的人力、物力支援，更是与西藏当局对待天主教的进一步宽容态度有关。返藏之际，嘉布遣西藏传教会的传教士们携带了教皇克雷蒙十二世为获得天主教在藏传教自由而写给西藏僧俗首领的请求信，七世达赖喇嘛和颇罗鼐也因此于 1741 年颁布命令，准许天主教传教士们在西藏自由传教并承诺对他们提供保护（Launay，2001：41）。因此，嘉布遣西藏传教会的传教范围不断得到扩大，传教势力不断加强。

出于对传教士们日益增长的传教热忱的不满，藏传佛教界与天主教传教士的对立日益突出，教派冲突一触即发。1742 年 4 月 28 日，一位新入教的天主教徒在向达赖喇嘛献礼物之际，拒绝接受摸顶礼。同年 5 月 13 日，一位教名为皮埃尔的新受洗教徒拒绝西藏攻府官员对其提出的诵读六字真言的要求。上述两位天主教徒的行为遭到了佛教徒们的强烈抵制，他们请求颇罗鼐下令禁止天主教的传播（伍昆明，1992：485 - 492）。在上述事件中，传教士们不仅没有劝导天主教徒收敛自己的行为，反而还公开表示对他们行为的肯定和支持，称其不仅符合真正上帝之教义，还扬言他人只有效仿天主教徒才能避害，更有甚者，传教士们竟然公开宣扬诸如"达赖喇嘛并非佛祖转世""藏传佛教教义皆为迷信"等违背藏民传统信仰并触及佛教集团根本利益的言论（伍昆明，1992：492 - 500）。这将西藏僧俗政要彻底推到了自己的对立面上，他们之前对传教士们的优待很快转变成了敌视，颇罗鼐更是明确要求传教士们必须公开宣扬西藏的宗教最好、最完美，否则将取消他们的传教活动自由，这其实等同于向天主教传教士们下达了逐客令，因为在所有天主教传教士眼中只有天主教才是最好和最完美的。嘉布遣会因此于 1745 年关闭其在拉萨和宗呐的传教站，永久性地撤离西藏（伍昆明，1992：499 - 501）。

嘉布遣会前后在藏活动三十余年，传教成效甚微，在 1745 年撤离西藏之际，教徒只有 24 人，其中藏民 20 人，尼泊尔人 2 名，汉人 2 名，天主教会为此寥寥成果却付出了惨重的代价：罗马教廷传信部曾先后 10 次向嘉布遣西藏传教会派出 49 位传教士，其中 5 人因病折返意大利，13 人最后安全返回欧洲，其余 31 人皆死于西藏或者往返途中（伍昆明，1992：526）。究其根本原因，在第一、第二阶段，受经济及传教人手缺乏等自身因素的限制，嘉布遣西藏传教会的在藏活动尚无能力触及西藏传统宗教——藏传佛教的根本利益，天主教对其他宗教的极端排他性尚未显现，佛教对外来宗教的抵制及喇嘛们对天主教传教士们的敌视也暂时被表面的和平所掩饰；进入第三阶段，嘉布遣会在藏传教活动得到较大发展并逐渐触及藏传佛教教派利益，西藏僧俗与天主教的对立和矛盾因此而爆发，天主教会在藏传教活动便遭到阻击直至走向失败。

但是，天主教会依然不甘心在藏传教活动的失败，嘉布遣西藏传教会在撤离西藏后并未解散，不仅在尼泊尔的加德满都、巴特岗以及印度的昌德纳戈尔、巴特那等传教站继续活动，后来还在印度的比蒂亚建立了新的传教站，罗马教廷也继续派遣传教士赴上述传教站工作，1748 年至 1807 年间，传信部共计向以上传教站派遣 20 批共 53 人次的传教士（伍昆明，1992：505－506）。

1.2.2　意大利耶稣会传教士德西德里的进藏传教活动及其同意大利嘉布遣会之间的西藏传教权之争

在古格传教会和日喀则传教会被关闭后，耶稣会并未彻底放弃到西藏传教的打算。1643 年，马拉巴教省会长、葡萄牙籍耶稣会神父菲格雷多（Figueiredo）在他写给罗马耶稣会总会长的年度报告中，以本会曾经为到西藏传教付出过巨大代价为由，强烈要求总会长再次支持到西藏传教；但是，总会并未批准他的该项请求（伍昆明，1992：293－294）。到了 18 世纪初，耶稣会巡阅使阿玛拉尔（Amaral）神父在前往果阿教省视察工作之际，再次提出要重建扎布让传教会，这一请求最终获得耶稣会总会长坦布里诺（Tambrinu）神父的批准（伍昆明，1992：530－532）。不过，此次进藏传教任务的执行者不再是在印度活动的耶稣会传教士，而是来自意大利的耶稣会传教士德西德里（Desideri）。

德西德里和他的同伴弗雷勒（Freyre）的进藏路线大致如下：1712 年 9 月 27 日从罗马出发前往葡萄牙的里斯本，在那里乘船经好望角至印度果阿，经苏拉特至德里，从德里开始，放弃之前安德拉德等从马纳山口入藏的路线，绕道拉合尔，翻越高耸陡峭的喜马拉雅山脉到达克什米尔；1715 年 6 月 20 日德西德里一行到达拉达克首府列城，原本想留在当地传教，由于他的同伴弗雷勒不能适应高寒的气候，执意要从拉萨返回莫卧儿，他们于

1716 年 3 月 18 日来到拉萨（Launay，2001：33）。在耶稣会决定重返西藏传教之前，西藏传教权已于 1703 年由罗马教廷传信部授予意大利嘉布遣会。1715 年德西德里到达拉萨之际，先于他到达那里的意大利嘉布遣会恰巧因为给养中断已于 1711 年底暂时撤离西藏。但是，嘉布遣会的传教士们在德西德里到达拉萨几个月之后便从印度返回，双方之间很快便爆发了传教权之争。德西德里认为，耶稣会于 17 世纪初便开始进藏传教，时间上远远早于18 世纪初进藏传教的嘉布遣会，理应对西藏传教权享有优先权；嘉布遣会则认为，他们进藏传教由罗马教廷授权，"合法"地拥有西藏传教权，双方就此展开激烈争夺并诉至罗马教廷。罗马最后裁决西藏传教权归嘉布遣会掌管，德西德里在争权失败后于 1721 年撤离西藏（Launay，2001：34）。

2. 早期进藏传教活动的动因、特点及影响

2.1 进藏传教活动的动因分析

2.1.1 西方关于东方基督教"约翰长老"王国的想象

通过上文对天主教修会早期进藏活动史实的概述可以得知，无论是耶稣会还是嘉布遣会，他们前往西藏的原动力均来自"西藏生活有基督徒"的传言：最早进藏传教的安德拉德神父前往西藏的目的是为了证实关于"博坦"民族信仰基督教的传言，如若他们不信仰基督教，就要使之归化；18世纪初，法国嘉布遣会之所以向罗马教廷提出进藏传教申请，是因为该会在印度苏拉特（Surat）活动的传教士们从一些亚美尼亚商人和穆斯林口中听说喜马拉雅山另一侧生活有基督徒。追根溯源，早期天主教传教士们前往西藏的这一动力源于自中世纪便在西方流传的一个关于"约翰长老"（Prester John）的传说。这个传说讲述"东方最偏远地方"有一个富裕的基督教王国，生活有基督徒的后裔，国王不仅是基督徒，还是一位长老（Prester，即天主教神父）（泰勒，2012：3）。中世纪的西方人不仅向往东方的财富，而且希望能有一个像"约翰长老"王国这样的盟友协助他们在"十字军"东征中战胜伊斯兰世界，因此，之后不断有西方人前往东方各处以寻找这个传说中的基督教王国，均未果（龚缨晏、石青芳，2010：82－95）。1581 年，旅居印度莫卧儿帝国的耶稣会传教士蒙塞拉特听说，孟加拉以东、喜马拉雅山脉另一侧居住有一名为"博坦"的民族，所信奉宗教与基督教在教义、仪轨等许多地方都很相似，他认为这个民族很有可能就是西方人寻找了数世

纪的约翰长老的后裔，或者至少他们是基督徒的后裔（伍昆明，1992：55
－60）。蒙塞拉特及其同伴将这一消息在教会内部传播开来，从此点燃了天
主教会及其传教团体前往西藏一探究竟的梦想，耶稣会和嘉布遣会的早期进
藏传教活动均因此传言而启动。因此，西方人对东方基督教"约翰长老王
国"的想象和追寻可以被视作早期传教士进藏活动的最原初动因。

2.1.2　天主教会对海外福音传播事务的高度重视

　　但是，需要注意的是，"到西藏寻找基督徒"绝非促使早期天主教传教
士们前往西藏活动的唯一动因。比如耶稣会传教士安德拉德前往西藏的目的
就有两个：其一，探查西藏是否有基督徒；其二，如果那里没有基督徒就在
当地开展传教活动（伍昆明，1992：121－122）。再比如，促使法国嘉布遣
会申请前往西藏的动因也有两个：其一，探究他们从亚美尼亚商人和穆斯林
那里听到的有关喜马拉雅山那边有基督徒的传闻是否属实；其二，到印度东
北部和西藏去传教（伍昆明，1992：347－348）。由此可见，"到西藏去传
教"是天主教修会于当时积极开展进藏活动的又一动因。值得注意的是，
在早期进藏活动的第一个阶段，以安德拉德为代表的耶稣会传教士在进入西
藏后已经基本探知那里并不存在一个基督教王国，即便如此，在早期进藏活
动的第二阶段，以意大利嘉布遣会为主体的欧洲天主教修会依然前赴后继地
前往西藏。而且，这一阶段天主教会最高机构——罗马教廷也全面介入进藏
活动，不仅支持将西藏传教权交由嘉布遣会掌控，教皇还多次写信给西藏僧
俗政要，帮助嘉布遣会争取在藏传教自由权。从耶稣会自发开展进藏传教活
动到罗马教廷全面介入西藏教务，这反映出天主教会自下而上对"归化西
藏"的重视。因此，如果说西方人对东方"基督教王国"的追寻是早期传
教士开启进藏活动的最原初动因，那么"到西藏去传教"则是天主教会持
续开展进藏活动的最根本动因。

　　天主教会自下而上积极推进"西藏教务"同当时它对海外福传事务的
高度重视不无关系。16 世纪上半叶，欧洲宗教改革①（陈钦庄，2004：
224）的爆发和蔓延打破了天主教会在西方的宗教"大一统"局面，不同教
派的对立（主要指传统的天主教派同所谓新教的路德教派、加尔文教派、
再浸礼教派等之间的对立）最终导致宗教战争频发，从而在当时的欧洲社

---

① "la Réforme"，指西方基督教世界爆发于 16 世纪初的宗教改革运动。

会造成极大的负面影响，致使越来越多的欧洲人开始对天主教产生怀疑甚至弃信天主教（陈钦庄，2004：250－256）。这促使天主教会日益重视海外福传事务，要将他们"在欧洲失去的，在海外补回来"（李宽淑，1998：39）。为此，天主教会不惜借力于当时大举向海外拓展其殖民势力的欧洲早期海上强国葡萄牙、西班牙，不断向海外派遣传教修会以推动天主教海外传播活动。

2.1.3　服务于西班牙、葡萄牙海外殖民地的开拓

不可否认的是，服务于西班牙、葡萄牙海外殖民地的开拓是早期天主教传教士们持续开展进藏活动的又一动因。通过对大量教会原始档案史料的研读，伍昆明先生在他撰写的《早期传教士进藏活动史》一书中指出，早期传教士们为传播福音并服务于殖民地开拓而前往西藏（伍昆明，1992：序言第3页）。16世纪起，天主教会借力于当时大举向海外拓展其殖民势力的葡萄牙、西班牙而走向海外，因此不可避免地要服务于葡西两国的海外殖民地开拓。以最早开展进藏活动的果阿耶稣会为例，它于16世纪向印度莫卧儿帝国派遣了三批耶稣会传教士（其中便包括那位听说"博坦"民族传言的蒙塞拉特），其主要目的就在于，其一，了解震旦和西藏的确切情况，以便在那里开辟新教区；其二，为葡萄牙及西班牙王室效劳，探索新的殖民地并开辟一条与中国通商的内陆航线（伍昆明，1992：86）。

2.2　早期进藏传教活动的特点

2.2.1　早期进藏传教士们的国籍

在天主教会早期进藏传教活动的第一个阶段，进藏传教士们主要以葡萄牙籍为主。最早听到并传播关于"博坦"民族消息的蒙塞拉特以及进藏传教的先锋传教士安德拉德、卡布拉尔及卡塞拉都是葡萄牙人。到天主教会早期进藏传教活动的第二阶段，罗马教廷谕令将西藏传教权交给意大利的嘉布遣会，因此意大利籍传教士占据了葡萄牙籍传教士进藏传教曾经的主力地位，连同在这一时期进入西藏传教的耶稣会传教士德西德里都是意大利人。这一变化的产生很大程度上源于葡萄牙远东保教权的衰落。16世纪下半叶起，荷兰、英国及法国等新兴海上强国逐渐崛起，早期殖民强国葡萄牙、西班牙的海上霸权日益衰落，葡萄牙远东保教权因此在17世纪迅速走向衰落，葡籍传教士们日渐失去其在远东曾经的传教主导地位（周萍萍，2002：108）。

2.2.2　早期进藏传教士们的进藏路线

通过前文的史实梳理，早期进藏开展传教活动的天主教传教士们均是从南亚方向跨越喜马拉雅山脉入藏。早期进藏传教的先锋安德拉德及其同行的传教士们于 1624 年 3 月 30 日从印度阿格拉出发，经德里到克什米尔首都斯里那加，从西藏阿里地区南边的马纳山口翻越喜马拉雅山，于 1624 年 8 月到达我国西藏阿里南部地方政权古格王国的首都扎布让；耶稣会传教士卡塞拉神父、卡布拉尔神父一行于 1626 年 3 月从印度马拉巴教省出发，经过达卡、库奇比哈尔、库奇哈约、不丹等地，然后跨越喜马拉雅山脉，于 1628 年正月抵达西藏日喀则。到了第二个阶段，传教士们改由欧洲出发经喜马拉雅山脉南麓前往西藏。其中，意大利嘉布遣会传教士们于 1704 年 4 月从意大利出发，经过印度和尼泊尔，翻越喜马拉雅山脉到达西藏的聂拉木及定日，于 1707 年 6 月 12 日进驻拉萨；意大利耶稣会传教士德西德里则是于 1712 年 9 月 27 日从葡萄牙的里斯本出发，经好望角至印度果阿，经苏拉特至德里，绕道拉合尔，翻越喜马拉雅山脉到达克什米尔，再经达拉达克首府列城，于 1716 年 3 月 18 日到达拉萨。

综上所述，无论是直接从印度出发前往西藏还是从欧洲出发经过印度前往西藏，早期进藏传教的传教士们都是从南亚方向跨越喜马拉雅山脉入藏。尽管喜马拉雅山脉高山上的险途和积雪使进藏的传教士们耗时费力且时常面临生命危险，他们却没有选择从中国西藏的其他方向入藏，比如从中国西藏的北面（新疆、青海）和东面（四川、云南）进入西藏。这与当时天主教传教势力来到亚洲后的分布及其在不同地域内发展的不同境遇有关。

17 至 18 世纪中叶，进藏活动的传教士们之所以选择从南亚方向翻越喜马拉雅山脉入藏，是因为当时统治整个印度中部及北部强大的莫卧儿帝国对来印天主教传教势力的欢迎态度起到了至关重要的作用。几乎在葡萄牙占领果阿和印度西海岸的同时，帖木儿汗国创始人帖木儿的六世孙巴布尔（Babur）带领军队从印度西北部入侵印度次大陆，于 1526 年建立莫卧儿帝国。巴布尔之孙阿克巴大帝 1556 年至 1605 年在位期间，统一了整个印度中部及北部，帝国领土北至阿富汗、克什米尔，东抵阿萨姆，南达除南印度之外的几乎整个南亚次大陆；为巩固其多民族、多宗教（主要是印度教和伊斯兰教）帝国的统治，阿克巴对各种宗教采取兼容并蓄的政策，曾于 1576 年、1590 年及 1594 年先后三次写信给果阿耶稣会，请求其派遣传教士前往印度北部游历，耶稣会的传教士们正是在这些游历当中逐步接近喜马拉雅山脉并听闻西藏有基督教徒生活的传言，由此逐渐产生到西藏探查这一消息并在那里传教的愿望（伍昆明，1992：51－86）。

葡萄牙殖民势力于 16 世纪初抵达印度果阿之后，很快便东进并触及中国东南沿海的澳门等地，天主教传教势力也随之于 16 世纪中叶逐步染指中国，其主体力量为以利玛窦为代表的来华耶稣会。但是，根据其"走上层路线"的传教策略，来华耶稣会将其目标确定为进入当时中国的政治、经济及文化的中心北京进行传教（晏可佳，2001：38）。因此，经海路到达中国的耶稣会传教士们的活动轨迹主要是从中国东南海疆向北经中原到达北京，对于中国西部内陆边疆则涉足较晚，从中国西部内陆出发进藏传教的计划也就无从产生。

2.2.3　从第一阶段耶稣会及其传教士的自发行动到第二阶段罗马教廷的全面介入

早期进藏活动第一阶段主要是耶稣会及其传教士们的自发行动。作为 17 世纪最早进入西藏开展传教活动的天主教传教士，安德拉德是在一次陪同莫卧儿帝国贾汉吉尔皇帝（即阿克巴大帝的继任）出巡之际临时决定前往西藏，他的上级果阿耶稣会会长对此毫不知情（伍昆明，1992：119－120）。可见安德拉德的进藏活动一开始完全是一种个人的自发行为。在古格王国首都扎布让停留二十五天之后，安德拉德返回印度，于阿格拉写信就在古格地区开展传教活动请示耶稣会会长安德雷·帕尔梅罗神父（P. Andrée Palmiero），后者不仅同意在古格创建传教会，同时还派遣三名传教士前往西藏古格增援安德拉德（伍昆明，1992：142－143）。同样是在安德拉德的建议下，马拉巴省耶稣会传教士卡塞拉和卡拉布尔前往西藏日喀则地区开展传教活动。也就是说，正是安德拉德的自发进藏活动激发了耶稣会自下而上"到西藏去传教"的愿望和行动。值得注意的是，欧洲天主教会最高机构——罗马教廷在这一阶段并未介入其中，从某种意义上来说，早期进藏活动第一阶段主要是耶稣会及其传教士们的自发行动。

到了早期进藏活动第二阶段，罗马教廷则始终介入其中。1703 年，罗马教廷主持将法国嘉布遣会申请经营的西藏教务交给意大利嘉布遣会并决定成立西藏宗座监牧区；1719 年，罗马教廷又对耶稣会同嘉布遣会的西藏传教权之争做出裁决；此外，不仅罗马教廷曾多次增加在藏传教活动人手及经费，罗马教皇克雷蒙十一世、克雷蒙十二世还曾分别给西藏僧俗政要写信，以帮助嘉布遣会在西藏获得自由传播天主教的权力。

从 17 世纪初耶稣会传教士安德拉德自发进藏传教，到 18 世纪罗马教廷全面介入进藏传教活动，欧洲传教修会在西藏教务上屡战屡败、屡败屡战，充分体现了天主教会上上下下对西藏传教事务的高度重视。

2.2.4 传教士们在入藏行程中遭遇的多为自然困难

早期天主教传教士们的进藏活动几乎未受到沿途官民的任何阻拦。除受沿途关卡征税及土匪祸患之累外，他们所遇到的主要是一些由喜马拉雅山高路险、气候高寒以及传教士们自身的财力、体力匮乏所致的困难。比如，安德拉德在其《西藏之旅》一书中主要讲述了进藏途中所遇积雪以及物资匮乏给他们带来的困难（Launay，2001：24）。卡塞拉和卡布拉尔在卢纳德 [Runate，今兰加麻迪（Rangamati）] 翻越群山进入西藏高原之际曾因大雪封山而受阻四个多月之久（伍昆明，1992：268）。嘉布遣会曾先后三次进藏传教：第一批到达拉萨的是弗朗索瓦·玛利和古瑟普两位神父，他们路途中遇到的困难主要有两个：其一，沿途被征税太多；其二，供弥撒用的酒坛被野兽打翻差点使他们折返印度（伍昆明，1992：359）。第二批在多米尼科神父的带领下于 1716 年 10 月抵达拉萨，传教士们在进藏途中遇到的困难主要是沿途匪害以及牲畜和行李掉下了悬崖；对于 1737 年第三次进藏，竟不见对沿途困难的记载（伍昆明，1992：381）。

2.2.5 传教士们均得以进入西藏并在当政者的支持下开展了一定的传教活动

除个别在途中死亡或因畏惧险途而临阵脱逃之外，早期进藏的传教士们最终均得以进入西藏，第二阶段的传教士们更是得以进入西藏首府拉萨，而且他们或多或少都在当政者的支持下开展了一定的传教活动。如上文所述，在早期进藏传教活动的第一阶段，安德拉德和卡塞拉、卡布拉尔分别到达西藏的扎布让及日喀则；在第二阶段，意大利耶稣会传教士德西德里以及意大利嘉布遣会的传教士们均到达西藏的首府拉萨开展传教活动。据伍昆明先生《早期传教士进藏活动史》一书对教会所存档案记录的考述，在藏传教活动期间，传教士们均与西藏当地僧俗政要围绕传教活动产生过有效互动：第一个阶段，经耶稣会传教士安德拉德的请求，古格国王犀扎西查巴德曾经颁布国王诏书，允许天主教传教士在首都扎布让传教并建立了一座天主教教堂（伍昆明，1992：139）。到达日喀则传教的卡塞拉和卡布拉尔神父也曾获得藏巴汗的热情支持（伍昆明，1992：286）。在第二阶段，传教士们更是深入西藏的首府拉萨，在罗马教廷的帮助下获得在藏自由传教权利，同时在拉萨及其周围地区开展建堂、传教等活动（Launay，2001：33－40）。

2.3　早期进藏传教活动的影响

2.3.1　一定程度上促进了西方对中国西藏的了解及中西交通与文化的交流

早期进藏活动的天主教传教士们是西方人进入西藏的先锋，他们在一百多年的时间内多次近距离接触西藏、藏民及其文化，通过信件、游记及编纂藏语与西方语言互译的字典等途径，客观上首次将西藏的某些地区（尤其是拉萨）较为详细地介绍给了西方。仅以早期进藏传教第二个阶段的意大利籍传教士们为例：意大利耶稣会传教士德西德里于1716年抵达拉萨后，学习并了解藏语和藏族文化，不仅翻译了宗喀巴名著《菩提道次第广论》，还撰写《报告》介绍西藏的地理环境、政府组织、农业生产、风俗习惯、历史、哲学和宗教；于1719年被任命为西藏传教会会长的弗朗西斯科·奥拉济奥神父（Francesco Orazio）在西藏拉萨生活20多年，编写《藏意字典》（弗朗切斯科·赛弗热著，班玛更珠译，2012：235）。早期进藏活动的传教士们对促进西方对中国西藏的了解及中西文化的交流发挥了一定作用。

2.3.2　失败的结局与未竟的"事业"

早期进藏活动时期，天主教会虽然得以进入西藏并深入其心脏地带——拉萨开展传教活动，但是其传教成效甚微。在第一个阶段的1625年至1635年之间，安德拉德带领的果阿耶稣会传教士们在扎布让办理受洗人数不超过100人（伍昆明，1992：164）；1745年，嘉布遣会因西藏僧俗的强烈要求从西藏撤离，该会从1704年进藏，在藏时间前后持续长达41年，实际在藏时间累计约达30余年，领洗成年藏民寥寥无几，传教成果几乎为零（伍昆明，1992：526）。出于天主教会本身的宗教扩张性及其一直以来"到西藏去传教"的持续愿望，"归化西藏"至此已然成为天主教会一项未竟的"事业"。早期天主教传教士进藏传教活动于18世纪中叶结束后，天主教西藏传教会并未解散，而是退守印度，伺机重返西藏传教。19世纪伴随英印殖民势力逐步向印度东北部和孟加拉推进，西藏－印度斯坦宗座代牧区于1821年由罗马教廷谕令成立并承接西藏传教权，其宗座代牧主教波尔基（Borghi）于1841年上任后不久便开始筹谋重启中断一百余年的西藏传教事务。

参考文献：

陈钦庄，2004. 基督教简史［M］. 北京：人民出版社.

龚缨晏，石青芳，2010. 约翰长老：中世纪欧洲的东方幻象［J］. 社会科学战线（2）：82－95.

李宽淑，1998. 中国基督教史略［M］. 北京：社会科学文献出版社.

刘国鹏，2013. 梵蒂冈原传信部历史档案馆所藏1622—1938年间有关中国天主教会文献索引钩沉［J］. 世界宗教研究（5）：101－102.

赛弗热，2012. 意大利藏学研究的历史与现状［J］. 班玛更珠，译. 中国藏学（2）：235.

佘素，1959. 清季英国侵略西藏史［M］. 北京：世界知识出版社.

泰勒，2012. 发现西藏［M］. 北京：中国藏学出版社.

伍昆明，1992. 早期传教士进藏活动史［M］. 北京：中国藏学出版社.

晏可佳，2001. 中国天主教简史［M］. 北京：宗教文化出版社.

曾文琼，1985. 清代我国西南藏区的反洋教斗争及其特点［J］. 西藏研究（4）：279.

周萍萍，2002. 清初法国对葡萄牙"保教权"的挑战［J］. 中国社会科学院研究生院院报（增刊）：108.

朱解琳，1986. 帝国主义对藏区的文化侵略述评［J］. 西北民族研究（0）：292.

LAUNAY A，2001. Histoire de la mission du Thibet［M］. Tome 1. Paris：Les Indes Savantes.

A Review of the Early Missionary Activities of European Catholic Societies in Tibet

Liu Ruiyun

Abstract： From 17th century to the middle of 18th century the European Catholic Societies had several attempts to spread Christianity in Ali, Shigatse and Lhasa in Tibet as a prelude to Westerners' missionary activities in Tibet. This paper has reviewed and studied the early missionary history of the European Catholic Societies in Tibet, which helps to understand the start of Western contact with Tibet, the conflicts between the Catholicism and Tibetan Buddhism, the Sino-Western transportation and cultural exchanges. It also sheds light on the historical relevance of the early Catholic missionary activities in Tibet to its return in modern times.

Key words： Catholicism；missionary；Tibet

孤独的交际花

——析《太阳照样升起》中布莱特·阿希利的分裂性格

汤 平

（四川大学外国语学院，成都 610064）

摘 要：布莱特·阿希利是海明威第一部长篇小说《太阳照样升起》中的女主人公。一直以来，评论家对她的评价褒贬不一。有人把她评定为勾引男人的"妖妇""交际花"；有人把她视为 20 世纪 20 年代西方追求自由、向往独立的新女性代表。本文从布莱特的生活行为和思想情感入手，采用弗洛伊德的精神分析理论来分析她因三重人格的不和谐所导致的人格分裂。表面上来看，漂亮的交际花是众人瞩目的焦点，实际上她精神上的痛苦已被物质生活的喧哗所遮掩。内心深处的孤独与不安一直折磨着布莱特，使她陷入痛苦的深渊，难以自拔。

关键词：海明威；弗洛伊德；布莱特；性格分裂

美国著名学者哈罗德·布鲁姆（Harold Bloom）在选编"世界主要文学形象"丛书时，精心挑选了许多经典作家笔下被公认为最成功、最能代表其艺术成就的一个文学形象，比如，莎士比亚的哈姆莱特，马克·吐温的哈克贝利·芬，福楼拜的包法利夫人等。海明威的第一部长篇小说《太阳照样升起》（*The Sun Also Rises*，1926）中的女主人公布莱特·阿希利（Brett Ashley）在作家塑造的众多人物形象中脱颖而出。在布鲁姆看来，布莱特足以与安娜·卡列尼娜、包法利夫人相媲美。① 一直以来，布莱特都是国内外文学评论家争论的焦点。卡洛斯·贝克在他的专著《海明威：作为艺术家的作家》中把布莱特比作荷马史诗《奥德赛》中把男人变成猪的妖妇瑟茜（Siren）。他指出："布莱特为了追求精神刺激从一个酒吧进入另一个酒吧，从一个男人投向另一个男人，从一个城市漂泊到另一个城市。没有什么是好事。"（Baker，1972：82）新批评家艾伦·退特把布莱特视为"不动感情的人"；西奥多·巴塔克指责她是"没有女人味的女人"；埃德蒙·威尔逊评价她是"极具破坏力的人"；约翰·阿尔德律吉宣称布莱特是个"臭名昭著的婊子"。（Martin，2007：69）国内也有一些学者把布莱特归进"坏女人"

---

① 参见 Harold Bloom：*Brett Ashley*，New York：Chelsea House，1991。

群体，指出布莱特属于"不道德，诱惑男人，对男人的主体地位起破坏作用的女人"（于冬云，1997：78）。

从 20 世纪 60 年代以来，随着美国女权运动的蓬勃发展，一些女性主义批评家开始重新审视布莱特的形象，认为她是西方 20 世纪 20 年代新女性的代言人。她追求婚姻自由，向往独立意识。女性主义批评家认为海明威在小说中通过刻画布莱特的性解放来唤起女性对其生活环境所面临的压力和挑战的真正觉醒。尽管评论家们对布莱特的评价褒贬不一，但有一点是相同的：布莱特的外在自我和内在自我一直在作相互抗争。早在 20 世纪 20 年代西格蒙·弗洛伊德（Sigmund Freud）就提出了精神分析理论中著名的三重人格结构学说。他指出人格由三部分组成："本我，自我，超我。""本我"完全是无意识的，基本上由性本能组成，按"快乐原则"活动；"自我"代表理性，它受外界影响，满足本能要求，按"现实原则"活动；"超我"代表社会道德准则，压抑本能冲动，按"至善原则"活动（朱立元，2001：62）。笔者拟用弗洛伊德的三重人格结构学说，从布莱特的生活行为和思想情感入手，分析她三重人格的不和谐所导致的人格分裂。

1. 布莱特的"本我"

弗洛伊德提出的"力比多"理论强调构成"本我"主要是一种"性力"。这是每个人与生俱来的本能。这种本能驱使人们去寻求快乐，尤其是性快乐。布莱特放纵"本我"有其重要的历史背景。英美两国分别于 1918 年、1920 年先后通过法案，使英美妇女在历经漫长斗争之后，终于赢得了选举权。政治地位的变化使妇女传统的道德观和价值观随之发生了变化。20 世纪 20 年代初巴黎拥有 80 多个女权组织，有 6 万多成员（Martin，2007：68）。新女性摈弃了男权社会制度下传统女性的纯洁、忠诚和顺从的标签。她们追求男女平等、婚姻自由和独立意识。海明威笔下的布莱特代表了 20 年代在男权社会里从性压抑中解放出来的新女性。她遵循"快乐原则"，放纵性爱、及时行乐（Nagel，2000：92）。

小说中 34 岁的布莱特漂亮迷人，她穿着"一件紧身针织套衫和一条苏格兰粗呢裙子，头发向后梳，像个男孩。她率先打扮成这样。她身材的曲线就像赛艇的外壳，羊毛套衫使她整个身段凸现出来"①。无数男人拜倒在她的石榴裙下，她成了有名的交际花。为了满足她的情欲，布莱特和多个男人都有亲密关系，包括杰克、科恩、迈克、罗梅罗等。

布莱特的"本我"放纵行为无意中造成了她的追随者之间的嫉恨、矛盾和痛苦。当杰克眼睁睁看到他喜欢的女人给别人当情人时，他陷入了痛苦绝望的深渊："布莱特，见鬼去吧！你阿希利夫人，见鬼去吧！"（30）当布莱特在杰克面前承认她和科恩一起去了圣塞瓦斯蒂安度假，杰克只好压抑着自己的愤怒，他除了接受事实又能怎样呢？当布莱特告诉他伯爵提供一万美金邀请她共度周末时，杰克难过到了极点。"这就是布莱特，我很想为她哭。"（34）后来科恩得知布莱特爱上了年轻勇猛的西班牙斗牛士罗梅罗，怒火中烧的他完全失去了理智，出手打伤好友杰克和布莱特的未婚夫迈克，因为他偏执地认为他们应该对布莱特的移情别恋负责。接着为了发泄他心中的嫉恨，他又重伤罗梅罗。其实这一切都是布莱特的"力比多"惹的祸。

2. 布莱特的"自我"

弗洛伊德曾指出："自我最初包括一切，后来外部世界从自我中分离出来。我们现在的自我情感只是一种内在情感已缩小的残余。这种内在情感与自我、外在世界紧密相连。"（Freud，1971：68）布莱特的"自我"和外部世界密不可分。和其他很多女性一样，在第一次世界大战以前，布莱特过着宁静无忧的生活。战争爆发后，布莱特在意大利战场当护士，她深爱的未婚夫因为患上痢疾死在了战场上。痛失亲人的她内心十分苦闷。战后，她嫁给了从男爵阿希利。不幸的是这段婚姻不但没有愈合她过去的伤口，反而带给她更多的折磨。"阿希利是个航海家，从海上回来，不肯睡在床上。他总叫布莱特睡在地板上。他最后变得实在让人难以容忍，总是对她说要杀死她。他睡觉的时候总带着一支军用的左轮手枪。等他睡着了，布莱特常常会把子弹取出来。布莱特以前过的生活是多么不幸啊。真不应该这样。她多想享受生活的乐趣啊。"（203）

第二段婚姻使布莱特担惊受怕，她内心严重缺乏安全感。这种充满恐惧的婚姻生活使她性格中的两个"自我"开始了分裂。她外在的自我就是要

---

① Ernest Hemingway：*The Sun Also Rises*, New York：Charles Scribner's Sons, 1954, p. 22. 本文译文由笔者自译，随文在括号内标出英文出处页码，不另加注。

彻底摆脱男人的束缚。这一方面她与小说《觉醒》中的女主人公埃德娜、《法国中尉的女人》中的女主人公萨拉非常相似。布莱特最开始带着对爱情的憧憬和向往走进婚姻的殿堂，进入"围城"以后她才发现，这段压抑的婚姻加剧了她内心的惶恐和不安，迫使布莱特摒弃逆来顺受、贤妻良母的形象。她离开丈夫以后过上了一种以自我为中心的新生活。在巴黎，布莱特留男式短发，戴男式毡帽，左手持香烟，右手端酒杯，频频出入男性经常光顾的酒吧、旅馆和斗牛场，成为公众关注的焦点。她的言谈举止在很大程度上颠覆了传统女性的形象，为自己招来"妖妇"的骂名。作为交际花的她与男人寻欢作乐、醉生梦死。她外在的自我放纵并得到了充分满足。

然而，她内在的自我也得到了满足吗？她苦苦寻觅安全感，期待着性与爱的完美结合。在一定意义上讲，海明威在小说《太阳照样升起》中创造了两个布莱特，她过着双重生活：外部世界的她放荡不羁、追求自由；而内心世界的她却是如此焦虑不安。杰克仔细观察发现："布莱特以她自己看人的方式看着我的眼睛。这种眼神会使你怀疑是否来自她的双眼。当世界上别人的眼睛已经不再打量时，她的眼睛还继续在看。她的眼神就像这个世上没有什么不该这样看似的。实际上她害怕的东西太多了。"（26）物质生活的喧嚣表面上遮掩了交际花布莱特精神上的痛苦，但内心深处的孤独与不安使她陷入了痛苦的深渊。

布莱特内心缺乏安全感不仅仅是因为她受了前两段婚姻的影响，主要原因还在于她在经济上对男人的依附。尽管第二任丈夫给了她一些钱，但这远远弥补不了她的开支。"她从来都没有钱。每年她得到 500 英镑，还要拿350 英镑还人利息。"（230）通过杰克对感情和市场经济之间关系的阐释，读者不难看出当时男女在经济和社会方面的差距。"我一直以来把布莱特当作朋友。我也一直没去想她的其他方面。我没有付出什么就到手的东西，只不过是推迟了账单送来的日子。账单总是会来的。"（148）她的时尚消费最终都是由追随她的男人们买单。布莱特和迈克订婚，与科恩同居，跟伯爵调情，同罗梅罗私奔，这都表明了在与男人交往的过程中，她从没有摆脱传统的性与金钱的关系。对男人经济上的依附使布莱特不可能获得真正的自由和独立。在小说最后，她的追随者们一个一个离她远去，就剩下了痴情的杰克。她意识到她需要找一个至少可以给她提供物质基础的男人，当然如果还可以同时给她带来情爱生活，那就更好。布莱特在这个纸醉金迷的时代已经迷失了自我。

3. 布莱特的"超我"

弗洛伊德的"超我"代表社会道德准则，压抑本能冲动，按"至善原则"活动。"一战"给无数年轻人的肉体和精神都带来了难以愈合的创伤。战后，欧美国家传统的社会道德准则受到严重挑战。很多年轻人鄙视和摈弃了传统的价值观念，成为"迷惘的一代"。在这个特殊的年代，虽然新女性开始出现，男人对女人的要求却很少改变。小说中年轻的罗梅罗就要求布莱特按照社会传统，从男性化的着装打扮、生活方式回归到传统女性的长发形象。这可以说明传统女性的贤良淑德仍然是当时很多男人评价女人的标准。未婚夫迈克曾这样评价布莱特：她"喜欢照料别人。那就是我们在一起的原因。她照料着我"（203）。在小说第 17 章，科恩打伤了情敌罗梅罗，布莱特慈母般地守在罗梅罗身边，就像在意大利战场上照料受伤的杰克一样。后来科恩请求布莱特跟他一起走，她愤怒地把他赶出了房间，保护罗梅罗就像母亲保护自己受伤的孩子。读者不难发现在布莱特身上还有贤妻良母的影子。

第二段婚姻给布莱特带来了贵族的头衔。虽然她的恣意行乐有损其贵族身份，但她还是在坚持"超我"。小说中伯爵向布莱特提供一万美金作为陪他度周末的小费，布莱特拒绝了他。她不愿意违背良心，违背社会道德，做没有尊严的高级妓女。尽管这笔钱对她来说有很大的诱惑力，但是伯爵对她的占有和控制使她深感不安。她不愿意像占有欲极强的弗朗西丝那样去占有男人，她更不愿意被男人所占有。不可否认的是小说中布莱特过度的"本我"严重偏离了社会的传统道德和价值。她的"本我"和"超我"处于难以协调的矛盾中。布莱特放纵的"本我"注定与按"至善原则"行事的"超我"水火不容。

4. 布莱特的人格分裂

弗洛伊德的三重人格结构中"本我"和"超我"常常处于不可调和的矛盾中，"自我"总是试图调和这对互相冲突的力量。在正常情况下，这三部分是统一的，相互协调的。但是当这三者失去平衡、发生冲突时，人格就变得异常了。如果我们要勾勒出布莱特的人格轮廓的话，R. D. 兰恩对精神分裂性格理论的阐释也许是最恰当的："精神分裂性格是由一套已经建立起来旨在保护某种连贯身份的相似性的防卫而组成。这为了发展和维系自我身份和自主，为了免受外部世界不断的威胁和危险。当一个人变成别人的所有物，被别人识透的时候，这种恐惧和憎恨会在别人的压力和控制之下与日俱增。"（Laing，1965：137）正如兰恩所言："倘若一个人不能捍卫自己的个体，个人就应该撤退他的防线直到退到一个中央城堡，但矛盾的悲剧在于用这种方式防御得越多，被破坏的东西和所失去的东西就越多。"（Laing，1965：77）布莱特通过放纵性欲、享受生活的方式来弥补内心强烈的不安。她渴望自由，不愿受男人摆布。她一次次想防御自己，但除了得到男人暂时的追捧和身体短暂的快乐以外，她还得到什么呢？她得到了更多的焦虑和不安，失去了更多的尊严。连她自己都把自己当作是堕落的人。当她容颜衰退的时候，她的生活又将怎样呢？她渴望获得安全感，渴望性爱统一，然而谁又能帮助她实现呢？

布莱特的"自我"一直苦苦寻觅内心的安全感。遗憾的是与多个男人的亲密交往并没有带来她内心企及已久的东西。有一次在出租车上，布莱特放下了她快乐的伪装，向杰克倾诉她的痛苦和对他的依恋："布莱特斜靠在车的一个角落，闭上双眼，我进了车，坐在她的旁边。车出发时猛的一颠。'哦，亲爱的，我一直生活得很痛苦。'"（24）可悲的是她并没有意识到她生活在一个男权社会里，她想通过身边的男人来获取自己内心的安全感是幼稚的。她的丈夫、未婚夫和男友们不但没能给内心脆弱的她带来安全感，反而使她内心深处更加恐慌。她如同陷入了一个深渊，一次次苦苦挣扎想抓住救命稻草，但都以失败告终。

布莱特的"自我"也一直在追求性与爱的统一。随着小说情节的发展，布莱特的人格也在逐渐分裂。她与杰克的关系一直使她身心备受煎熬，杰克是在布莱特众多情人中唯一理解她的人。他们情投意合，心灵相通，但很遗憾的是他们只能做柏拉图式的精神恋人，因为杰克在第一次世界大战中负了伤导致了性无能，没有性的爱阻碍了他们的结合。有一次布莱特带着伯爵一起去杰克的寓所，伯爵出于好奇询问他俩既然相爱为什么不结婚，杰克只好找借口说："我们想过自己的生活。"而布莱特解释说："我们想拥有自己的事业。"（61）不知详情的伯爵又怎能体会到这一对恋人的无奈和郁闷？布莱特和杰克在一起只有压抑自己的性冲动。她忍受不了这样的折磨。如果杰克和布莱特拥有和谐的性关系，能够结合在一起，也许布莱特就不会当交际花，她就会拥有健全的人格。"一战"成了阻碍杰克与布莱特结合的罪魁祸首。

布莱特与罗梅罗恋爱关系的波澜起伏加速了她的人格分裂。当初布莱特为了得到这份爱情，在"力比多"的驱使下，一向习惯了被男人追捧的交际花开始了主动示爱。她恳求自己的知己杰克牵线搭桥。她坦诚地告诉杰克："我是一个不可救药的人。我疯狂地爱上了罗梅罗。我要做点什么。我真的想这样做。我已经失去了自己的尊严。"（183）不久布莱特和罗梅罗相爱了，沐浴在爱河中的她变得更加光彩照人。后来布莱特拒绝了罗梅罗的要求——希望她回归传统女性，布莱特原本以为可以实现性与爱统一的美梦彻底破灭了。她不愿让自己捍卫已久的自由丝毫受损，为此她做出了强烈的反应："那将是什么样的怪物啊！"此时此刻，她才意识到她和罗梅罗属于不同的世界，彼此都很难改变对方。虽然同罗梅罗在一起的日子，布莱特有了很多变化，但她不可能再变成一个传统的贤妻良母。她不愿意做"一个糟蹋年轻人的坏女人"，去毒害年仅 19 岁的罗梅罗。（243）罗梅罗离开她之后，一直渴望得到安全感的布莱特再次深陷失望迷惘之中，她精神彻底崩溃了，幸好一直深爱她的杰克在她最孤立无助时及时出现在她面前。"她吻我，就在她吻我的时候我能感觉到她在想其他的事情。她在我怀里战栗。"（241）经历了这么多场恋爱的布莱特最后又回到了原点，除了杰克，她一无所有。小说结尾部分布莱特对杰克说道："我们俩本应该幸福地生活在一起。"而杰克的回答是："这样想难道不好吗？"（247）海明威所设计的这个开放式的结尾给了读者广阔的遐想空间。海明威把交际花脆弱的内心世界暴露得淋漓尽致。当一个一个男人离她远去时，他们带走了对她的追捧，带走了她身边的喧嚣，带走了她主要的经济来源，也带走了她未曾实现的梦想。她一步一步走向失落、困惑、无奈的不归路，她的人格也逐渐分崩离析。

5．结束语

在布莱特的三重人格中读者不难看出她的"本我""自我""超我"已经严重失去了平衡。为了掩藏她内心的不安和痛苦，为了弥补真爱的缺憾，她放纵"本我"。布莱特的"超我"就是要遵循社会传统准则。但是她的"自我"无法协调好这两者之间的关系。这使她的生活更加迷惘空虚，最终导致了她人格的分裂。布莱特理所当然成为海明威笔下"迷惘一代"的女性代言人。她放纵性爱，精神空虚，深感女性身份的不安全，苦苦寻觅解决问题的出路但以失败告终。她迷失了生活的目标，不知何去何从。在这样的社会这样的时代，交际花布莱特注定了是一支在风中摇曳的花朵，孤单绽放，孤独飘零。

参考文献：

于冬云，1997. 对海明威的女性解读［J］. 外国文学评论（2）：73－79.

杨仁敬，2014. 海明威研究文集［M］. 南京：译林出版社.

朱立元，2001. 当代西方文艺理论［M］. 上海：华东师范大学出版社.

BAKER C，1972. Hemingway：The writer as artist［M］. Princeton：Princeton University Press.

BLOOM H，1991. Brett Ashley［M］. New York：Chelsea House.

BLOOM H，2011. Bloom's modern critical interpretations：*The Sun Also Rises*（new edition）［M］. New York：Infobase Publishing.

HEMINGWAY E，1954. The sun also rises［M］. New York：Charles Scribner's Sons.

LAING R D，1965. The divided self［M］. London：Penguin.

MARTIN L W，2000. Historical guide to Ernest Hemingway［M］. Oxford：Oxford University Press.

MARTIN L W，2007a. Ernest Hemingway：a literary life［M］. Basingstoke：Palgrave Macmillan.

MARTIN L W，2007b. New essay on *The Sun Also Rises*［M］. Beijing：Peking University Press.

MEYERS J，1982. Ernest Hemingway：the critical heritage［M］. London and New York：Routledge.

NAGEL J，1984. Ernest Hemingway：the writer in context［M］. Madison：The University of Wisconsin Press.

NAGEL J，2000. Brett and the other women in *The Sun Also Rises*［M］// DONALDSON S. The Cambridge Companion to Ernest Hemingway. Shanghai：Shanghai Foreign Language Education Press.

SIGMUND F，1971. Civilization and its discontents［M］// STRACHEY J. The Standard Edition of the Complete Psychological Works. Vol. 21. London：Hogarth.

A Lonely Social Butterfly:
An Analysis of Brett Ashley's Schizophrenia in *The Sun Also Rises*

Tang Ping

Abstract: As the heroine in Hemingway's first novel *The Sun Also Rises*, Brett Ashley has been viewed as the controversial literary figure for a long time. In some critics' eyes, she is a "Siren", a social butterfly who has seduced men at her will, but some critics regard her as the representative of new woman of the 1920s in the western countries. This essay attempts to analyze Brett's schizophrenia caused by the incongruities of her three structures of personality from the perspective of Freud's psychoanalytical theory. The beautiful social butterfly seems to be the prominent figure everywhere; however, her psychological crisis is covered by her merry-making materialistic life. She who has been in the abyss of irresistible loneliness and anxieties fails to change her fate.

Key words: Hemingway; Freud; Brett; Schizophrenia

加拿大联合教会档案馆藏
在华传教史文献述评及查阅技巧①

苏德华　张贵芳

（四川大学外国语学院，成都 610064）

摘　要：加拿大联合教会（及之前的各成员教派）的差会在华传教数十年，对其在华传教史进行研究离不开加拿大联合教会档案馆丰富的档案资料。本文拟从母会与差会这两个维度来分析加拿大联合教会馆藏在华传教史文献的基本情况并对如何有效地利用国外档案馆提出建议，以期帮助中国学者更加充分有效地利用这一丰富的馆藏史料。

关键词：加拿大联合教会档案馆；传教史；豫北差会；华南差会；华西差会

加拿大基督宗教各教派派往中国的差会包括长老会、卫理公会、圣公会和天主教。② 其中长老会对华传教区域主要在台湾北部（始于 1870 年）、豫北地区（始于 1888 年）及广东省（始于 1902 年）。卫理公会对华传教区域在四川省③（始于 1892 年）。圣公会对华传教主要在豫南地区（始于 1909 年）④。天主教对华传教（始于 20 世纪 20 年代）的主要区域包括东北教区、苏州教区、山东教区。1925 年卫理公会、公理会及 70% 的长老会联合组成加拿大联合教会（以下简称联合教会）⑤。所以，属于联合教会系统⑥的在华开展过传教活动的教派就是长老会和卫理公会，传教区域包括台湾北部、豫北、广东和四川，派往中国的差会分别称为台湾差会、豫北差会、华南差会、华西差会，其中华西差会规模最大，华南差会规模最小。联合教会档案

---

① 本文为国家社科基金重大招标项目"美英涉藏档案文献整理与研究"（18ZDA192）、四川大学中央高校基本科研业务费研究专项项目"加拿大差会在四川的传教活动及影响"（skqy201315）、"加拿大新移民 ESL 教育体系研究"（skzx2015－gb72）的阶段性成果。

② 加拿大各教派及其在华传教区域大致情况请参阅宋家珩，1995：1－17。

③ 含今天的重庆市。

④ 19 世纪末，加拿大传教士博伊德、怀履光到英国圣公会华南差会工作，在贵田、建瓯、福州等地传教，经费由加拿大教徒捐助，但以英国传教士名义活动，受英国差会领导。1909 年，加拿大圣公会开始独立在河南以开封为中心建立传教区，怀履光被任命为河南主教，在商丘、郑州建立传教总站。

⑤ 加拿大联合教会档案馆阅览室墙面上的大挂图显示了联合教会的历史源流。

⑥ 本文指加拿大联合教会及之前的长老会、卫理公会。

馆收藏的有关在华传教史的文献也主要是关于这四个差会的。

　　加拿大对华传教史研究可加以利用的文献分中外文两大类。中文资料包括教会史料、教会期刊、地方志等，如四川省档案馆藏关于中华基督教会四川大会（简称四川大会）①的档案由于种种原因查阅较为困难，相关中文资料的系统性较差，不足以满足研究的需要。外文资料则较为丰富，也非常具有系统性，且保存良好，主要藏于联合教会总部档案馆（以下简称联合教会档案馆），是研究加拿大对华传教史最为重要、最为核心的资料。分析中国目前对加拿大差会在中国大陆地区②传教史的研究现状，可以发现对豫北地区的研究成果颇多，对华西地区的研究有一定的成果，而对广东省的研究则比较匮乏，所以对加拿大在华传教史的研究还有很大的空间。另外，从这些研究成果的参考文献来看，很多研究成果对联合教会的英文档案利用不够，没有挖掘出这些档案的重要价值，有些研究成果甚至完全没有利用英文档案，部分原因可能是研究者不知道如何查找和充分利用这些外文档案。笔者数年前为研究加拿大差会在华传教史曾于联合教会档案馆查阅资料一年有余，对馆藏在华传教史档案比较熟悉，对如何查阅外文档案亦颇有心得。鉴于加拿大在华传教史研究的广阔空间和在研究中利用联合教会档案馆的重要性和必要性，本文专门介绍如何更高效地利用该档案，以飨学者同仁。

1. 馆藏在华传教史文献基本情况

　　联合教会档案馆初步形成于20世纪30年代，于1952年正式成立，档案馆几经搬迁，于2012搬至现址。③档案馆藏资料主要包括：联合教会及之前的成员教派的历史文献、教会重要人物的个人文件、联合教会全体大会有关各项事工的文件、有关加拿大历史及社会的文献、传教士遗留下来的照片及信件、各种出版物及作品、联合教会（及之前的成员教派卫理公会及长老会）的寄宿学校文件。其中关于差会传教史的档案只是馆藏资料的一小部分，本文仅涉及这一部分资料。

----

①　四川大会是加拿大华西差会系统的华教会。
②　由于台湾地区情况特殊，在中华人民共和国成立时台湾地区的传教士并非如大陆地区的传教士一样全体撤离，所以加拿大长老会在台湾地区的传教史档案文献不在本文的讨论范围，文中的"在华传教区"亦不包括台湾地区。
③　档案馆现在的具体位置及联系方式是：The United Church Archives，40 Oak Street，Toronto，ON M5A 2C6。电话：416‐231‐7680 ext. 1101。Toll‐f‐ee：1‐800‐268‐3781 ext. 1101。电子邮件：archives@ united-church. ca。网址：www. unitedchurcharchives. ca。

　　由于联合教会成立于 1925 年，而在此之前各成员教派的差会已在华开展过传教活动，所以联合教会档案馆的文献是根据这一时间点分两部分整理的，一部分是在联合教会成立前各成员教派整理的文献，一部分是在联合教会成立后由联合教会整理的文献。但是，即使是在联合教会成立后由联合教会整理的档案文献，也是沿袭原先的原则，根据传教区域的不同分开整理的。所以联合教会档案馆有关在华传教史的文献主要还是根据地域的不同，分为台湾差会、豫北差会、华南差会、华西差会，只是每个地区的差会档案由 1925 年划分为前后两个时期而已。本文在讨论时既会考虑时间的分期，也会考虑地域的不同。对于加拿大在华传教史研究而言，档案馆提供了相当完备的、系统的原始文献，涉及在华传教史的档案数十盒（Box），还有一些是缩微胶片，现根据可以利用的主要档案按类别分别进行介绍和说明，以帮助读者快速、准确地查找所需的档案资料。

1.1　差会及华教会的会议记录、报告

　　联合教会系统（及之前的成员教派卫理公会及长老会）海外宣教部及女布道会派往豫北、华南、四川各传教区的差会及执行委员会每年[①]均要召开年会，女布道会还要单独召开自己的年会。属联合教会系统的华教会[②]（中华基督教会河南大会、广东大会、四川大会）成立后也要召开自己的年会。这些年会及其执行委员会的记录里有差会的决策、会议议程、统计数据等重要信息。各差会及传教士还会定期向母会提交差会各项具体事工（如福传、教育、医疗、文字等事工）的报告。这些会议记录和差会报告保存得相当完整和系统，反映了其在华传教史的来龙去脉和发展历程，是研究其在华传教史最为基础性、最具系统性的档案材料。表 1 根据时间顺序分别列出各在华传教区这些会议记录和报告及其在档案馆的藏档位置。

[①]　某些特殊年份，如发生教案时因传教士要撤离在华传教区而不能召开年会。

[②]　各传教区的华教会在不同时期名称不一，如在四川的华教会先后称为美道会、四川大会，在四川的差会则先后称为英美会、美道会西会组/女会组、四川大会西会组/女会组。关于加拿大差会四川传教区的差会及华教会的名称演变情况，请参阅苏德华，2017：106 - 107。

表 1　差会及华教会会议记录、报告（不完全统计）

传教地区	档案位置及主要内容	
	宣教部差会及华教会	女布道会
豫北地区	1. Fonds 122/6/1，1979.192C，Finding Aid① 138.（1899—1925 年差会及各委员会的报告） 2. Fonds 502/4/3，1983.045C，Finding Aid 186（1925—1943 年差会年会记录、华教会年会记录、各委员会会议记录、差会年度报告） 3. Fonds 502/4/2，1983.009C，Finding Aid 180（1936—1950 年各种报告）	1. Fonds 127/1/3，1979.205C，1979.181C，1979.139C，Finding Aid 226（1888—1914 年差会报告） 2. Fonds 127/1/5，1979.205C，1979.181C，1979.139C，Finding Aid 226（1914—1927 年差会报告） 3. Fonds 505/3，1983.058C - box 56 - file 1 ~ box 58 - file 4，Finding Aid 90，Series 3（1932—1941 年差会会议记录，1928—1947 年差会干事及传教士的报告）
广东省	1. Fonds 502/4/4，83.046C - box 6 - file 1 ~ box 6 - file 5，Finding Aid 80（1916—1924 年差会的各种票据） 2. Fonds 502/4/4，83.046C - box 1 - file 1 ~ box 5 - file 110，Finding Aid 80（1925—1953 年差会干事及传教士的报告） 3. Fonds 502/4/4，83.046C - box 5 - file 111，Finding Aid 80（1933—1950 年差会及执行委员会记录） 4. Fonds 502/4/2，1983.009C，Finding Aid 180（1936—1950 年各种报告）	1. Fonds 127/1/3，1979.205C，1979.181C，1979.139C，Finding Aid 226（1902—1914 年差会报告） 2. Fonds 127/1/5，1979.205C，1979.181C，1979.139C，Finding Aid 226（1914—1927 年差会报告） 3. Fonds 505/4，1983.058C - box 59 - file 18 ~ box 59 - file 19，Finding Aid 90，Series 4（1930—1941 年差会及执行委员会会议记录）

---

① Finding Aid 为关于某一主题的档案目录汇编，目录里对其中的每一个文件的主要内容都进行了概括，可方便档案查阅者浏览这些文件的内容简介。

传教地区	档案位置及主要内容	
	宣教部差会及华教会	女布道会
四川省	1. Fonds 14/3/1, 78.096C - box 1 - file 1 ~ box 26 - file 80, Finding Aid 19〔1900—1925 年差会年会及执行委员会的会议记录（装订成册），1900—1925 年差会的各种报告，1906—1921 年华西教育会的年度报告（装订成册）及其他报告〕 2. Fonds 14/3/2, 1978.097C - box 1 - file 1 ~ box 7 - file 98, Finding Aid 13（1909—1925 年华西协合大学各机构的会议记录、报告） 3. Fonds 502/4/1/Section III, 1983.047C - box 23 - file 1 ~ box 23 - file 4, Finding Aid 158（1916—1950 年华西协合大学理事部、校董会等机构的会议记录） 4. Fonds 502/4/1/Section III, 1983.047C - box 21 ~ box 22, Finding Aid 158（1925—1949 年汇编成册的差会年会、执行委员会、华教会年会的会议记录） 5. Fonds 502/4/1/Section I, 1983.047C - box 1 - file 1 ~ box 15 - file 402①, Finding Aid 158（1925—1952 年差会及传教士的各种报告） 6. Fonds 502/4/1/Section II, 1983.047C - box 16 - file 1 ~ box 20, Finding Aid 158（1926—1954 年有关华西协合大学及其附属机构的报告） 7. Fonds 502/4/2, 1983.009C, Finding Aid 180（1936—1950 年各种报告）	1. Fonds 15, 78.078C, 780.79, 2004.025C, Finding Aid 137（1891—1933 年间的各种报告） 2. Fonds 14/3/1, 78.096C - box 1 - file 1 ~ box 4 - file 16, Finding Aid 19（1900—1925 年汇编成册的女布道会年会及执行委员会的会议记录） 3. Fonds 505/5/, 1983.058C - box 61 - file 1 ~ box 66 - file 6, Finding Aid 90（1925—1926 及 1930—1942 年女布道会年会及执行委员会的会议记录） 4. Fonds 502/4/1/Section III, 1983.047C - box 21 ~ box 22, Finding Aid 158（1925—1949 年汇编成册的女布道会年会及执行委员会的会议记录）

为方便读者查找档案，表 1 中给出了具体的索档主题及索档号。Fonds 指的是创建该档案的机构；Series 指的是关于某一主题的档案；Subseries 指某一主题下的某个分主题；box 指的是该索档号下的档案盒序号，file 指的是该索档号或档案盒下的档案序号。如在 United Church of Canada Archives，Methodist Church（Canada）Missionary Society fonds，Correspondence of the General Secretaries，Correspondence of T. E. Egerton Shore，fonds 14/2/5，780.93C - box 2 - file 6，T. H. Jones to Egerton Shore，1908 August 20. 中，

---

① 1983.047C - box 1 - file 1 ~ box 5 - file 121 为缩微胶卷，1983.047C - box 6 - file 122 ~ box 15 - file 402 为纸质档案。

United Church of Canada Archives 是该文件所藏的档案馆名称；Methodist Church（Canada）Missionary Society 是该档案的创建机构；Correspondence of the General Secretaries 是该文件所属主题；Correspondence of T. E. Egerton Shore 是该文件所属的分主题；fonds 14/2/5 是该文件的创建机构序号、主题序号、分主题序号；780. 93C 是该文件的索档号（Accession #）；box 2 指该文件存于该索档号下的第 2 个盒子里；file 6 指该文件是在该索档号或档案盒下的第 6 个文件；T. H. Jones to Egerton Shore 指的是该文件的标题；1908 August 20 是该文件的成文日期。为节约版面，对于本文正文中重复出现的 Fonds（档案的创建机构），正文中只给出序号，这些 Fonds 分别为：Fonds 14/Methodist Church（Canada）Missionary Society Fonds—［ca. 1851］- 1950；Fonds 15/Methodist Church（Canada）Woman's Missionary Society Fonds—1880 - 1927；Fonds 122/Presbyterian Church in Canada Board of Foreign Missions Fonds—1854 - 1938；Fonds 127/Presbyterian Church in Canada Women's Missionary Society Western Division Fonds—1876 - 1927；Fonds 500/United Church of Canada General Council Fonds—1925 - present；Fonds 502/United Church of Canada Board of Overseas Missions Fonds—1910 - 1965，predominant 1925 - 1961；Fonds 503/United Church of Canada Board of World Missions Fonds—1880 - 1976；Fonds 505/United Church of Canada Woman's Missionary Society Fonds—1886 - 1972。其中的 Fonds 14 是联合教会成立前卫理公会海外宣教部；Fonds 15 是联合教会成立前卫理公会女布道会；Fonds 122 是联合教会成立前长老会海外宣教部；Fonds 127 是联合教会成立前长老会女布道会；Fonds 500 是联合教会全体代表大会；Fonds 502 及 Fonds 503 是联合教会成立后由之前各成员教派的海外宣教部联合组成的联合教会宣教部，仍负责海外宣教活动，几易其名，1926 年始称 Board of Foreign Missions，1944 年改称 Board of Overseas Missions，1962 年改称 Board of World Missions；Fonds 505 是联合教会的女布道会（卫理公会、长老会及之后的联合教会都有专门的女布道会，主要负责对妇女及儿童的宣教工作，它与宣教部既相互合作，在重大决策方面要征得宣教部的同意，但又相对独立，特别是经济独立。随着女性在联合教会的参与权的提高，1962 年女布道会与联合教会宣教部合为一体，不再单独运行）。

1.2　传教士信件

传教士与母国之间有大量的通信，与差会的记录和报告不同，这些信件是传教士根据自己的切身体会写出来的，有血有肉，是非常重要的史料。表2根据时间顺序分别列出各在华传教区的传教士信件及其在档案馆的藏档位置。

表2　在华传教士信件（不完全统计）

传教地区	档案位置及主要内容	
	宣教部差会及华教会	女布道会
豫北地区	1. Fonds 122/6/1，1979.191C，Finding Aid 138（1887—1925 年传教士写给母会宣教部干事的信件；1899—1926 年母会宣教部干事写给传教士的信件） 2. Fonds 122/6/2，1979.193C，Finding Aid 134（1902—1925 年传教士写给母会宣教部干事的信件；1908—1925 年母会宣教部干事写给传教士的信件） 3. Fonds 502/4/3，1983.045C，Finding Aid 186（1925—1943 年传教士信件） 4. Fonds 502/4/2，1983.009C，Finding Aid 180（1936—1950 年差会干事与母会之间的信件）	1. Fonds 127/1/3，1979.205C，1979.181C，1979.139C，Finding Aid 226（1888—1914 年传教士信件） 2. Fonds 127/1/5，1979.205C，1979.181C，1979.139C，Finding Aid 226（1814—1927 年传教士信件） 3. Fonds 505/3，1983.058C－box 213－file 1～box 213－file 13，Finding Aid 90，Series 3（1927—1955 年差会干事及传教士与母会财务干事之间的信件） 4. Fonds 505/3，1983.058C－box 56－file 1～box 58－file 4，Finding Aid 90，Series 3（1928—1947 年母会干事与差会干事之间的信件）
广东省	1. Fonds 502/4/4，83.046C－box 1－file 1～box 5－file 111，Finding Aid 80（1925—1953 年差会干事及传教士与母会之间的信件） 2. Fonds 502/4/2，1983.009C，Finding Aid 180（1936—1950 年差会干事与母会之间的信件）	1. Fonds 127/1/3，1979.205C，1979.181C，1979.139C，Finding Aid 226（1902—1914 年传教士信件） 2. Fonds 127/1/5，1979.205C，1979.181C，1979.139C，Finding Aid 226（1914—1927 年传教士信件） 3. Fonds 505/4，1983.058C－box 59－file 20～box 60－file 10，Finding Aid 90，Series 4（1927—1950 年母会执行干事与传教士之间的信件） 4. Fonds 505/4，1983.058C－box 59－file 1～box 59－file 3，Finding Aid 90，Series 4（1929—1933 年传教士的信件）

续表 2

传教地区	档案位置及主要内容	
	宣教部差会及华教会	女布道会
四川省	1. Fonds 14/3/1, 1979. 205C, 78. 096C - box 1 - file 1 ~ box 26 - file 80, Finding Aid 19（1891—1925 年传教士与母会宣教部干事之间的信件） 2. Fonds 14/3/2, 1978. 097C - box 1 - file 1 ~ box 7 - file 98, Finding Aid 13（1909—1925 年华西协合大学校长与西方各差会之间的信件） 3. Fonds 502/4/1/Section I, 1983. 047C - box 1 - file 1 ~ box 15 - file 402,① Finding Aid 158（1925—1952 年差会干事及传教士与母会宣教部干事之间的信件） 4. Fonds 502/4/1/Section II, 1983. 047C - box 16 - file 1 ~ box 20, Finding Aid 158（1926—1954 年有关华西协合大学及其附属机构的信件） 5. Fonds 502/4/2, 1983. 009C, Finding Aid 180（1936—1950 年差会干事与母会之间的信件）	1. Fonds 15, Appendix B：Woman's Missionary Society, 2. West China Mission, 78. 080C - box 009 - file 1 ~ box 009 - file 17（1892—1924 年差会干事及传教士的信件，差会教产情况） 2. Fonds 505/5/, 1983. 058C - box 61 - file 1 ~ box 66 - file 6, Finding Aid 90（1925—1951 年差会干事的信件，1930—1943、1951 年母会干事与差会干事之间的信件）

1.3　母会年鉴、报告

差会及传教士对传教活动的记录一般只针对差传活动，这些文献针对性强，利用起来也比较方便，是研究在华传教史的基础性史料。除此之外，母会的各种报告、年鉴等也会提及与传教活动相关的事情，把传教活动置于整个母会的背景下进行考察，可以说是既见树木，又见森林。但母会的这些记录针对性不强，并不仅仅涉及在华传教活动，而是会涉及联合教会的方方面面，所以如果要从这些记录中寻找关于在华传教活动的信息，则需从大量的信息中进行搜索，首先就要求查阅者知道关于在华传教活动的信息在母会记录中的具体位置。这些记录是研究在华传教史的重要史料。笔者对母会的年鉴、报告中涉及在华传教活动的主要文献进行了如下整理和内容说明：

---

① 1983. 047C - box 1 - file 1 ~ box 5 - file 121 为缩微胶卷，1983. 047C - box 6 - file 122 ~ box 15 - file 402 为纸质档案。

1.3.1 联合教会《全体代表大会报告》

联合教会每两年召开一次全体代表大会（General Council），讨论、决定教会的重大事项，该大会是联合教会的最高权力机关。联合教会海外宣教部及女布道会均要在会上做报告，报告的部分内容就是关于在华各传教区的传教情况，这部分内容每次只有数页，内容十分精炼，是了解其在华传教总体情况的重要资料。档案馆把这部分内容①的具体页码从每年达千余页的《全体代表大会报告》中整理出来方便读者查阅，下面是馆藏 1925—1952 年该部分报告的索档位置：Fonds 500/1（Series 1 Records of Meetings of the General Council - 1925—1982），1982. 001C，Finding Aid 17。具体页码为：

表3　联合教会《全体代表大会报告》中有关在华传教活动的报告②

年份	页码范围	年份	页码范围
1925	32，79，85 - 88，116 - 117，264 - 265	1940	124，287 - 309
1926	296 - 300，351 - 353	1942	86 - 88，325 - 348，384 - 400
1930	264 - 310，364 - 369	1944	35 - 36，286 - 305，344 - 363
1932	290 - 320，361 - 367	1946	425 - 449，453 - 471
1934	307 - 335，379 - 397	1948	210 - 214，418 - 433，446 - 461
1936	89 - 90，238 - 244，363 - 391，429 - 437，441 - 446	1950	113 - 118，190—191，383 - 391，407 - 427
1938	112 - 115，248，309 - 335，378 - 384	1952	401 - 421，442 - 459

1.3.2 联合教会全体代表大会执行委员会及其代理会的决议

全体代表大会选举出的执行委员会（the Executive）及执行委员会代理会（the Sub-Executive）具体负责执行全体代表大会的决议。执行委员会每年召开两次会议，代理会在执行委员会休会期间运行。档案馆把执行委员会及代理会 1925—1950 年做出的有关各在华传教区的决议（主要关于差会地

---

① 可在档案馆的数据库 Records of Proceedings Database 中查询。

② 资料来源：United Church of Canada Archives（以下简称 UCCA），General Council Archives Guide to Holdings Related to Medical Missions in China（1800—1950），第 18 - 19 页。

产交易)① 的具体内容整理出来，索档位置为：Fonds 500/2（Series 2 Minutes of the Executive and Sub-Executive - 1925—1990），1982.001C - Box 24 - File 1 ~ Box 27 - File 2，Finding Aid 17. 具体页码见表4。

表4　联合教会全体代表大会执行委员会、执行委员会代理会的决议
（主要关于差会地产交易）中有关在华传教活动的内容②

日期	Box - File	页码	日期	Box - File	页码
Dec. 2, 1925	24 - 1	58	Apr. 30, 1941	26 - 1	86
Sept. 8, 1926	24 - 2	32	Jun. 24, 1941	26 - 1	92
Oct. 22, 1926	24 - 2	51	Nov. 12, 1941	26 - 1	130
Feb. 7, 1927	24 - 2	91	Mar. 17, 1942	26 - 1	148
Apr. 20, 1927	24 - 2	107	Apr. 28, 1942	26 - 1	174, 189
Jun. 24, 1927	24 - 2	148	Jun. 30, 1942	26 - 1	205
Sept. 29, 1927	24 - 2	157	Oct. 27, 1942	26 - 2	18
Dec. 13, 1928	24 - 3	14	Jan. 26, 1943	26 - 2	53
Mar. 1, 1931	24 - 4	56	Apr. 27, 1943	26 - 2	71
Mar. 2, 1931	24 - 4	33	Jun. 10, 1943	26 - 2	102
Feb. 11, 1932	24 - 4	138	Sept. 14, 1943	26 - 2	113
May 26, 1932	24 - 4	207	Nov. 3, 1943	26 - 2	125, 126
June. 28, 1932	24 - 4	214	Nov. 4, 1943	26 - 2	139
Jul. 13, 1932	24 - 4	223	Dec. 16, 1943	26 - 2	151, 152
Nov. 19, 1932	25 - 1	16	Feb. 21, 1944	26 - 2	154
Apr. 8, 1933	25 - 1	43	Mar. 21, 1944	26 - 2	166, 167
Jun. 8, 1933	25 - 1	93	Apr. 12, 1944	26 - 2	172
Apr. 24, 1934	25 - 1	139	May 3, 1944	26 - 2	196, 197
May 16, 1934	25 - 1	194	Jun. 27, 1944	26 - 2	203

---

① 可在档案馆的数据库 General Database 中查询。
② 资料来源：UCCA, General Council Archives Guide to Holdings Related to Medical Missions in China（1800—1950），第20-22页。

日期	Box – File	页码	日期	Box – File	页码
Apr. 12, 1935	25 – 2	79	Dec. 7, 1944	26 – 3	25
Apr. 24, 1935	25 – 2	114	Apr. 19, 1945	26 – 3	50, 51
May 28, 1935	25 – 2	130	May 2, 1945	26 – 3	73
Mar. 11, 1936	25 – 2	208	Nov. 7, 1945	26 – 3	133
Mar. 30, 1937	25 – 3	52	May 7 – 8, 1946	26 – 3	181
Apr. 20, 1937	25 – 3	76, 82	Oct. 18, 1946	26 – 3	16
Jan. 28, 1938	25 – 3	127	Apr. 22, 1947	26 – 4	44, 46
Mar. 3 – 4, 1938	25 – 3	159	May 7, 1947	26 – 4	86, 87
Jun. 20, 1939	25 – 4	87	Jun. 16, 1948	26 – 4	189
Feb. 8, 1940	25 – 4	118	Dec. 21, 1948	27 – 1	26
Mar. 5, 1940	25 – 4	129	May 3, 1950	27 – 1	216
Dec. 17, 1940	26 – 1	32	Sept. 22, 1950	27 – 2	3

1.3.3　卫理公会及联合教会年鉴

这是联合教会（及之前的卫理公会）定期出版的年鉴［*Methodist Year Book*（*1915—1925*），*United Church of Canada Year Book*（*1925—present*）］，该年鉴是了解联合教会（及之前的卫理公会）基本情况的重要史料，前者的主要内容包括卫理公会宣教部各项事工的报告、各宣教区的会议记录，后者的主要内容包括联合教会各部门的报告及预算报告。该年鉴装订成册，放在档案馆阅览室。

1.3.4　卫理公会年度报告

这是卫理公会定期出版的年度报告［*Annual Reports of the Missionary Society of the Wesleyan Methodist Church in Canada*（*1847—1925*）］，被装订成册，但没有目录，放在档案馆阅览室。该年度报告中有关于各个传教区的概况及统计数据（如经费、传教士数量等），每期均有10余页专门介绍四川传教区的各项事工概况。

1.3.5　卫理公会女布道会及联合教会女布道会年度报告

这是联合教会女布道会（及之前的卫理公会女布道会）的年度报告

[*Annual Reports of the Woman's Missionary Society of the Methodist Church of Canada* (1881—1926)，*Annual Reports of the Woman's Missionary Society of the United Church of Canada* (1926—1961)]，被装订成册，放在档案馆阅览室。该年度报告中的部分内容是关于女布道会在各传教区的经费预算、传教士差派等重要数据。

1.3.6　卫理公会女布道会年会及其执行委员会会议记录

该记录记载卫理公会女布道会的管理、运行、经费、传教活动等各个方面的内容，具体索档位置为：Fonds 15 Methodist Church（Canada）Woman's Missionary Society Fonds – 1880—1927，78. 078C，780. 79，2004. 025C，Finding Aid 137，其中有部分内容是关于 1891 至 1925 年间卫理公会女布道会在川传教活动。

1.4　母会期刊

联合教会档案馆保存有十分完备的教会期刊供读者查阅，当期期刊一般都直接放在阅览室，随手即可取阅，过刊一般则要通过工作人员进行借阅。与在华传教史相关的期刊主要有四种。

（1）*Records of the Christian Guardian*（1829—1925），*The New Outlook*（1925—1939）*and United Church Observer*（1925—2011）。*The Christian Guardian* 是卫理公会创办的周刊。联合教会成立后，*The Christian Guardian* 与其他成员教派的期刊融合组成 *The New Outlook*。*The New Outlook* 又于 1939 年并入 *United Church Observer*。后二者被装订成册，但无目录，可在档案馆阅览室直接取阅。*The Christian Guardian* 有目录，已整理成缩微胶卷供读者查阅，基本上每四期即有一两页是专门关于卫理公会在川传教情况的报道，帮助读者了解其在川传教活动的基本情况，是研究卫理公会在川传教史的重要史料。

（2）*Canadian Methodist Magazine*（1875—1895）*and Methodist Magazine and Review*（1896—1906）。该刊由卫理公会创办，主要是关于宗教、文字、社会等方面的内容，有目录。该刊与在华传教史虽无直接关系，但可通过翻阅本刊了解卫理公会在川传教初期母会的一些基本概况，该刊亦有数篇文章提及卫理公会在华传教。

（3）*The Missionary Outlook*（1881—1923）。该刊是卫理公会创办的月刊，主要发表卫理公会 1881 至 1923 年间的倡议、记录及评论性文章，被整理成册，放在档案馆阅览室。该刊对了解卫理公会的一些差传政策有参考作用，也刊登了为数不多的在川传教的报道，具有一定的史料价值。

（4）*The Missionary Bulletin*（*1903—1921*）。该刊是卫理公会的一份公开季刊，主要发表卫理公会在国内外的各宣教地区的传教士写的文章，帮助卫理公会信众了解各宣教地区的基本情况。该刊被整理成每年一册，摆放在阅览室，每册内容均有目录可查。该刊刊登了 1903 至 1921 年间入川传教士写的大量文章，是研究卫理公会在川传教史的重要史料。

1.5　回忆录、单行本、专著、小册子

传教士或传教史学者所写的回忆录、单行本、小册子①每本都自成体系，对研究加拿大在华传教史有着重要的文献意义。有的著作是关于在华传教史综述性质的，如 Omar L. Kilborn 著 *Our West China Mission*：*Being a Somewhat Extensive Summary by the Missionaries on the Field of Work During the First Twenty-five Years of the Canadian Methodist Mission in the Province of Szechwan*, *Western China*（Toronto：Missionary Society of the Methodist Church, Young Peoples Forward Movement, 1920），Howard James Veals 著 *Three Score Years and Ten*（Thornhill, Ontario：1965），Alvyn Austin 著 *Saving China*：*Canadian Missionaries in the Middle Kingdom*, *1888—1959*（Toronto：University of Toronto Press, 1986）等，这些著作能帮助研究者快速了解在华传教史的整体概况。还有的著作是关于某个具体的传教士或某个具体专题的，如 Kenneth J. Beaton 著 *Great Living*：*Rev. Charles W. Service of Chengtu*, *West China*（Toronto：Centenary Committee of the Canadian Churches, 1945），Yuet-wah Cheung 著 *Missionary Medicine in China*：*A Study of Two Canadian Protestant Missions in China Before 1937*（Lanham, MD：University Press of America, 1988）等，这些著作就某个具体的传教士或某个具体的主题进行了深入的阐述，具有较高的学术价值。

联合教会档案馆收藏的这些著作达 60 余本，有的是传教士本人根据亲身经历撰写的回忆录，有的是后来的传教史学者所写的学术性著作，每本著作都有其自身的体系，具有一定的深度。如果说差会记录、报告、传教士信件、母会的年鉴、报告、期刊等是研究加拿大传教士在华传教史的基础性史

---

① 各种回忆录、单行本、专著、小册子的清单见：UCCA, General Council Archives Guide to Holdings Related to Medical Missions in China（1800—1950），第 53－55 页。

料，那么这些小册子则是重要的补充性材料。

　　除此之外，加拿大联合教会系统在华的三个传教区均有一些小册子对其进行描述，涵盖的主题十分广泛，如福传、医疗、教育、政治、社会、经济、文化等各个方面。这些小册子根据传教地区进行分类，具体的索档信息为 Fonds 503/Series 6/Pamphlets and Documents Re China – 1888—1969，predominant 1905—1949，1983. 041C，Finding Aid 321。这些小册子主要是由传教士写就的，对某一具体问题的描述和报道比较深入，是研究在华传教史的重要史料。

1.6　著名传教士个人档案、传记

　　对于传教士个案研究来说，最为基础的文献当数传教士的个人档案或传记。联合教会档案馆藏有部分在华传教士的个人档案，具体名单及藏档位置如下：

表 5　部分在华传教士个人档案①

传教士姓名	藏档位置
Fonds 3133：Cecil Magee Hoffman Fonds（1908—1979）	1986. 142C – box 1 – file 1 ~ box 1 – file 5
Fonds 3167：Lewis Calvin Walmsley Fonds（1897—1989）	1986. 176C，Find Aid 172
Fonds 3179：Thomson Family Fonds（1941—1957）	1986. 188C，1988. 026C
Fonds 3183：Dr. Robert Gordon Struthers Fonds（1888—1976）	1986. 192C
Fonds 3184：Ernest Black Struthers Fonds（1912—1973）	1986. 193C/TR – box 1 ~ box 6 – file 98，Find Aid 173
Fonds 3190：Charles W. Service Fonds（1930）	86. 362C – box 1 – file 1
Fonds 3200：William John Sheridan Fonds（1912—1935）	1986. 209C – box 1 – file 1 ~ box 1 – file 19

①　资料来源：UCCA, General Council Archives Guide to Holdings Related to Medical Missions in China（1800—1950），第 30 - 50 页。

传教士姓名	藏档位置
Fonds 3250: Mitchell Family Fonds (1918—194?)	Series 1 Robert Alexander Mitchell Papers (1986. 260C); Series 2 William H. Mitchell Papers (1986. 259C; /TR); Series 3 C. Helen Mitchell Papers (2005. 047C; /TR)
Fonds 3256: Edwin Nelson Meuser Fonds (1917—1950)	1986. 265C – box 1 – file 1 ~ box 1 – file 6, Finding Aid 131
Fonds 3295: Ashley Woodward Lindsay Fonds (1939—1950)	1986. 304C – file 1 ~ file 17, Finding Aid 119
Fonds 3304: Leslie and Jean Kilborn Fonds (1911—1967)	1986. 313C – box 1 – file 1 ~ box 1 – file 17, Finding Aid 126
Fonds 3323: Mabel McKinley Fonds (1910—1937)	1987. 232C – box 1 – file 1; 1990. 180C box 1 – file 1 ~ box 1 – file 10, Finding Aid 329
Fonds 3339: Robert Baird McClure Fonds (ca. 1923—1976, predominant 1968—1971)	1988. 123C; 1996. 033C; /TR
Fonds 3381: Ralph Hayward Fonds (1933—1949)	1986. 356C/MR – File 1 – 12, Finding Aid 175
Fonds 3468: Harrison J. Mullett Fonds (1927—1955)	1993. 085C/TR – Box 1 – File 1
Fonds 3598: Simpson Family Fonds (1911—1959)	2010. 109C; 2011. 012C
Fonds 3605: Omar Kilborn and Retta Gifford Kilborn Fonds (1889—1952)	2011. 105C, Finding Aid #1

这些传教士传记可通过档案馆数据库 Biographical Files Database 按照传教士姓名、生卒年份、传教地区等进行检索。

1.7 图片、音频、视频材料

档案馆还藏有部分图片、音频材料及视频材料，其中有一小部分[1]是关于在华传教的，这些资料可帮助读者更加直观地了解在华传教史的情况。图

---

[1] 音频、视频材料清单见：UCCA, General Council Archives Guide to Holdings Related to Medical Missions in China (1800—1950), 第52页。

片可通过档案馆的数据库 Graphics Database（http：//archives. united-church. ca/graphics. htm）进行查阅。各种音频、视频材料可通过档案馆的数据库 Berkeley Studios Database 进行查阅。不过，这些图片、音频及视频材料系统性较差，学术价值不太大，但对于提升学术著作的生动直观性有一定的作用。

2．国外档案馆的使用方法与技巧

对外文档案的充分利用在进行相关历史研究时是不可或缺的。要利用好外文档案，读懂目标外语是最基本的要求，虽然可请别人代为翻译成汉语，但翻译之中的错误在所难免，而且自己专业的外文档案对他人来说往往比较陌生。除此之外，利用外文档案还需要经验的积累和正确的方法，采用正确的方法往往会取得事半功倍的效果。下面，笔者根据自己一年多时间在联合教会档案馆查找史料的切身体会来谈谈在研究工作中如何充分高效地利用外文档案。

2.1　利用档案馆的网上信息

到访档案馆之前，应通过电子邮件与档案馆确认需要哪些手续，以免吃闭门羹，还应事先在档案馆网站上下载相关电子目录，对馆藏资料基本做到心中有数，等到了档案馆时就能做到有的放矢，节约宝贵的时间。

就联合教会档案馆藏有关在华传教史档案资料而言，打开档案馆主页 https：//www. unitedchurcharchives. ca，点击"Research"菜单，点击下拉菜单"Research Guides"进入页面 https：//www. unitedchurcharchives. ca/research/research-guides/，会发现好几个可下载的档案目录（PDF 文件），它们是关于各个相关专题的，其中有关海外传教史的档案目录有三个，除了"Angola"教区外，另外两个与中国有关：Research Guide to China Medical Mission （1800—1950）（https：//www. unitedchurcharchives. ca/wp－content/uploads/2018/02/UCCA-Guide-to-Medical-Missions-in-China. pdf），Research Guide to West China Medical Missions （1800—1950）（https：//www. unitedchurcharchives. ca/wp-content/uploads/2018/02/Guide-to-West-China-Medical-Missions. pdf）。下载这两个 PDF 文件，它们就是联合教会在华传教史档案的检索目录及史料内容简介，前一个文件有 59 页，后一个有 253 页。其实，这两个档案目录"名不符实"，从名称上看是关于联合教会在华医疗传教史的，而实际上并

非如此，其中还包括了在华传教史各个方面（当然也包括医疗事工）的档案。目前档案馆网站仅提供在华传教史的史料目录及内容简介，不能线上查阅具体的史料内容，但据档案馆工作人员介绍，联合教会档案馆今后有望在网上提供部分史料。

2.2 对档案的整体把握

在下载 PDF 目录（含内容简介）后，应先进行初步浏览，搞清楚这些档案是如何分类的，初步了解具体史料的大概内容。只有把握好总体信息，了解档案馆的藏档思路，才能更充分高效地查阅相关档案。如在查阅华西传教区的年会记录时，要理清其中的差会、华教会、女布道会的年会起始年限并清楚它们分别藏于什么位置。要理清档案脉络，查阅者必须积极主动地思考、观察和整理。实际上，这种主动的思考是非常有益的，如对华西差会年会、女布道会年会、差会及女布道会协合年会、华教会年会起止年限进行整理时可发现，华教会的英文表述在不同时期有所差别（开始时称 conference，后来称 Synod，有时甚至直接用华教会名称的汉语拼音），而这种表述的差别恰恰体现了在川传教史的发展过程及本色化趋势。

2.3 目录中并未列全所有史料

某一主题的档案一般都有一个目录，一般放在同一 Finding Aid 下面，目录中每一个文件的主要内容都有一定的概括，方便档案查阅者浏览这些文件的主要内容。但档案馆网站上所列的目录有时并没有包括所有目录，如 Fonds 502/4/1/Section III，1983.047C－box 21～box 22，Finding Aid 158（1925—1949 年汇编成册的差会年会、年会执行委员会、华教会年会的会议记录）在 Research Guide to West China Medical Missions（1800—1950）（https：//www.unitedchurcharchives.ca/wp－content/uploads/2018/02/Guide－to－West－China－Medical－Missions.pdf）这个目录中就未列出，也无从查阅。但笔者在阅读同行的论文时，却发现有些学者引用过这些年份的差会年会会议记录，而且 1925 年之前的差会年会记录可以在 PDF 电子目录中找到，所以可以推断档案馆应当藏有 1925 至 1952 年差会的年会记录，只是因为整理目录的工作人员的疏忽或其他原因而未录入 PDF 电子目录。这时笔者把其他学者的论文中所引用的参考文献出示给档案馆工作人员并进行解释，最后工作人员通过他们自己的系统把这两盒档案找了出来，而且这两盒档案的史料意义十分重大，是研究联合教会在川传教史的基础性史料。

　　另外，有些 Finding Aid 电子 PDF 目录并未在网站上公布，如关于联合教会在华传教史的档案，档案馆就只在网上公布了两个 PDF 电子目录文件（见前），其他目录其实档案馆是整理出来的，有纸质文档。这时可根据这两个 PDF 电子文件提供的 Finding Aid、Accession #、Box、File 号码请工作人员调阅纸质目录，查看相关史料的内容提要，再根据内容提要决定是否需要查阅原始文档。

　　还有一点需要指出的是，档案馆网站上提供的 PDF 电子目录随时都在调整，有时会删除某些电子目录。如联合教会档案网站在 2014 年公布的有关在华传教史的目录有下面 8 个：finding‐aid‐13 West China Union University Collection（1896—1950）；finding‐aid‐19 West China Mission Collection（1891—1931）；finding‐aid‐80 Records Relating to South China（1916—1953）；finding‐aid‐90‐s3 Records Relating to Honan；finding‐aid‐90‐s4 Records Relating to South China；finding‐aid‐90‐s5 Records relating to West China；research‐guide China Medical Mission（1800—1950）；research‐guide West China Medical Missions（1800—1950）。2018 年的网站上则只保留了最后 2 个，前面 6 个都删除了。虽说也可以查阅前面 6 个目录的纸质版，但纸质版毕竟没有电子版方便，不能通过搜索关键词的方式在电脑上检索。所以，如果确定要使用某个国外档案馆的档案资料，要随时下载电子目录，以备后用。

2.4　搜索关键词

　　如果档案馆网站上提供了 PDF 电子目录，就可通过搜索关键词来提高档案的利用效率。如在研究传教士"文幼章"时，可通过"Endicott"这个关键词在电子目录中进行搜索，然后再浏览一下每个有关"Endicott"的史料内容提要，再根据内容提要简介决定是否查阅原始文档。

2.5　史料的交叉利用

　　档案馆并不一定保存有所有相关的史料，如果针对某一主题的史料不完整，则可利用其他史料从侧面进行补充，以还原某一主题的历史面目。比如在研究卫理公会在川传教史（1892—1952 年）时，差会的年会记录是最为基础的史料，但档案馆并未收藏 1900 年之前的年会记录，这时可从母会的年度报告及年鉴、母会期刊、传教士回忆录等资料中查找关于差会 1900 年之间的具体数据来加以补充。所以，在查找资料时要注意差会档案与教会档案的互补、会议记录与教会期刊的互补、机构史料与个人信件的互补。要做到这一点，首先就要弄清楚该档案馆藏档案的总体情况。本文前半部分根据档案类别把联合教会档案馆藏关于在华传教史研究可资利用的档案进行了梳理，如果在某一类别中找不到相应时期的史料，则可查阅是否能够在其他类别的档案中查到所需的史料。

2.6　其他文献的利用

在华传教史上，传教的主体是西方传教士，而且西方国家的档案馆所藏的档案相对更为完备，所以国外档案馆的利用是非常重要的，也是最为基础的。但是，如果只利用外文史料，难免会偏信。以"成都教案"为例，笔者在查阅"成都教案"的史料时发现，英文原始史料中只字未提清政府在处理教案时处决了参与教案的中国人，而中国的地方志及华人的著作中则显示清政府处决了 6 名中国人（四川省地方志编纂委员会，1998：561；隗瀛涛，1985：201；刘吉西，1992：485；成都市地方志编纂委员会，1998：312），加拿大学者的著作中显示的是 13 人（P. Stursberg，1987：45；A. Austin，1986：58）。对于这种互相矛盾的数据，则需要根据实际情况进行判断。笔者认为，由于负责这次教案处理的具体执行者为中国政府，故中国人的记载，遭到处决的为 6 人更为可信。再如在研究加拿大差会在川传教史时，除了最为基础的英文史料外，还可利用《希望月刊》等中文期刊①，《四川省志·宗教志》《成都市志·宗教志》等地方志。因此，在进行相关历史研究时，既要利用外文资料，也要利用中文资料，多方考证，去伪存真。

参考文献：

成都市地方志编纂委员会，1998. 成都市志·宗教志［M］. 成都：四川辞书出版社.

刘吉西，等，1992. 四川基督教［M］. 成都：巴蜀书社.

四川省地方志编纂委员会，1998. 四川省志·宗教志［M］. 成都：四川人民出版社.

宋家珩，1995. 加拿大传教士在中国［M］. 北京：东方出版社.

苏德华，2017. 加拿大差会在四川的传教活动研究（1892—1952）［D］. 成都：四川大学.

隗瀛涛，等，1985. 四川近代史［M］. 成都：四川省社会科学院出版社.

---

① 除了《希望月刊》这一中文期刊外，*West China Missionary News*（《华西教会新闻》，在四川出版的英文月刊）也是研究西方基督教差会在川传教史的重要期刊。

AUSTIN A J, 1986. Saving China: Canadian missionaries in the middle kingdom 1888 − 1959 [M]. Toronto: University of Toronto Press.

STURSBERG P, 1987. The golden hope: Christians in China [M]. Toronto: The United Church Publishing House.

Review of Archival Literatures on Canadian Protestant Missionary History in China Kept in the United Church of Canada Archives

Su Dehua , Zhang Guifang

Abstract: The United Church of Canada (and its preceding component denominations) had conducted decades of missionary work in China, and the research on this missionary history cannot be done effectively without making use of the rich archival literatures kept in the United Church of Canada Archives. This paper aims to have a thorough review of these archival literatures and at the time propose some advice to help Chinese scholars make the best use of foreign archives.

Key words: United Church of Canada Archives; missionary history; North Honan Mission; South China Mission; West China Mission

费德里戈·加西亚·洛尔卡的吉卜赛情结

吴 慧

（四川大学外国语学院，成都610064）

摘 要：吉卜赛元素在洛尔卡的早期的成名作《深歌》和《吉卜赛谣曲》中扮演着重要的角色，于是评论界和读者们自然将洛尔卡与吉卜赛族群联系在一起。本文试从西班牙吉卜赛人的历史、洛尔卡诗歌创作的背景及其两次讲座的内容中提取相关信息以说明诗人吉卜赛情结的起源和使用这一文学元素的真实意图。

关键词：洛尔卡；吉卜赛；诗歌；安达卢西亚；魔灵

1. 洛尔卡、《深歌》和《吉卜赛谣曲》

西班牙诗人费德里戈·加西亚·洛尔卡（Federico Garcia Lorca, 1898—1936）出生于西班牙安达卢西亚（Andalucía）。安达卢西亚是西班牙吉卜赛人的聚集地，洛尔卡从小就接触到吉卜赛文化，学习和研究吉卜赛音乐，并且在他后来的文学诗歌创作中将自己对家乡和吉卜赛文化的深厚感情也融入其中。

《深歌》（*Poema del Cante Jondo*）和《吉卜赛谣曲集》（*El Romancero Gitano*）分别创作于1921年和1924年，这两部诗集所表现的都是备受欺凌的吉卜赛人的现实生活，以及对他们的怜悯之情。事实上，20世纪二三十年代，誓与传统决裂的先锋派代表诗歌在欧洲盛行，洛尔卡作为西班牙"二七一代"诗人的代表人物，又在著名的"西班牙剑桥"——马德里学生公寓——学习生活过，必然深受先锋主义的影响。但他却并未被牵着鼻子走，而是抓住民族文化的根，将这种文化沉淀和传统与先锋派的精髓结合起来。他的作品很容易被大众接受，又不乏美学价值，其作品的独特创造性和神秘感也使洛尔卡登上了西班牙诗坛的巅峰。

《深歌》以西班牙安达卢西亚的吉卜赛传统音乐命名[①]，整本诗集的结构都围绕安达卢西亚的文化展开。前言名为"三水谣"（Baladilla de los tres

---

[①] 深歌是弗拉门戈音乐的最早期形式，现代弗拉门戈的部分曲风中包括舞蹈、吉他和深歌吟唱三个部分。

ríos），　　"三水"指的就是安达卢西亚的三条河流：瓜达基维河（Guadalquivir）、达乌罗河（Darro）以及赫尼尔河（Genil）。前言之后的四组主要诗歌分别以"吉卜赛西吉里亚之诗"（Poema de la Siguiriya Gitana）、"索莱亚之诗"（Poema de la Soleá）、"萨埃塔之诗"（Poema de la Saeta）、"佩特内拉速写"（Gráfico de la Petenera）命名。Siguiriya，Soleá，Saeta，Petenera 分别是弗拉门戈音乐中最重要的四类曲风（弗拉门戈音乐以不同的节奏模式分为 50 余类风格）。比如 Siguiriya，一直是弗拉门戈界公认的深歌艺术的灵魂所在，也是与真正的安达卢西亚民间传统关系最深的音乐风格。这四类曲风常常用于表达最悲痛、最深厚的感情，这也正是洛尔卡在安排诗集结构的时候想要表现的，也是用它们来命名《深歌》中最主要的四组组诗的原因。

　　而《吉卜赛谣曲集》是继《深歌》之后创作的又一部与吉卜赛相关的诗歌集，"它就像《深歌》的续集一样，将《深歌》中的戏剧性场景和灵魂全都诗歌化"（Herrero Salgado，1990：12）。整部诗集由十八首谣曲①组成，内容涉及黑夜、死亡、天空、月亮等一系列与吉卜赛人生活有关的元素，并且将安达卢西亚的地理风貌融合在诗歌之中，大量使用比喻、象征和神话杜撰的手法。《吉卜赛谣曲集》的成功再一次证明，在那个先锋主义冲击欧洲文学界的时期，洛尔卡又一次扎根传统，将西班牙古老的民间文学带到了新时代文学艺术的世界殿堂。

　　洛尔卡在描写自己家乡安达卢西亚和生活在那里的边缘人群时，选择了从"纯粹的悲观视角"书写（Gibson，1985：316）。这两部诗集的主题基调也都是爱情、死亡、痛苦与艰辛。他在 1922 年一次题为"安达卢西亚原始歌谣——深歌——历史艺术的重要意义"（Importancia histórica y artistica del primitivo canto andaluz llamado «Cante Jondo»）的讲座中说道，大部分出自安达卢西亚的诗歌都具有这样的特点，即被爱情、死亡、痛苦、艰辛这几个主题包围，因为"我们本就是一个悲伤的，静态的民族"。

2. 洛尔卡的吉卜赛标签

　　深歌是吉卜赛传统民歌在安达卢西亚这片土地上发展衍生出来的一种全新的、独特的艺术形式。而诗人洛尔卡从小学习民俗音乐，不仅在深歌唱腔

---

① 谣曲（romance）是源于西班牙 14 世纪末的一种古体诗歌，每句八个音节，偶数句押韵。

上天赋异禀，而且还会用吉他弹奏各类风格的弗拉门戈乐曲。洛尔卡将其对深歌的热爱转化为创作的灵感，《吉卜赛谣曲》反映了一个处于社会边缘的民族在当权者的迫害和与当权者斗争过程中的种种悲苦。其中《西班牙宪警谣》（Romance de la Guardia Civil Española）引起了很大的轰动，因为诗歌在描述一些暴力、逃散、抵抗的场景时，没有表现出任何的柔弱感和同情心，反而明显站在宪警的敌对面表达对武力的反抗。但洛尔卡解释过，这首诗以及整部诗集的目的并不在于描绘某一次具体的状况或事件，而是在一次又一次武力冲突中体现出整体的矛盾。

也许洛尔卡确实用《深歌》和《吉卜赛谣曲》为吉卜赛人代言，这也仅仅只限于其创作生涯中的一段时期，但当《吉卜赛谣曲》在西班牙文坛引起轰动以后，大众不自觉地将洛尔卡的写作风格与吉卜赛元素联系在一起，甚至引发了一股将洛尔卡与吉卜赛人混为一谈的风潮。评论界也出现了这种倾向，比如西班牙"三六一代"作家阿图罗·赛拉诺（Arturo Serrano）就评价洛尔卡是"自以为幽默的吉卜赛人"（Herrero Salgado，1990：12）。同为"二七一代"诗人的佩德罗·萨利纳斯（Pedro Salinas）认为洛尔卡之所以能取得如此大的成就，都是因为他巧妙地将自己的诗歌藏匿于吉卜赛世界之中（Irusta，1989：153）。另一位"二七一代"诗人拉斐尔·阿尔贝蒂（Rafael Alberti）则将洛尔卡描述为有着"摩尔人的容貌和吉卜赛的灵魂"（Irusta，1989：153）。

《吉卜赛谣曲》的大获成功也给洛尔卡带来了负面的影响。大众以为作者因为有吉卜赛血统，才能如吉卜赛歌者一样，写出那么贴近吉卜赛人群的诗歌作品。然而，洛尔卡来自格拉纳达的一个普通家庭，不仅在基因上与这个流浪部族没有关系，而且吉卜赛元素也只存在于这两部作品之中。之后发表的诗歌集《诗人在纽约》就不再有与吉卜赛相关的内容。据洛尔卡自己解释，《吉卜赛谣曲》并不只是专注于吉卜赛，而是关于整个安达卢西亚的诗歌集。比如在《械斗》（Reyerta）以及《他玛与暗嫩》（Thamar y Amnón）中，同样也出现了罗马语和迦太基语，甚至还有犹太兄弟的人物情景。

种种猜测和评论使洛尔卡非常烦恼，他经常表达对此的不满情绪。他在给诗人朋友豪尔赫·纪廉（Jorge Guillén）的信中说道："有关于我吉卜赛血统的传说使我非常烦恼，他们混淆了我的生活和个性……"（Maurer，2010：9）洛尔卡对作家何塞·贝加明（José Bergamín）也说过关于他血统的传说对他的伤害很深（Herrero Salgado，1990：12）。他多次在其他文学作品中强调他的吉卜赛元素只存在于文学作品中："我是安达卢西亚人，不是吉卜赛人。我的吉卜赛只是一个文学主题，除此之外没别的。"（Herrero Salgado，1990：1）经历很长一段时间的非议之后，当他再次面对使他声名大噪的文学性吉卜赛元素时，他甚至用一种愤怒的语气说："自此以后我绝对！绝对！绝对！再也不碰这个主题了！"（Herrero Salgado，1990：12）

　　诗人的反感发展成不可遏制的怒火。当然，除了诗人本身性格敏感之外，这与吉卜赛民族的自身特点以及大众对他们长期以来的刻板印象也有关。洛尔卡自己也坦白过，当读者误读他的诗歌，将其中与吉卜赛有关的内容统称为吉卜赛主义（gitanismo）时，就好像他是那种缺乏教养、没有文化，并且粗俗不堪的诗人（Herrero Salgado，1990：12）。

　　在洛尔卡生活的年代，读者很容易把作家本人和他所创作的人物混淆，误以为洛尔卡是无条件站在吉卜赛人一边，支持他们所有的行为。但事实并非如此。要想真正理解诗人洛尔卡为深歌的传播者吉卜赛人写作的原因，就不得不先了解西班牙吉卜赛民族的经历和安达卢西亚文化中的吉卜赛艺术。

3. 西班牙的吉卜赛民族

　　吉卜赛人给欧洲人的印象大多是负面的：原始的民族中心主义（López，2005：180），坑蒙拐骗、巫术（López，2005：184），长期斗争和种族主义（Hernández，1996：87）。甚至塞万提斯在小说《吉卜赛姑娘》（la Gitanilla）中，都把吉卜赛人描述成"天生的小偷"（Gervás，2006：148）。这些排斥和蔑视也许就来源于吉卜赛人在欧洲的发展史。

　　关于吉卜赛民族的来历有好几种猜测。公元1000年之前，吉卜赛的祖先居住在古印度的北部或西北部，大概在今印度旁遮普邦地区（Punjab）。在那个时期印度的社会结构中，吉卜赛群体的地位低下，当伽色尼帝国[①]的穆罕默德（Muhamud de Gazni）占领这个地区以后，就把吉卜赛人贬为奴隶，并将他们送到了土耳其帝国（Gervás，2006：143 - 144）。

　　在西班牙阿拉贡的阿方索五世[②]（Alfonso V de Aragón）执政的1425年，第一批吉卜赛人在他们族长的带领下来到了西班牙（Gervás，2006：142）。由于当时他们自称来自小埃及"Egipto Menor"，所以他们便被西班牙人称呼

---

① 今属阿富汗，穆罕默德（971—1030）统治期间征服伊朗东部土地、西北印度次大陆，国土涵盖今天的阿富汗大部、伊朗东部、巴基斯坦和印度西北部。
② 阿方索五世（1396—1458），阿拉贡和西西里国王，也被称为"宽宏的智者"。

为埃及人"Egiptanos"①。再往后，到了卡洛斯四世②（Carlos IV）统治时期，大部分吉卜赛人都定居在了安达卢西亚（Gervás，2006：143 - 153）。

吉卜赛民族的历史充满了辛酸和坎坷。据记载，由于最初报给西班牙国王的入境理由是去圣地亚哥朝圣（Hernández，1996：89），他们受到了热情的款待（López，2005：184）。后来他们成群旅居所暴露出来的懒惰、偷奸耍滑等诸多毛病，逐渐改变了西班牙民众对吉卜赛人的印象，使得西班牙民众常常将"强盗""逃犯"等词语与吉卜赛人联系起来（López，2005：182）。于是对吉卜赛人的排挤也随之产生，比如由"天主教双王"（los Reyes Católicos）发起的驱逐吉卜赛人的"第一次教化行动"（la Primera Pragmática）。在此过程中吉卜赛人遭受了数不尽的折磨：鞭笞、流放、割耳、圈禁、终生奴役甚至判处死刑。

1978 年西班牙宪法修改以前，吉卜赛人都不享有和其他居民同等的社会地位（Gervás，2006：159）。甚至到了洛尔卡生活的年代，针对吉卜赛人犯罪的律法"闲散及行为不端人士的法律"（Ley de Vagos y Maleantes）都仍在有效实施中（Gervás，2006：156 - 157）。至于吉卜赛人的民族中心主义思想，虽然一部分吉卜赛人确实对被其他族裔（payos）③接受表示不感兴趣，但他们也认为自己至少应该受到最起码的尊重（López，2005：181）。

吉卜赛人所从事的职业在洛尔卡的诗歌中也提到过，男性一般都做铁匠或相关劳作，女性则一般在客栈和旅店工作。当然他们也会做些小买卖，比如售卖家畜、纺织服装、编织筐子等。另外，他们也是一群天生的音乐人，热衷于唱歌和跳舞（Gervás，2006：156），不得不承认吉卜赛人为深歌——这门诞生于安达卢西亚文化中的音乐艺术——增添了独特的魅力。

4. 深歌魔灵（duende）与洛尔卡

洛尔卡在年轻的时候就和西班牙著名音乐家法亚（Manuel de Falla）成为朋友，而法亚对深歌的专业认知为诗人打开了全新的视野，即使后来他成为世界主义的作家，也从来没有摈弃过灵魂中的地中海和安达卢西亚基因。他将安达卢西亚的文化精髓写进诗句中，这位敏感的诗人认为历史是民族发

---

① 法国称波希米亚人"Bohemians"，英国称吉卜赛人"Gypsies"。
② 波旁王朝的西班牙国王，1788 至 1808 年在位。
③ 吉卜赛词语，专指非吉卜赛族裔。

展的推动力，吉卜赛人的故事就是历史的一部分，也如同"有血有肉的人用自己简短、尖刻的言语方式——深歌，对现实、压迫的反抗和斗争"（Retamar，2008：33），所以诗人也用"深歌"命名了自己最具代表性的诗集之一。

深歌这一艺术形式的诞生和演变是吉卜赛文化和安达卢西亚传统融合的结果，而不仅仅只是吉卜赛文化的一脉发展。因为除了在西班牙，吉卜赛人在欧洲其他国家也到处迁徙，甚至还去到了拉丁美洲，但深歌以及与它类似的艺术形式却只存在于西班牙的安达卢西亚。

如维克多·雨果《巴黎圣母院》中的女主角吉卜赛姑娘埃斯梅拉达（Esmeralda）一样，洛尔卡所描绘的吉卜赛人也是纯洁善良的，他们饱尝人世的苦难与艰辛。一方面，诗人的创作灵感来源于吉卜赛民族历史中的真实故事，另一方面，诗人也继承了用民谣传唱情感这一吉卜赛传统。这些都对洛尔卡的诗歌创作产生了影响，所以在早期的诗集中总能见到吉卜赛语汇，而《吉卜赛谣曲》中的相关元素则更为突出，几乎整部诗集的内容都与吉卜赛民族的传统、就业、生活习俗紧密相关。

吉卜赛人由于信仰和习俗，在现实生活中有许多显得与周围环境格格不入的地方，最突出的体现在两个方面：一是对待爱的态度；二是与那些侵犯他们权利、诋毁他们名声的"他者"（los otros）之间的矛盾。"他者"可能是个人，也可能是将他们边缘化、排挤压迫他们的整个社会。《吉卜赛谣曲》中所呈现的"他者"所使用的武器就是西班牙宪警，而冲突的结局常常伴随着鲜血和死亡。爱、个人权利和信仰混杂在死亡带来的创伤中，诠释着一种永远难以愈合的伤痛。

1933 年，洛尔卡在阿根廷布宜诺斯艾利斯创作了题为《魔灵之法及其理论》（*Juego y Teoriia del Duende*）的诗篇。"魔灵"（duende）原指伊比利亚半岛、拉丁美洲、菲律宾等地民间神话里的类人精灵。洛尔卡则将其定义为召唤艺术之魂的精灵，深眠在人类的身体里，通过艺术获得重生。也有解释说，魔灵也叫"夺魂魅力"，是一种能把观众带入某种情境的力量（白镜如，2013：146）。魔灵这股神秘的力量使所有人感知，但却没有一位哲学家能准确定义它。它是人类艺术，尤其是诗歌、音乐、舞蹈的灵感之源；它帮助艺术家意识到自身才智的局限，带领他们直面死亡，启发他们创造和传播感人肺腑的艺术（林大江，2017：30）。

在《魔灵之法及其理论》中，洛尔卡将魔灵与天使、缪斯进行比较：

天使给予人创作的灵感，缪斯赋予人创作的形式。但不管天使还是缪斯，都来自外界。只有魔灵，"必须要在血液的最深处唤醒它"（García-Posada，2012：9）。也就是说，魔灵存在于创作者的内里，在身体最深最暗的角落。也许我们可以这样理解：深歌中的魔灵并不意味着单纯、非凡的艺术灵魂，而是在创作中表达出来的深层的痛苦情感，所以深歌里充满了悲苦的吟唱。

　　洛尔卡甚至还有一套关于激发魔灵的方法论：首先，必须抛弃所有常规、高效的创作方法；其次，充分感受不幸人群所承受的悲苦（García-Posada，2012：28），因为真正的艺术不能只以纯粹的娱乐为基础，而应包含对历史、社会的深刻反思。只有这样，艺术才拥有灵魂，才能触碰人类内心最敏感的地方。深歌就是这样的艺术，其存在的目的并非享乐，而是纪念那些辛酸痛苦的经历，使后人感受且传承永恒的"爱与痛"。在深歌的表演上，即使表演者拥有完美的嗓音和高超的技巧，也不一定能唱好深歌，最重要的是魔灵是否被唤醒（García-Posada，2012：25）。所以在吟唱时，情绪的表达至关重要，但不是每个人都能准确地抓住那种情绪，它是古老的吉卜赛民族在经历了世上所有苦涩悲凉之后所散发的特殊气息。

> 从个人历史的角度，诗之魔灵可以通过探索个体的爱、悲伤、怀疑、恐惧、欲望，反哺诗人和读者，给生活带来希望和智慧；从公共历史的角度，当人们的日常生活遭遇各种不寻常事件的干扰并被迫做出回应时，诗之魔灵同样可以显示威力，通过彰显危机和困境的因果来触动反思，引发改良。诗歌不能只拘泥于自我的体验，而应该去倾听和传达历史长河里的各种声音。（林大江，2017：31）

　　洛尔卡所描写的吉卜赛人不是"乞丐，衣衫褴褛的人"，而是"有着吉卜赛血统且守护深歌传统的人"，他们对自己的传统感到骄傲，他们是洛尔卡儿时的朋友，也是教他弹奏弗拉门戈乐曲的人，他们对诗人来说就像亲人一样，所以诗人在《吉卜赛谣曲》中对吉卜赛人受迫害的遭遇表现出极大的同情也自然可以理解。

　　不管是西班牙境内的吉卜赛人、犹太人还是摩尔人，都因为他们不同的宗教信仰而面临同样的悲惨遭遇：要么被驱逐，要么被送往天主教的宗教裁判所接受惩戒。而在安达卢西亚这片神奇的土地上，从公元前 11 世纪到 1492 年，腓尼基人、希腊人、迦太基人、西哥特人、犹太人和摩尔人都留下了自己的痕迹。不同的文化融合在一起，在深受天主教化迫害的灰暗和绝望的经历中，苦难的族群之间形成了一种互相理解和同情的友谊，西班牙诗人、弗拉门戈研究者菲尼克斯·格兰德·喇拉（Félix Grande Lara）称之为"不幸的同伴关系"（Retamar，2009：57）。慢慢地，在安达卢西亚的艺术形式中，也掺入了复杂真实的情感，深歌的吟唱和弗拉门戈舞蹈也越来越多地用于表达悲伤和痛苦，并逐渐显现了洛尔卡所说的魔灵。

费德里戈·加西亚·洛尔卡不仅是格拉纳达之子，像内华达雪山，或达乌罗河和赫尼尔河的叹息，或圣米迦勒的青年，抑或圣山广场和阿拉罕布拉宫的月亮；他也是安达卢西亚的悲鸣和热血，在这片被爱与痛覆盖的土地上，融汇着不同的信仰和古老民族的文化。所有这神奇的力量照亮了费德里戈·加西亚·洛尔卡的创作花园。

（Narbona，2012：271）

吉卜赛民族的痛苦、深歌艺术、魔灵，都是安达卢西亚文化在历史发展的长河中产生的结晶。洛尔卡将它们从中提取、分解出来，展示给全世界，并不意味着它们中的某一个元素就与洛尔卡单独构成了联系。事实上，所有这些元素只能作为安达卢西亚的一部分，融合在这片神奇土地的文化中才与诗人紧密联系在一起。也许对洛尔卡而言，安达卢西亚就"如同马孔多对加西亚·马尔克斯，约克纳帕塔法对福克纳一样"（赵振江，2002：361）。洛尔卡作为享誉世界诗坛的西班牙作家，与其讨论他的吉卜赛渊源，不如说他作为安达卢西亚之子，是在向世界展示家乡的独特魅力。

参考文献：

白镜如，2013. 博物馆里的弗拉门戈精灵 ［J］. 中国国家旅游（2）：146－149＋14.

林大江，2017. 翠茜·史密斯的魔灵诗艺：从挽歌到科幻 ［J］. 外国文学（3）：27－36.

赵振江，2002. 西班牙当代诗坛的神话——浅析加西亚·洛尔卡的诗歌创作 ［J］. 欧美文学论丛（0）：343－361.

APARICIO GERVÁS J M, 2006. Breve recopilación sobre la historia del pueblo gitano：desde su salida del Punjab, hasta la Constitución Española de 1978. Veinte hitos sobre la "otra" historia de España ［J］. Revista interuniversitaria de formación del profesorado, 55：141－162.

CORREA RETAMAR H J, 2008. Poema del cante jondo y la ruta del duende ［C］//Actas del Simposio internacional de poesía española e hispanoamericana del Instituto Cervantes de Brasilia: 31 - 40.

CORREA RETAMAR H J, 2009. Federico García Lorca: de la teoría a la práctica del Duende ［D］. Universidade Federal do Rio Grande do Sul, Porto Alegre.

Elcante jondo-Primitivo Canto Andaluz ［EB/OL］. https://federicogarcialorca. net/obras_ lorca/el_ cante_ jondo. htm.

GARCÍA-POSADA M, MAURER C, 2012. Poesía completa de Federico García Lorca ［M］. Nueva York: Vintage Español.

GIBSON I, 1985. Federico García Lorca 1. De Fuente Vaqueros a Nueva York (1898—1929) ［M］. Barcelona: Ediciones Grijalbo.

HERNÁNDEZ J C, GARCÍA L V, BERTOMEU MARTÍNEZ M I, 1996. Gitanos: historia de una migración ［J］. Alternativas: cuadernos de trabajo social, 4: 87 - 97.

HERRERO SALGADO F, 1990. El gitano en la obra de F. García Lorca ［J］. AULA: Revista de Pedagogía (España), 3: 9 - 20.

Introducción al "Romance de la Guardia Civil española" de Federico García Lorca ［EB/OL］. http://www. orihueladigital. es/orihuela/puntos/ramon _ fernandez _ garcia _ lorca _ 201005. htm.

IRUSTA E B, 1989. La generación del 27 y Federico García Lorca ［C］//Actas del IX Congreso de la Asociación Internacional de Hispanistas. Berlín: Vervuert.

NARBONA A, 2012. Conciencia de identidad lingüística de los andaluces ［J］. Boletín de la Real Academia Sevillana de Buenas Letras: Minervae Baeticae, 40: 269 - 278.

RIZO LÓPEZ A E, 2005. Apuntes sobre la comunidad gitana española: Breves trazos de su historia en conexión con el contexto europeo ［J］. Diálogos Revista Electrónica de Historia, 6 (1): 179 - 229.

Teoría y juego del duende ［EB/OL］. https://federicogarcialorca. net/obras_ lorca/teoria_ y _ juego_ del_ duende. htm.

The Gypsy Complex of Federico García Lorca

Wu Yang

Abstract: The Gypsy elements play an very important role in the early works *El Cante Jondo* and *El Romancero Gitano* of Lorca. The critics and readers easily see him as one of the gypsies. This article tries to clarify the origin of the poet's gypsy complex and his real intention of using this literary element by extracting relevant information from the Spanish gypsy history, creation backgrounds of the works and his two conferences' contents.

Key words: Lorca; Gypsy; poem; Andalucía; duende

跨文化语汇差异的影像表象论

——以日本社会叙述为中心

黄晓波

（四川大学外国语学院，成都 610064）

摘　要：本文采用影像文本分析方法，选择以日本叙述为中心的三个较有影响力的文本为例，对其中出现的跨文化表达进行语言学－社会学的阐释，探讨语言表意、物质存在与表象实质之间的联结模式，力图呈现语汇语言与视觉语言的差异与关联，分析镜头语言的多样性，揭示文本的真实意图。

关键词：跨文化；语汇；影像表象；日本

随着全球化理念的普及，研究和利用语言的手段呈现出的多样性和交叉性令人咂舌，时至今日，社会语言学方法在此过程中得到广泛应用。通过视觉影像所展现的语言、语汇，尤其是由社会背景的不同引起的若干有关语言差异的问题益发显露多层面的价值。本文拟聚焦 21 世纪以日本为中心的国际性电影作品，就语言表意的可能性范围与视觉表象之间的跨文化背景关系进行探讨。因此，选择以表达"异域""异乡""异境"为主叙述逻辑的影片为讨论对象。

1.　奇异的外延——《迷失东京》(*Lost in Translation*)

该片由索菲亚·科波拉导演，获得 2003 年奥斯卡最佳原创剧本奖。故事讲述一名美国过气男影星鲍勃在日本拍摄广告的短暂停留期间，在东京偶遇一位随丈夫赴日工作的美国年轻新婚女性夏洛特的故事。

片中两位主角初踏日本首都东京，面对光怪陆离的霓虹灯与异国文字，丝毫不显好奇与兴奋，眼中充满疲惫与迷惑。置身陌生空间与人群之中，最值得信赖的沟通手段即语言或文字。蒙太奇镜头呈现的文字符号似是而非，纷杂繁复，让人茫然，直接呼应片名的"lost"（迷失）。"迷失"的状态，在以"r"和"l"发音混淆不清的情节设计中贯穿全片，既观照现实又揭示主题。发音的差异与混同，成为交流的障碍，暗示沟通壁垒可能超越语言、民族、个体，无处不在。社会人际交流所凭靠的语言，只要涉及相互输送，就是"translation"的各种变体或变异，借用符号学术语，就是某种

"transcode"（转码）。本片中，因辅音"r"和"l"的发音差异引起的各种不解、误会，以至夸张的表现，大致有 5 个场景，分别安排在暗含不同意味的段落中。

男主角鲍勃刚入住酒店，就迎来了特殊服务工作者。画面中的鲍勃背对镜头打开房门，老练的女人用职业化英语客套了一番，猛地抬起大腿温柔地指着自己的黑色丝袜反复对鲍勃说"lip them（stockings）"。不知来意的鲍勃一脸不解，女人见状急忙改用命令口气并粗鲁地推了鲍勃，反打镜头中鲍勃更加困惑。女人风情万种，手足并用，鲍勃最终明白女人口中的"lip"是"rip"之意。障碍疏通后，二人在推搡中意外撞倒了落地灯，画面漆黑一片，镜头切换至鲍勃独自平静吃早餐的场景。情境的戛然而止与视觉惯性之间升起的猝不及防的爆笑尚未出口，就在男主角的一脸无奈中瞬间变成哑然，从嘴边迅速滑落。快速剪辑突出了日本人特有的幽默感，女人含混不清的发音与夸张的身体语言相互叠加，放大了诞生于默片时代的无奈的滑稽。

第二次试镜段落中，经验丰富的日本导演和鲍勃进行短暂的交流之后，信口说出许多影星的名字希望鲍勃模仿。人名发音的相似性和鲍勃上一次失败的经验，让他迅速领会了导演所强调的重点。涉及人名共 6 个，日本导演主动提示的分别是"Rat Pack""Frank Sinatra""Roger Moore"，每个含有"r"的辅音，均变异为"l"辅音音节发音，戏剧的张力随导演每一次的张口层层递增，直至顶点，每个人名所对应的表情和做派被鲍勃模仿得惟妙惟肖。正反打镜头在二人间数次来回，对人名的纠缠与内涵的指涉之间产生的戏仿深意，成为忍俊不禁之后观者接到的一道思考题——"r"类音的频繁出现只是个巧合吗？

女主角夏洛特与鲍勃去日本朋友查理的公寓中唱歌嬉戏的片段中，发音变异通过话筒变为大特写镜头。日本歌手查理演唱着"性枪手"乐队的"God Save the Queen"，他用大舌弹音夸张地重复演唱"it made you a moron"和"in England's dreaming"，带"r"的音节都在两句最后一词上，加强发音形成弹音押韵，变异为颤音、边音、弹音多音混合体，摇滚的激烈乖张用日式英语蜻蜓点水般诠释出来，明示人际沟通之不易。

鲍勃和夏洛特熟稔后同看日语版意大利电影《甜蜜的生活》时，谈及日本人总是把"r"发音成"l"，鲍勃解释说他们故意弄混，目的是"搞笑"，后来鲍勃故意把夏洛特受伤变黑的脚趾说成"brack toe"反客为主打趣日本人。看似不经意的玩笑向观众抛出在不知何谓有趣的人生中如何造味之设问。由于日语调音部位的限制，所谓"搞笑"只是发音主体不自知、非自主的行为，凸显异国语言壁垒带来的跨文化解释的烦恼，和无聊的人生相形对照不过是五十步与百步的关系，就像新婚不久后不知所措的夏洛特嘲笑鲍勃的中年危机一样。

鲍勃在人生低谷中遭遇的无力、无奈、无聊仿佛看不到尽头，任何轻触都会产生蝴蝶效应。鲍勃入住的酒店 Park Hyatt，是世界酒店知名品牌凯悦旗下档次最高、最精致的酒店。第二次试镜结束之后鲍勃使用酒店健身房的跑步机，听到的竟然也是日式英语。当机器发出"training"的命令时，鲍勃无法跟上跑步机时的动作，再次引发观众暗笑，这段狼狈的"人机大战"暗示以多重身份回旋人际的鲍勃已筋疲力尽，无力掌舵的人生就像难以控制的机器。

导演索菲亚·科波拉通过主人公发出日本人为何分不清"r"和"l"的发音的疑问，其意图并非在片中编织答案。此疑问牵连的语言学诸多问题的解决办法，与经典之作《窈窕淑女》一样可能成为解读该片的有效途径。现代日语中含有大量英语外来词，均是音读发音，实际上就是英语发音。但是，从语音学角度看，"r"和"l"作为辅音标记属于舌尖颤音、闪音以及舌边音，音位学中这三种音都归于"流音"类。由于r类音和边音之间有分布上的相似性，所以这两者之间不同的交替现象使它们关系密切，日本人常把"r""l"的发音作为完全的自由变体。而基于历史上的相关性，"r"类音又都用"r"进行标写（赖福吉等，2015：303 - 307）。"r"类音在音声学上的共同特点就是都有"持阻"（赖福吉等，2015：306），根据雅各布森的音系学理论的"区别特征"原理，迄今得以确认的音位对立区别特征有12组，其中以发音持阻的有无来区分音位的组合是"延续性—阻断性"的对立。而"r"类音有发音持阻现象，与没有持阻的延续性边音"l"即属于此组合，前者取"＋"值后者取"－"值形成正负对立。也即，在准确发"r"和"l"音的场合，由于二者的调音位的区别性，这两个音是不易混淆的。但是，区别性可能受到多重因素的挑战，其结果就是区别性的减弱甚至消失（曲长亮，2015：269）。作为日语外来语发音特征之一，"r"辅音习惯性被"l"辅音发音替代，导致前者发音趋同于后者，二者的区别特征几乎消失，成为本片中发信者和接收者之间若干误会产生的根源。甚至片中的广告商"suntory"一词最后一个音节的发音虽标写为"ri"，但听起来也接近"li"。

如果语言共同体系统是根据地域因素区分的，那么就存在语言怎样突破"乡土根性"增强自我"交际力量"的问题。在交际需求的刺激下，身在异乡的鲍勃必须掌握所在地的语言特征以"适应"（accommodation）对方的说话方式。雅各布森曾在论述语言联盟时，把语言的特异与趋同之间的平衡由方言之间扩展至不同语言之间，"像'别人'那样说话之趋势并不仅仅局限于母语。人们还希望被外国人听懂，还希望像外国人那样说话"（曲长亮，2015：183）。快速分辨出"r"和"l"辅音发音的混淆情况就是鲍勃"适应"日本的第一步，之后，他自如地与导演以及摇滚歌手交流，进入社会团体，组成同一阵营——"联盟"。

雅各布森的"区别特征"理论还指出，在语言的现实使用中，无论是区别特征的交换而产生的幽默效果还是偶发口误，都会被辨认出来，并不会造成交际中的误解。因为"语境提供了诸多区别特征以外的各类特征（许多甚至是非语言特征），使听话人不必纠结于区别特征本身，即可领悟说话人所传递的信息"（曲长亮，2015：269）。这个特点为接收者解码提供了参照，使交际可以通过更加轻松的方式完成（曲长亮，2015：262）。无论是语音还是词汇，都存在羡余性，其功能之一是"帮助听话人消除因信号变形或干扰噪音而造成的不确定"（曲长亮，2015：261）。鲍勃与日本女性第一次接触时，女方的肢体语言与表情是使不解最终消除的最明显区别特征。语言具有了羡余特征，表明它不同于纯粹的计算系统，其"背景""语境"，即支撑语言的外部社会系统要素也至关重要。上述障碍的打通部分上是由于"成熟男女深夜在酒店"的潜在语境。

语言音形的区别特征理论至此为视觉语言的阐释提供了一条语音－社会的可行路径。雅各布森提到羡余"是言语的特性，其实也是一切交际系统的特性"（曲长亮，2015：261），羡余本身意指多样性。为了使意义的传递得到保障和强化，创作多样化的表达策略给导演提供了英语以外的语言音效不以字幕解释的底气，锁定了本片跨文化题材的基调。

鲜明的表现手段，就"异国"语义场来说异乎容易，如西方与东方、白种人与黄种人、方块字与西文字母、内部家庭与外部社会、男人和女人等对立关系。浮于表面的对立关系在"r"和"l"混淆后却几近模糊，发音区别特征消失意味着区别"a"和"非a"标记性的缺席，"二元"对立消解，解构了非此即彼的认知框架，原有的秩序消弭。特征的趋同造成符号标出性缺失（赵毅衡，2016：279），符号个体失去风格，沦为整体的组成要素，就像鲍勃身上散发出中年男人普遍的倦怠感。同理，鲍勃的妻子给他寄来的各种红色地毯样本，也只是相互平行的众多元素之集合中的若干成员而已，都预设着它们的上义词（曲长亮，2015：117）——"红"。轻而易举即可建构起来的地域、国别、内外、性别、人种甚至物种的对立和差异，都随着鲍勃遭遇的尴尬现实渐次淡化，奇迹般被超越。

此意图被"恐龙–大象–人类（男女）"奇异组合的巨幕广告所印证，广告所指滑落，剪辑顺序才是指向的焦点——进化论，进化的实质是群体性和长期性，个体和时间概念被抽空，当下和将来在巨幕下匆匆而过的是无数个"鲍勃"和"夏洛特"。内涵的"城市"并非是相对于乡村的存在，长镜头的巨幕、霓虹灯箱、空镜头的都市建筑，在进化论的语境下象征人类物种赖以生存的都市丛林，"东京"空间意象的外延意义和地毯样本一样，止步于众多丛林中的"某一个"，暗示无特定空间。任意个体在丛林中都是不可量度的"孤独"存在，难以"翻译"的孤独暗喻都市丛林情感的荒漠化。鲍勃和夏洛特在酒店看的老电影是费德里科·费里尼导演的《甜蜜的生活》，该片的副标题是"现代荒原：罗马"。《迷失东京》这部影片借用与老电影之间的互文性，直指现实荒原中萍水相逢的男女主人公背负的孤独的普遍意义，也即母题之所在。

2. 实在的虚化——《如沐爱河》（*Like Someone in Love*）

该片名中不定代词"某一个"（someone）的词性注定它是天生表达"普遍"意义的宠儿，如前文所论，普遍缘起差异性的超越。同是外国导演利用异国空间的言说，在超越语言表达方面，伊朗导演阿巴斯·基亚罗斯塔米表现得更加彻底，他在 2010 年的作品《合法副本》（*Certified Copy*）中已尝试用三国语言表现探索了"真与假"的价值所在。在 2012 年的《如沐爱河》中，他全然摈弃了多语种形式，完成了采用纯粹语种表现他国故事的实验，完全超越语言以及隐于其后的文化高墙，传达出表现"某人的日常"的意图。这位中东导演完成了一部不属于意识共同体的日语电影，其本身构成的就是令人费解的勾连。如前所论，在异国言说的语境下，语言表达被赋予的外在或内化的意义多元而至关重要。

本片讲述了东京一位女大学生松田明子通过援助交际来维持学业，并和一位退休的社会学老教授渡边相遇，发生在 24 小时之内的故事。片中出现的主要角色有三个，除了渡边和明子，还有明子的男朋友樋口典明。事实上，影片中表现的家庭以及社会关系远不止三人。影片大量运用手机、电话、收音机等机器媒介传达出来的语音台词作为实时画外音，揭示社会关系，这是该片一大特色。就话语表达来说，让·米特里（2012：296）认为"对它的探索可以让我们在人的话语之外发现人。电影不是为了给影像附加概念而使用话语"，它应该创造自己特有的含义。

独具一格的语言表达方式，镜头之间、画面与机器当中传出的话语音效组合所形成的蒙太奇效应，使得语言超越了影像，词语的传达、表现和理性剖析，不单纯是从影像那里获得的一种延伸、一种回响，它关联着激情从无到有、从低到高，影像的合理性完全被语言主宰。音效主导、画面辅助的搭配显得妙不可言，明子在出租车上所听电话留言，清楚地表明了女主人公的社会关系和财政状况。特别是来自家乡的祖母的十通留言，老年女性絮叨沙哑的嗓音与明子憔悴的面容所形成的音画蒙太奇，统辖了明子整个心理历程与情节展开，明子的表情从疲惫麻木到愕然再到切肤的愧疚，都极致而恰当。爱孙心切且执拗的老人的孤单身影，于人潮车流的远景镜头中时隐时现，与身后威武站立的德川家康铜像形成反差，刹那间明子潸然泪下。另一层维度的反差，出现在随后出租车司机漠然、莫名的脸部镜头中——某人的情感高潮与在场的他人毫无瓜葛，人与人之间的鸿沟如夜幕般深不可测。之前音效为明子个人情感的起落服务，之后收音机音效看似服务于司机，实则暗示东京的外来者明子回到大城市"谋生活"的现实状态，涂过口红的明子的鲜红嘴唇作为生活所迫的显在，定格在画面正中。在都会大学求学的乡下女学生为生活所迫而从事援交的社会性问题，是故事成立的根本前提。

与鲍勃的经纪人和妻子一样，声音大于形象的明子"祖母"的存在，催生激情与高潮并为明子"祖父"的出现提供合理性。明子男朋友典明事先知道"祖母"来京，于是臆断开车送明子上学的渡边教授是其"祖父"。脉络的延展根因在语言本身，日语中家庭成员的称呼方式，不以父系或母系区分，汉语称呼的"爷爷""外公"在日语中都是一个词"お爺さん"，"奶奶""外婆"也只用"お婆さん"表达。初次面对"恋人的至亲长辈"，典明态度谦恭而卑怯，试探得到的都是渡边不置可否的回答。镜头来回切换二人的欲言又止和闪烁其词，让狭小的车内空间由于紧张陡然令人窒息，情节张力似要撑破车窗玻璃。此处的语言性逻辑纠缠，显然没有作为社会人存在的"伦理身份"名片更重要、更被重视。深谙社会学的渡边按照常识思维，利用达尔文式的假设句彻底完成了自我人物设定，无不实之言却让典明陷入了需要无数谎言来填补的虚构故事空间。日语中人物称谓用语符号分节的模糊性，是导致典明错误划分人际关系、自发讨好渡边并造成二人不平等关系的根源。

考试结束后明子重新进入画面，三人行的尴尬通过正面机位一览无余。渡边从后视镜中看到周身僵硬的明子，询问其考试情况，才打破近 40 秒长镜头的情绪僵持，二人对话断续涉及"进化论""达尔文""涂尔干"。回想渡边和典明之前在车内的谈话，前者以长者身份规劝典明放弃结婚念头，后者执着于得到认可而难以接受，认为自己之所以想跟明子结婚是因为担心明子在生存环境近乎残酷的社会里受到伤害。明子援交少女的身份与"适者生存"的进化论产生了语汇蒙太奇——弱者为了生存下去，不被社会淘汰，只能不择手段、不畏伤害地活下去，成为故事展开的充分条件。从乡下来到大城市读书的明子携带的符号表意，配置到涂尔干社会学语境中，蕴含其象征系统所囊括的形成"机械团结"和"有机团结"（涂尔干，2017：11 - 159）的几乎所有的二元对立。

按照涂尔干理论，两种团结形式的若干影响因子中，从"人口多少""社会成分""社会单位""团结来源""社会紊乱形式"等要素来看，明子乡下老家和都市大学明显对应涂氏犯罪学理论中的"机械团结"与"有机团结"，明子祖母的留言提及的家庭、人口等，影射着明子父母的缺位，家庭成员数量少且关系单纯，朋友不多且具有同质倾向；与此相对，都市社交圈相对复杂，掮客、老乡、恋人、司机、客户等均身份异质。前者都是家属成员，有集团意识；后者的关联因社会职业而起，属于因劳动分工而形成的网络。社会学教授渡边、汽车修理店老板典明、大学生明子三者主要关系的建立首先是社会分工造就的。分工合作者之间"形成牢固的关系，失范就不可能产生"，与明子模糊的契约关系使教授打破契约平衡，失范（涂尔干，2017：328）在先，遇到典明后利用伪家长身份开启了圆谎叙事机制。

三人行后，教授与明子再相见，明子捧着受伤的脸颊一言不发，二人之间的契约关系解除，联结二人的是介于"怜悯"与"爱"之间的情感，理应"沐浴在爱河中"的明子与典明的故事被隐藏在画面背后。结合影片开头明子应对男友和经理简单粗暴的方式，单纯且不善言辞的明子无力对抗男友的盘问吐露真相，典明恼羞成怒付诸暴力，语言与想象共建的信任机制化为泡沫，二人的青涩故事走出逻辑暗线呈现于观者脑中。容量有限的视觉文本主动采取明暗线剪辑策略，符合语言的经济性原则，简洁明快，直击人心。

　　偶然组成的三人群体社会里，不平等关系让临时产生的团结很快走到尽头。渡边的话语系统象征社会规范、社会舆论、道德意识的混乱，让典明感觉到被欺骗，欲望和渴求受到假祖父的阻碍难以实现，个人情绪因而失控，产生失范状态。愤怒至极的典明打破是非对错的规则，离开应有的方向并跨越界限，在失去规则的混乱状态中，以不恰当的方式满足需求，出现了打砸等越轨行为。

　　片名中的"love"包含的情感范围较广，从道德范畴来看，可以理解为人类的仁慈、同情，可以用于描述对他人、自己或动物的同情等①。涂尔干也曾提到"强者对弱者"怀有特有的"同情心"（法语：sympathie）（涂尔干，2017：19），与"怜悯、共情"有共同成分。渡边与明子讨论《教鹦鹉》油画时，画面中穿和服女子教鹦鹉说话是人对动物的共情行为，可以理解为"爱"，"lovebird"就是一种小型鹦鹉，具有象征意义。对这幅油画，明子的理解却是"不似人教鹦鹉，倒像鹦鹉教人"，双义解读使得"教"所象征的"爱"的行为主体模糊，甚至颠倒。参照物油画被赋予的义务是提示施爱与被爱的两方在现实生活中的抵牾，在强者渡边面前，本应提供"爱"的援交少女明子却被怜悯、"被爱"；男友典明本意是保护明子在残酷无情的社会中不受伤害，却意外成为加害者。从道德角度审视，人们之间的共情行为变得复杂而广义，更多的是介于"怜悯"与"爱"之间的"似爱非爱"，其元语言所指乃片名词"like"。

　　身份与"爱意"理应最清晰丰满的明子祖母，也因形象缺失，与任意解读的油画一并成为主体性不确定的符号标记，物质意义上明确的现实社会总是令人充满怀疑而被虚化。结尾部分打砸骂街的典明只闻其声不见其人，被彻底虚化，其狂怒和暴力只能通过声画蒙太奇才能实现逻辑延续和视像化。音效处理成为形象虚化的直接手段，而虚化的形象更加深刻，主题更加清晰。爱与怨、理智与情感、伦理与法律、正义与邪恶、平和与暴力都变得界限不明，渴望爱却被道德束缚，"爱"是加害与被害、操控与被操控双方论理中的政治正确，极易导致解释漩涡与情感悖论。进化论中，与怜悯相关

---

① "Love can also be a virtue representing human kindness, compassion, and affection— 'the unselfish loyal and benevolent concern for the good of another'. It may also describe compassionate and affectionate actions towards other humans, one's self or animals." https：//en. wikipedia. org/wiki/Love.

的反应是普遍价值观，它不会因国家、种族、文化不同有异，其实质是为降低痛苦而进化出的一种独特的情绪（王瑞乐，2013：216）。残酷的是，现实痛苦却总是在"爱"的名义下越来越深重，这也许就是饱经战乱与思想控制的伊朗导演阿巴斯所体察并试图让"我们"看到的普遍真相，无论是在日本还是在伊朗。

3. 异类的跨越——《你的名字。》（君の名は。）

异质空间内主体性不明确伴随的往往是身份认同的主题，上文中的"鲍勃""夏洛特""明子""典明"以及下文将出现的"泷"和"三叶"无不在此问题上困惑不已并追寻着答案。"泷"和"三叶"是2016年在华最高票房日本动画电影《你的名字。》中的男女主人公，故事讲述不同时空下，生活在东京的高中男生立花泷和母系家族经营地方神社的高中女生宫水三叶之间发生的灵魂和身体互换事件，二人在交换的过程中产生了爱恋之情，尽管约定不打扰对方生活，却被一次彗星撞地球事件改变了人生轨迹。

与《如沐爱河》中作为人际交往工具的电话、传真等承载重要使命一样，《你的名字。》中的手机、记事本等也是传播信息的重要工具。两人身体交换之后各自发生的异常事件通过手机、记事本等都做了详细记载，由于影片"穿越"的交叉叙事，自始至终二人都并未在同一时空中直接交流。每当借对方的躯壳成为对方生活的参与者时，但凡自我表达均如演员一般思考与角色匹配的话语、动作乃至思想。为避免体内的"真我"暴露，二人约定了禁止事项，画面闪现的内容反映出同一文化共同体语境内部次级共同体的认知跨越，双方的目的是实现差异的跨越式克服。生活习惯、男女用语、俚语方言、身姿手势以及一概物质性事件，镜头不厌其烦地刻画满屏文字的手机、手帐、日记，暗示二人世界共同体的建构，实现的最终是语言到言语的全方位互换。

定位自我（对方）生活的正确坐标，语言是必经之路，语言"最重要之处在于它能够产生想象的共同体，能够建造事实上的特殊的连带（particular solidarities）"（安德森，2005：125）。女主人公三叶在首次变身之后提及"我"时，先后用了"わたし""わたくし""ぼく""おれ"四个第一人称代词。作为现代日语中第一人称一般性用词，不问性别、场合、亲疏关系最常用的是"わたし"，它用于类似于小共同体的三人帮成员时，比如街上遇到外国人打招呼说"你好"，缺乏归属感，日本文化中特别重视的集团意识导致其依然被同伴质疑。初来乍到的"三叶"（身体是立花泷）意识到二人的讶异，尚以梦境中的"客"位身份继续交流，改用兼具对公性质和尊敬意味的"わたくし"后再次受到质疑，三叶领悟到即便是梦境也必须表演逼真方能通关。此时，三叶身上的性别意识苏醒，起用了第一个男性用语"ぼく"，该词通常对同性同辈或长辈使用，质疑犹存。"三叶"迟疑间不得已说出略显粗鲁的同辈间用词"おれ"之后，语汇变化显示出对小集团的语言忠诚，拉近社会距离，正常社会关系得以恢复，"三叶"终被同伴认可。"语词的意义产生于人对生命经验世界的抽象"（卡西尔，1988：73），语汇的攻与守实则是心理战的对峙与步步逼近连带感中心的过程，是主体性显现的痕迹寻求自我证明和身份认同，恰当的第一人称语才是打开共同体大门①的密钥。层层递进的用语让男儿身女儿心的"三叶"找准"他者"的坐标，走向憧憬已久的大都市东京，探索异乡秘境。变身后的"立花泷"亦然，二人顺从神话的肌理体验与游戏现实中的人生际遇。

　　语言与物质的可控时刻映衬着思想的不受控，"真我"难以隐藏。在频繁发生的身体交换中，"他者"和"自我"的双重人格互相碰撞和妥协，二人"共谋"为双方开创了崭新的人生。在对方的世界里经历着"破坏"与"建构"、"放飞"与"克制"、"主宰"与"妥协"、"强势"与"软弱"、游走在他人生活里的肆意妄为和回到现实后的尴尬难堪之间，仿佛一个人的潜意识与显意识的互动与抗争。在荣格的分析心理学结构中，潜意识与显意识的交战与互动实质是某种变形，是当双方的心灵相互纠缠时发生在其间的互动魔法（interactive alchemy）（滕琪，2008：138）。变形题材并非神话所特有，但其超现实的特征常使其位列神话系谱，它甚至是系统庞大的创世神话叙事结构内故事进展的支配条件②（卡西尔，1988：152）。变形神话多是人与异类间的互换，从此视角考察，人际互换的变身物语升格为神话也成为某种可能。剧中三叶好友敕使河原克彦一句戏言道破天机，他提及的"埃弗雷特的多世界解释理论"，为升级提供了可能性话语支持。

　　手机记录隐喻着记忆（回忆），二者只有通过象征过去的记忆才能联结

---

① 《共同体》作者齐格蒙特·鲍曼语："共同体一旦'解体'，它就不能像凤凰涅槃一样被再次整合为一体……再多的汗水，也永远不会重新打开那扇通往共同体的天真、原始的同一与安宁的大门。"

② "如果神话世界有什么典型特点和突出特性的话，如果它有什么支配它的法则的话，那就是这种变形的法则。"

当下，可是"当下"总是被变身解构，沦为缺乏实感的"过去"。从时间设定来看，二人之间存在三年的时间差，暗合二人互为过去与未来，"当下"并不存在。仿佛二位一体的两面神雅努斯，因丢失了"现在"而丢失了罗马城，二人不能在现实中相逢，三年时间差就是他们的"罗马城"。彗星撞地球事件中止了他们各自的"当下"，直接跨越到"三年后"的未来，雅努斯象征的未来与过去弯转了时间，原本线性的宏大神话叙事翻转成为微观环形叙事。

大爆炸结束了三年前的过去，开启了三年后的新生。时空错位磨灭了彼此的记忆，遗忘与追寻成为新生后二人的日课，重逢时彼此的问候仍然是"你的名字是?"。经历奇遇的二人情感得到升华，实现了"我即你"的合体状态，可是大爆炸分裂了合体神，待混沌重开，各自不明就里在异时空里寻觅，实则寻找的是失去的另一半自我，对"你的名字"的质问演化成对"我的名字"的困惑。导演新海诚利用新神话体系的重建，在这个找寻自我的现代主义青春神话疗愈命题中剑指"我是谁?"这个永恒的哲学母题。

参考文献：

安德森，2005. 想象的共同体：民族主义的起源与散布［M］. 吴叡人，译. 上海：上海人民出版社.

卡西尔，1988. 语言与神话［M］. 于晓，等译. 北京：生活·读书·新知三联书店.

赖福吉，麦迪森，2015. 世界语音［M］. 张维佳，等译. 北京：商务印书馆.

米特里，2012. 电影美学与心理学［M］. 崔君衍，译. 南京：江苏文艺出版社.

曲长亮，2015. 雅柯布森音系学理论研究——对立、区别特征与音形［M］. 北京：世界图书出版公司北京公司.

滕琪，2008. 变形神话之法则的若干视角［J］. 复旦学报：社会科学版（1）：135-140.

涂尔干，2017. 社会分工论［M］. 渠敬东，译. 北京：生活·读书·新知三联书店.

王瑞乐，2013. 怜悯：一种进化而来的独特情绪［J］. 科技信息（7）：190+216.

赵毅衡，2016. 符号学：原理与推演［M］. 南京：南京大学出版社.

Image Representationism on Cross-cultural Vocabulary Difference: Focus on Japanese Society Narrative

Huang Xiaobo

Abstract: This paper adopts the method of image text analysis and chooses three influential texts centered on Japanese narrative as examples to explain the cross-cultural expressions in them from linguistic-sociological perspective. It explores the connection mode between linguistic meaning, material existence and the essence of image, and tries to present the differences and connections between vocabulary language and visual language, and to analyze the process of diversity of lens language to reveal the true intention of the text.

Key words: cross-cultural; vocabulary; image-representation; Japan

国际媒体 "一带一路" 新闻报道研究
——以英国主流媒体报道为例

李红波

（四川大学外国语学院，成都 610064）

摘　要：国家形象传播是近年来学界重要的研究领域和议题。当前，随着综合国力的不断提升，中国正以东方发展中大国的良好形象呈现在世人面前。"一带一路"倡议提出五年以来，得到了越来越多国家和地区的积极响应，但同时我们看到，由于东西方文化的差异、意识形态的偏见以及中国对外传播力不足等原因，中国国家形象在传播过程中呈现出不稳定的复杂图景，存在被误读误判和"他者化"等诸多问题。本文根据 2016 年以来搜集的以《金融时报》、英国广播公司、路透社、《经济学人》、《卫报》等新闻媒体为代表的英国主流媒体对"一带一路"及其相关题材的报道为研究参考对象，探究英国公众对中国国家形象的认知，并在此基础上进一步分析主流媒体报道中的中国形象。

关键词：一带一路；英国主流媒体；中国形象

1. 引言

"一带一路"倡议是在中国经济"新常态"下提出的，整体倡议思路形成于 2013 年，完善于 2014 年，实施于 2015 年。"一带一路"倡议提出五年以来，得到了越来越多国家和地区的积极响应。当前，中国依托政策沟通、设施联通、贸易畅通、资金融通、民心相通的"五通"方式，广泛地参与"一带一路"沿线各国的经济建设，并逐步搭建更加公正、和平、互惠共赢的国际合作平台。"一带一路"目前所覆盖的六十多个国家和地区的地理历史背景与经济发展情况各不相同，又相互关联。英国作为"一带一路"的重要参与国家，具有独特的地理位置、文化传统、历史经历和优势产业。根据搜集的英国主流媒体样本，英国国内各方对"一带一路"的观点不一，但随着对"一带一路"的逐渐了解，其认知也在不断发生变化，英国各界表现出对"一带一路"倡议更大的参与热情和研究兴趣。英国新闻界对丝绸之路经济带与欧亚经济联盟之间的关系、二者的互联互通方式以及发展前景等问题提出了看法，并就"一带一路"实施的现实意义、存在问题以及对英国的影响进行了深入的思考和分析。通过对英国新闻媒体报道进行研究分析，我们不仅可以了解英国社会如何看待"一带一路"，还可以从侧面勾勒出英国媒体眼中的中国形象。

2．英国新闻媒体环境

英国属于较早开办近现代媒体的国家，其主流媒体主要分为三类：第一类为通讯社，有路透新闻社和新闻联合社；第二类为广播电视，有英国广播公司、商业独立电视公司等；第三类为报纸、期刊，有《金融时报》《经济学人》《卫报》《每日邮报》等。在此选取具有代表性的新闻媒体对其创办时间和风格做简单的介绍和分析。

2.1　路透社

路透社（Reuters，Reuters Holdings Plc. RTR）由英国人保罗·朱利叶斯·路透于 1850 年在德国亚琛创办，次年迁往英国伦敦，之后总部一直位于英国。目前是世界前三大的多媒体新闻通讯社，在 128 个国家运行发展。该社主要是提供各类新闻和金融数据，是全球最大的金融数据公司以及全球主要的财经新闻和信息提供者。路透社给报刊、电视台等媒体提供新闻报道，以及时、准确、客观而充分的新闻报道风格享誉国际社会。1984 年，路透社在英国伦敦证券交易所和美国纳斯达克挂牌上市，成为公开上市公司。路透社在中国开展有一些业务，主要涉及财经新闻报道等。

2.2　英国广播公司

英国广播公司（British Broadcasting Corporation，简称 BBC），成立于 1922 年，是英国最大的新闻广播机构，也是世界最大的新闻广播机构之一。英国广播公司是一家由政府资助但独立运作的公共媒体，长久以来一直被认为是全球最受尊敬的媒体之一。在相当长的一段时间内，英国广播公司一直垄断着英国的电视、电台。目前，英国广播公司经营着 8 个电视频道、10 个广播频道，还经营着直接由英国政府资助的 43 种语言的全球广播。此外，英国广播公司还提供包括书籍出版、报刊发行、英语教学、交响乐团和互联网新闻在内的各种服务。

2.3　《金融时报》

《金融时报》（*Financial Times*）创刊于 1888 年 1 月 9 日，最初名为《伦敦金融指南》（*London Financial Guide*），同年 2 月 8 日改名并维持至今。

《金融时报》主要报道商业和财经新闻，并详列每日的股票和金融商品价格。该报在全球 23 座城市设有分社，就当地时事作第一手报道。《金融时报》是一家领先的全球性财经报纸，其在美国、英国、欧洲和亚洲发行的四个印刷版本共拥有超过 160 万名读者。

2.4 《经济学人》

《经济学人》（*The Economist*）由詹姆士·威尔逊于 1843 年 9 月创办，其创办目的是"参与一场推动前进的智慧与阻碍我们进步的胆怯无知之间的较量"，这句话被印在每一期《经济学人》杂志的目录页上。《经济学人》主要报道政治和商业方面的新闻，但是每期也有一两篇针对科技和艺术的报道以及一些书评。杂志中所有文章都不署名，而且往往带有鲜明的立场，惯用事实说话。从 2012 年 1 月 28 日起，该杂志开辟中国专栏，为有关中国的文章提供更多的版面。

2.5 《每日邮报》

《每日邮报》（*Daily Mail*）由北岩爵士创办于 1896 年，被认为是英国现代资本主义报业的开端，是英国最早的现代报纸，是一份知识性很强的通俗日报。该报与后来创办的《每日快报》《每日晚报》并称为"三每报"，被誉为具有英国特色的新的大众报纸。2013 年 8 月，网络版邮报（*Mail Online*）正式开通，为全球的网民免费提供纸质版的全部内容。2015 年 3 月，《每日邮报》的网络版邮报与《人民日报》展开在线合作，双方每周在线交换约 40 篇报道。

2.6 《卫报》

《卫报》（*The Guardian*）是英国的全国性综合日报，由约翰·爱德华·泰勒创办于 1821 年。总部最初设立于曼彻斯特，因而被称为《曼彻斯特卫报》，1959 年更名为《卫报》。一般公众视《卫报》的政治观点为中间偏左，《卫报》关注的领域包括世界主义观点、文艺报道和评论以及外国通讯。它与《泰晤士报》《每日电讯报》同为英国著名报纸。在英国，人们也把《卫报》戏称为"愤青报纸"。

通过对以上具有代表性的新闻媒体的简单介绍可以发现，英国的各个媒体在创设之初以及在后期发展过程中，都形成了自身独特的报道风格和新闻定位，也形成了各自的受众群体，因此，在涉及"一带一路"倡议报道之时，也会有各自不同的报道风格和新闻角度。自 2016 年以来，英国媒体对华报道的态度和倾向随着时间的推移有所不同，英国媒体对华报道有着相对客观的认识，并倾向于承认中国的发展，能够秉持中立态度的媒体较多，这说明英国媒体已经逐步认识到了中国自从改革开放以来的发展所产生的实际效益和发展势头。

但是，需要注意的是，英国新闻媒体对中国发展的客观认识主要存在于经济发展范围之内，其对中国政治制度、地缘关系以及政治事件等方面的报道，仍然存在意识形态方面的偏见和观点上的片面化。

3. 英媒对"一带一路"倡议的报道内容分析

3.1 报道"一带一路"倡议的主要媒体的情况

2016 年 1 月至 2018 年 2 月，对"一带一路"倡议进行报道的英国媒体相对比较集中，报道频次最多的新闻媒体是《金融时报》、路透社和英国广播公司，其他媒体相对较少（见图 1）。

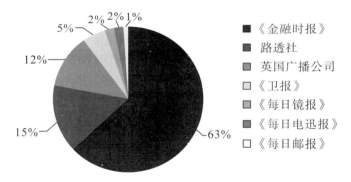

图 1 报道"一带一路"的英国媒体示意图

从图 1 可见，报道数量最多的是《金融时报》，占比 63%；其次是路透社、英国广播公司，分别占比 15% 和 12%；其余媒体均未超过 10%。可见，对于"一带一路"这一热点问题，英国媒体呈现出了涉及媒体面广、单个媒体集中报道的特点。这种情况一方面说明英国主流媒体，尤其是《金融时报》对"一带一路"保持了常态化的跟踪报道兴趣；另一方面，因为涉及媒体面广，也为英国更多读者了解"一带一路"提供了较为广泛的渠道。

3.2 报道议题分布情况

通过对所选的新闻报道主题进行分类，整理出报道数量排在前10位的新闻主题（见图2）。

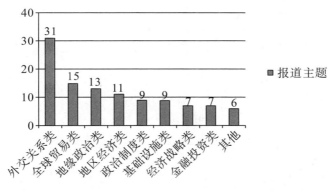

图2 英国媒体"一带一路"报道主题分布图

从图2数据可知，篇数最多的是有关外交关系的新闻，包括有关中英关系、中国与其他国家的关系的新闻，共计31篇。随后依次是全球贸易（15篇）、地缘政治（13篇）、地区经济（11篇）、政治制度和基础设施（各9篇）、经济战略和金融投资（各7篇）、其他（包括纺织业、制造业、军事等共6篇）。进一步对议题进行归并，关于外交关系、地缘政治、政治制度的文章划归"政治"大类别；关于全球贸易、地区经济、基础设施、经济战略和金融投资的文章列入"经济"大类别。从大类别的报道数量来看，"政治"议题以45篇的报道量成为建构中国形象的最大议题。而"经济"议题42篇的报道量则说明英国媒体一如既往地给予了中国经济发展极大的关注，在他们看来，"一带一路"倡议的推进不仅对中国经济发展有利，也将推动世界经济发展，尤其是英国希望借此巩固其脱欧后的世界金融中心地位。

总的来说，对"一带一路"这一倡议的报道，英国媒体在国际关系、国内政治、地区发展、基础设施建设等宏观问题上关注较多，英国媒体对"一带一路"倡议有一定的关注深度和报道广度，侧重于向读者群体介绍这一倡议的涵盖范围和潜在影响。

3.3 报道时间分布情况

在选取的新闻报道中，英国媒体对"一带一路"的关注时间段并不均衡，有着较大的波动起伏（见图3）：

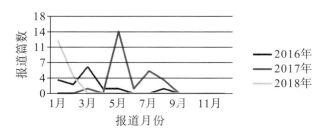

图 3 英国媒体"一带一路"报道时间分布图

根据图 3 可知，2016 年 1 月到 2018 年 3 月之间，英国媒体涉及"一带一路"报道的波动起伏较大，波动峰值的出现与英国国内政治经济热点、中英两国关系有着内在联系。其中最高值出现在 2017 年 5 月，主要是受到"一带一路"国际合作高峰论坛、欣克利角 C 核电项目开工建设等重大事件的影响，英国各界普遍关注到"一带一路"可能为英国自身和全球发展带来的机遇。随后的几个月，在脱欧的大背景下，英国首相特蕾莎·梅提出"全球化英国"构想，英国媒体报道的侧重点转向国内。次峰值出现在 2018 年 1 月，在这个时间段，尽管脱欧之举给英国经济蒙上了一层迷雾，但英国国际贸易部宣布对参与"一带一路"倡议的英国企业提供 250 亿英镑财政支持的利好政策似乎透露了积极信号，而延宕已久的特蕾莎·梅首次访华之旅则进一步引起了英国媒体的跟进报道。

3.4 报道的主要关键词

3.4.1 中英关系

自从"一带一路"倡议提出后，中英合作就逐步升级，在欧洲主要国家中回应最为积极的当属英国。早在 2013 年 12 月，时任英国首相卡梅伦访华，表态"英国将做中国在西方世界的最强支持者"，并欢迎中国参与英国基础设施升级。2014 年和 2015 年李克强总理和习近平主席先后访问英国，中英关系升级为"面向 21 世纪全球全面战略伙伴关系"，开启中英关系"黄金时代"，两国在能源、金融、交通、高科技、基础设施等方面签署巨额合同。2015 年 3 月，英国正式申请作为意向创始成员国加入亚投行，成为首个申请加入亚投行的欧洲国家，也成为首个申请加入亚投行的主要西方国家，此举为新成立的亚投行赋予更多的国际金融机构色彩。2016 年，中国成为英国增长最快的出口市场。2017 年，中英两国合作的"旗舰项目"——欣克利角 C 核电项目开工建设，中欧班列直通伦敦。同年 12 月，第九次中英经济财金对话在京举行，中英双方成立首期 10 亿美元的中英双边投资基金，投资于中、英及第三方市场的创新、可持续和消费驱动型增长机会，以创造就业、促进贸易，支持"一带一路"倡议。2018 年 1 月，英国国际贸易部宣布将对参与"一带一路"倡议的英国企业提供 250 亿英镑的财政支持。显而易见，此前种种合作成果已经为梅首相访华营造了良好的氛围，再加上此次随首相访华的英国经贸团阵容强大，中英或将达成更加丰富的合作成果。

尽管中英两国在知识产权、产业补贴等方面还存在分歧，但中国对英国而言无疑是"天然的"贸易伙伴。① 正如美国有线电视新闻网（CNN）一档名为《中英关系将走向何方》的节目所说："中国的新兴中产阶级正在崛起，其未来的消费模式将对全球经济增长至关重要。作为一个外向投资国和智力伙伴，中国对于英国来说地位越来越重要。"②

3.4.2 亚洲基础设施投资银行

亚洲基础设施投资银行［Asian Infrastructure Investment Bank（AIIB），简称亚投行］是一个政府间性质的亚洲区域多边开发机构，致力于基础设施建设。2013 年 10 月 2 日，习近平主席在印尼访问期间提出了筹建"亚洲基础设施投资银行"的倡议，表示"愿向包括东盟国家在内的本地区发展中国家基础设施建设提供资金支持，以促进本地区互联互通建设和经济一体化进程"。该倡议一经提出，就得到了印度尼西亚、马来西亚和泰国等东盟国家的积极回应与支持。随后，英国、德国、意大利、法国、沙特阿拉伯等纷纷加入。截至 2017 年年底，亚投行成员总数扩展至 84 个，成员从亚洲扩大到全球。而英国是西方国家中第一个宣布加入亚投行的国家，引发社会各界的关注和讨论。英国国际战略研究所一篇题为《亚洲银行：投资基础设施建设构建中国影响力》的研究报告指出，中国建立亚投行的主要目的在

---

① 《英国将如何在建设中国的新丝绸之路中发挥关键作用》，载《每日电讯报》，2017 年 5 月 29 日。

② Kerry Brown："How China-Uk Relations Have Evolved"，http://www.bbc.co.uk/news/world-33020110.

于"为全球经济治理机制设立新的规范和标准，并且提高本国在该机制中的话语权"，这代表了多数英国智库学者的观点。例如，欧洲对外关系委员会高级研究员顾德明（Francois Godement）认为，欧洲经济大国纷纷倒向"亚投行"而不是自己建立"欧投行"的原因在于英国等国家已经看到中国的发展前景，加入亚投行使欧洲的跨国公司有机会吃到亚洲基础设施建设的一块蛋糕。同时，他还认为中国将会调整现存的国际秩序，而不是主导或者推翻它。① 此外，还有英国学者持有人民币国际化的舆论观点。英国经济学家认为，"一带一路"的背后是中国实现人民币国际化以及保障地缘政治权力的愿望。② 事实上，在各国看来，亚投行是世界银行、国家开发银行和亚洲开发银行的强有力竞争对手，英媒曾刊文表示，亚投行的成功对中国来说是一个重大外交胜利，认为中国试图通过亚投行改变全球开发融资的不成文规则。③

2017 年 12 月，第九次中英经济财金对话在京举行，作为对话成果之一，英国承诺向亚洲基础设施投资银行项目准备特别基金捐款 5 000 万美元，并表示今后将继续加强在亚投行框架下的全方位合作和伙伴关系，将与中方及亚投行一道，确保特别基金高效运作，促进亚投行业务迅速覆盖低收入国家。

3.4.3 "一带一路"国际合作高峰论坛

2017 年 5 月 14 日至 15 日，首届"一带一路"国际合作高峰论坛在北京举行，来自 130 多个国家和 70 多个国际组织的 1 500 多名代表参会。本次论坛是习近平主席 2013 年提出"一带一路"重大合作倡议以来，中国就此召开的规格最高的国际会议，得到了国际社会的广泛支持。英国财政大臣哈蒙德（Phillip Hammond）作为英首相特使出席会议并表示，英国在基础设施融资方面是"一带一路"倡议的"天然伙伴"，希望共同推动倡议愿景变成现实。他同时指出，"一带一路"倡议为促进全球贸易增长提供了可行的途径。和哈蒙德持有相同观点的伦敦政治经济学院外交与国际战略研究中心高级研究员于洁表示，英国政府关注"一带一路"倡议，并期待在此倡议框架下与中国及"一带一路"沿线国家展开务实合作，而怎样从"一带

---

① 姚树洁：《亚投行：中国撼动世界地缘政治的里程碑》，载人民论坛，2015 年 4 月 20 日。
② 《英国将如何在建设中国的新丝绸之路中发挥关键作用》，载《每日电讯报》，2017 年 5 月 29 日。
③ 《北京试图以亚投行改变全球开发融资规则》，路透社，2016 年 2 月 16 日。

一路"倡议中受益,是英国最为关注的问题。总的来看,随着"一带一路"倡议的不断推进和阐释的加强,英国各界对"一带一路"的判断、措辞和情感态度都有着不同程度的变化。世界银行前首席经济学家布兰科·米拉诺维奇认为"一带一路"代表发展理念方面的一项重大转变,他强调说:"由中国主导的'一带一路'倡议通过将经济利益与政治分开,与今天采用的在更大程度上受意识形态驱动的方式相比,它或许能够更成功地解决政治领域的问题,并推动和平合作。"① 当然,英国媒体对于中国政府推进"一带一路"的动机,也存在着疑惑与不信任。如伦敦政治经济学院国际关系教授柯岚安则认为,"一带一路""中国梦""命运共同体"等提法都证明中国不仅仅是希望经济合作,而是旨在建立一个中国为核心的地区与世界秩序。

总的来说,虽然英国主流媒体的报道表现出对"一带一路"倡议心存忧虑和抵触,但显而易见的是,在这一阶段英国舆论对"一带一路"倡议表现出了更大的好奇心,渴望通过"一带一路"国际合作高峰论坛进行进一步的观察以增进对这一计划的了解。毕竟,英国参与"一带一路"建设具有无可取代的优势。据了解,伦敦金融城作为全球主要金融中心已经开始对"一带一路"倡议展开研究,而金融城企业,尤其是银行业,对"一带一路"建设中的融资也表现出积极兴趣。值得注意的是,在"一带一路"国际合作高峰论坛之后,中英两国已成立绿色金融工作组,共同制定"一带一路"绿色投资原则。

3.4.4 投资行动

英媒关于"一带一路"倡议的报道都强调了中国在东南亚、中亚、非洲、欧洲(尤其是东欧)国家和地区的项目建设,关注焦点涵盖沿线国家的港口、机场、道路、铁路建设,并称"一带一路"倡议的投资计划是单一国家发起的最大海外投资行动。② 多篇文章列举了中国在"一带一路"沿线国家的巨额投资,这些报道中的中国大有"财大气粗"之势。如《金融时报》在文章中指出:"北京发起的打造现代'丝绸之路'的多项双边协议正为中国公司提供进入'丝路'国家的特权,特别是建筑、能源和资源部

---

① 布兰科·米拉诺维奇:《西方陷入"软"发展,中国正尝试"硬"货》,载《卫报》,2017年5月17日。

② 《中国用"一带一路"战略包围世界 北京拟议中的9 000亿美元投资包括遍布亚洲的港口和铁路》,载《金融时报》,2017年5月4日。

门。"这也代表了大部分英国媒体的观点，英媒认为中国对"一带一路"沿线国家的基础设施项目进行巨额投资具有重要地缘政治和经济战略意义，不仅为建筑业和重工业输出过剩产能创造了有利条件，同时也包含着国内其他部门龙头公司的国际抱负。[①] 在英国银行业看来，中国承诺在中亚和东南亚、中东、欧洲和非洲等地的贸易和基础设施项目上投入千亿美元的资金，这勾起了在这些地区有业务的西方大银行的胃口，其中包括花旗银行、汇丰银行和渣打银行，他们争先恐后地表示要抓住北京提出的"新丝绸之路"贸易走廊上的庞大投资带来的机会。[②]

同时，也有观点将"一带一路"投资行为看作中国挑战西方主导的国际政治体系的战略举动，认为中国崛起为资本输出大国就意味着中国企业作为实物资产和智力资产的拥有者，必将扩大其在西方的影响力。

3.4.5 中欧班列

2015 年 10 月，习近平主席在伦敦金融城举行的中英工商峰会上，以"开放""多元""共赢"三个关键词点出了新丝绸之路的精神要义，中欧班列由此而生。自 2011 年 10 月重庆发出第一班直达杜伊斯堡的国际货运列车起，从中国到欧洲的铁路线变得日益繁忙。中国义乌成为目前开通中欧班列运行线路最多的城市，有通往马德里（西班牙）、德黑兰（伊朗）、车里雅宾斯克（俄罗斯）、马扎里沙里夫（阿富汗）、里加（拉脱维亚）、明斯克（白俄罗斯）、伦敦（英国）等城市及中亚五国的线路，其中英国由此成为与中国有铁路直接相连的第 8 个欧洲城市。随着通往伦敦的班列于 2017 年 1 月 18 日（当地时间）驶入伦敦火车站，"新丝绸之路"上有史以来行程最长的班列正式开通。对此，刚宣布"硬脱欧"的英国，以及中欧班列行经的欧洲各国大多表示欢迎。除了给途经国带来丰厚的经济利益外，英媒认为中欧铁路线是连接中国与欧洲的重大外交项目，具有重要的地缘政治意义。

《金融时报》发表文章称，"中国新丝绸之路列车抵达伦敦，宣告了中国的地缘政治意图"。文章还认为，对中国来说，希望通过"一带一路"消除欧亚两大洲之间的边界，拉近富裕欧洲国家与中国的距离，在消化中国过剩工业产能的同时，扩大在欧洲的新投资渠道。英国《国际商务时报》认

---

① 《丝绸之路复兴计划驱动中国投资运动》，载《金融时报》，2016 年 8 月 8 日。
② 《西方银行竞相获取中国"一带一路"倡议的合同》，载《金融时报》，2018 年 2 月 25 日。

为这条"现代版的古丝绸之路"将会引领东西方贸易关系进入一个新时代。随着英国采取行动脱离欧盟,英国首相特蕾莎·梅一直非常渴望加强与中国的国际贸易联系。英国《每日电讯报》称,中欧班列的到来恰逢其时,英国公投脱欧后,更加强调英国要面向更广阔的世界。报道称,中欧班列的机车名字给人丰富的想象,它来自毛主席的话"东风压倒西风"。这类报道似乎意味着这是欧洲开始转向东方。①

3.4.6 "16+1"合作机制

2012年4月,中国总理温家宝与中东欧16国领导人在波兰华沙会晤,提出关于促进与中东欧国家友好合作的12项举措,"16+1合作"由此起步。也就是说,在"一带一路"正式提出的前一年,中国与这16个国家的合作机制(即"16+1")开始形成。发展中国与中东欧16国的关系,加强多边合作,是"一带一路"的重要组成部分。作为"一带一路"沿线国家,中东欧16国对这项机制反应积极。2015年6月,匈牙利与中国签署关于共同推进"一带一路"建设的谅解备忘录,成为首个与中国签署此类文件的欧洲国家。10月,波兰签署《亚洲基础设施投资银行协定》。中国更是欢迎中东欧国家参与"一带一路"建设。在2015年11月中国与中东欧16国共同制订的《中国-中东欧国家的合作中期规划》中,中国与中东欧国家就"一带一路"倡议达成共识。与此同时,波兰、塞尔维亚、捷克、保加利亚和斯洛伐克五国分别与中国签署关于共同推进"一带一路"建设的谅解备忘录。2016年6月,罗马尼亚决定与亚洲基础设施投资银行商谈加入事宜。可见,就合作方向来看,"16+1"合作机制涵盖在"一带一路"之内,中国与中东欧国家的合作不仅在"16+1",而且在"一带一路"框架下进行。②

"16+1"开展多领域合作以来,中国与中东欧国家的多边关系不断改善、巩固和提升,不同领域中的双边和多边合作不断发展。但随着"16+1"合作规模不断扩大,合作层次不断深化,"16+1"合作日益引起其他利益相关者的注目。英国作为重要利益相关国之一,也关注了这一事件,多家权威媒体进行报道,路透社刊文指出,中东欧是中国落实"一带一路"倡

---

① Patrick Sawer: "East Wind train blows in from China to re-open Silk Road trail", https://www. telegraph. co. uk/news/2017/01/18/east‐wind‐train‐blows‐china‐re‐open‐silk‐road‐trail/.
② 高歌:《"16+1"与"一带一路":相同和不同》,载《世界知识》,2017年1月。

议，为国内企业开拓新的海外出口市场的重要组成部分。中国强调尊重欧盟的标准，试图寻找扶持大项目融资的新渠道新方法。中国倡议设立"16＋1多边金融公司"为贸易和投资提供资金，在英国媒体看来，这样既可以降低合作融资成本，政府也无须再为项目融资提供担保。而《金融时报》指出，由中国领导的政治和商业组织"16＋1"集合了11个欧盟成员国和5个非欧盟成员国的中东欧国家，16国均参与了"一带一路"倡议，这提升了中国在欧盟的影响力。①

3.4.7 蓝色经济通道

2017年6月20日，中国国家发展改革委和国家海洋局联合发布《"一带一路"建设海上合作设想》（以下简称《设想》），提出要重点建设三条蓝色经济通道，以中国沿海经济带为支撑，连接中国—中南半岛经济走廊，经南海向西进入印度洋，衔接中巴、孟中印缅经济走廊，共同建设中国－印度洋－非洲－地中海蓝色经济通道；经南海向南进入太平洋，共建中国－大洋洲－南太平洋蓝色经济通道；积极推动共建经北冰洋连接欧洲的蓝色经济通道。

这是自2015年3月28日中国发布《推动共建丝绸之路经济带和21世纪海上丝绸之路的愿景与行动》以来，中国政府首次就推进"一带一路"建设海上合作提出中国方案，也是"一带一路"国际合作高峰论坛的成果之一。马来西亚皇京港、斯里兰卡汉班托塔港、巴基斯坦瓜达尔港、伊朗恰巴哈尔港、以色列海法新港、希腊比雷埃夫斯港等，这些港口与"21世纪海上丝绸之路"的走向基本吻合。

英国媒体和专业研究机构显然也注意到了蓝色经济通道对中国经济与地缘政治的双重作用，在《设想》发布后的次月就予以高度关注。英媒称，中国正在加大力度收购境外港口，扩展其作为海上大国的触角范围，并且在推进开辟北冰洋新航线的计划。伦敦投资银行格里森斯·皮克（Grisons Peak）的一项研究报告称，"中资企业已宣布的拟收购或已投资的9个境外港口总价值达到201亿美元，这一活动水平是一个急剧加速的投资水平并不

---

① 《中国坚定不移地走自己的全球化道路 北京和西方之间日益不和预示着制度的冲突》，载《金融时报》，2017年1月21日。

让人意外"①。总体上看来,英国媒体关于"蓝色经济通道"的报道比较客观公正,但在转引相关人士的话语时仍能看出报道的倾向性,如援引萨塞克斯大学专家观点说,以东南亚为重点表明中国希望打造"睦邻友好"的地区关系,但"领土争端、中国经济实力以及资源需求等问题也在不断引发一些争议"。

3.4.8 基础设施

2015 年 3 月 28 日,国家发改委与外交部、商务部联合发布了《推动共建丝绸之路经济带和 21 世纪海上丝绸之路的愿景与行动》,明确基础设施互联互通是"一带一路"建设的优先领域,而陆路通、水路通是"一带一路"的首要和当前重点。根据"一带一路"走向,陆上依托国际大通道,以沿线中心城市为支撑,以重点经贸产业园区为合作平台,共同打造新亚欧大陆桥、中蒙俄、中国中亚-西亚、中国-中南半岛等国际经济合作走廊;海上以重点港口为节点,共同建设通畅、安全、高效的运输大通道。在 2017 年 5 月"一带一路"国际合作高峰论坛期间,习近平主席宣布,中国国家开发银行、中国进出口银行将分别提供 2 500 亿元和 1 300 亿元等值人民币专项贷款,用于支持"一带一路"基础设施建设、产能、金融合作。在 2017 年 6 月初召开的第八届国际基础设施投资与建设高峰论坛中,"中英基础设施论坛:聚集东非和英国"是 14 场平行论坛之一,英国国际贸易部特别顾问、伦敦前副市长爱德华·李斯特爵士(Sir Edward Lister)出席并发言,他表示,东非国家基础设施投资建设市场是中英两国企业的共同关注点,已经成立的"中英基础设施联盟"是推动落实中英两国在"一带一路"倡议框架下全方位合作的重要举措。谈及中国投资者在英国的发展,他认为相关机场、公路、港口、能源、电力及房地产项目将成为两国合作的新机遇。据了解,近年来中英两国在乌干达、肯尼亚、埃塞俄比亚等多个东非国家合作拓展了国家基础设施建设项目,主要包括铁路、机场及液化天然气项目。

与政界关注点不同的是,英国媒体的关注点放在了中亚和东南亚地区的港口建设、铁路建设以及电商物流等领域的基础设施建设,如《金融时报》刊文称,中国在整个中亚和东南亚建设铁路、公路、管道和港口的宏伟计划

---

① "China proposes 'blue economic passages' for maritime cooperation", in *Financial Times*, http://www.xinhuanet.com/english/2017-06/20/c_136380133.htm, 2017-07-16.

正在引起新德里的焦虑，而这使得印度对"一带一路"持谨慎态度，同时援引新德里政治研究中心战略专家关于"珍珠链"①的看法，尽管文章观点偏颇，充满各种猜测，但极易引起广泛关注。

4. 英国媒体报道对"一带一路"关注情况分析

4.1　报道议题框架论点分析

框架的本质是符号工作者（如记者、编辑等）组织言说（包括口语、视觉、符号）的一种过程，长期下来会形成一种固定的认知、解释以及对外的呈现形态。不同的符号工作者对同一议题又有不同的言说框架，透过在公共舆论场（如新闻媒体）的表达论述反映某种社会话题的意义与其中所隐含的权衡利弊。②梳理近年来搜集的英国媒体报道样本发现，用以诠释各类议题框架的新闻事件/主题，以及反映言说框架的框架论点各有不同，具体见表1：

表 1　英国媒体报道"一带一路"议题框架表

报道议题	新闻事件（主题）	框架论点
政治框架	成熟壮大的中国共产党、重振丝绸之路、中国挑战西方政治制度、"修斯底德陷阱"、中英关系、地缘政治、中国的新马歇尔计划、中国的马可·波罗战略	中共十九大是变革性的，表明中国共产党已经成熟壮大，不仅是在中国，而且是在全球舞台上，北京洋溢着压倒性的胜利气氛，这给西方那些长期以来一直认为中国会失败的人敲响警钟。 中西方的不和谐正在增加，中国的"趋同"希望在不兼容的政治经济冲击下破灭，带来中西方之间的"平行游戏"：中国的"大棋局"隐藏在"一带一路"构想中，将重建全球化早期的海上和路上交通路线；"一带一路"最终是具有地缘战略影响的国内政策而不是外交政策；中国官员和企业家急于把项目列入新的丝绸之路计划。

---

① "珍珠链"战略一词最早出现在2005年美国五角大楼的一份题为《亚洲能源未来》的内部报告中。该报告声称，中国正在采取一种"珍珠链"式的战略，"从中东到南中国海的海上航道沿线建立战略关系，表明它保护中国能源利益，同时为广泛的安全目标服务的防御与进攻态势"。美国认为这项海上通道战略中的其他"珍珠"还包括巴基斯坦的瓜达尔港，缅甸、柬埔寨、斯里兰卡以及泰国等。

② 刘念夏：《语艺框架与论述策略》，http：//www.rpf.org.tw。

报道议题	新闻事件（主题）	框架论点
政治框架	成熟壮大的中国共产党、重振丝绸之路、中国挑战西方政治制度、"修斯底德陷阱"、中英关系、地缘政治、中国的新马歇尔计划、中国的马可·波罗战略	中国以迂回策略避免陷入"修斯底德陷阱"；这个仍在"崛起"的"非市场经济国家"可能将处于全球支配地位，"一带一路"似乎成了世界贸易组织的平行机构；"一带一路"倡议已经在与由美国主导的现有国际机制进行竞争；在猜透特朗普的心思方面最下功夫的是中国；"一带一路"计划更多的是一种宏大的政治愿景，是中国的新马歇尔计划；"一带一路"被许多评论家比作中国的第二次开放和中国的马歇尔计划，甚至被认为是中国外交的神来之笔；中国把赌注押在了一个古老的地缘政治主张上。 英国正在谈论脱欧，而亚洲正在谈论商业，英国确实需要缩短这方面的差距；英国脱欧意味着中英关系的升级，而不是让英国成为欧洲的中国附庸；中国希望法国以及欧盟支持其扩张主义的"一带一路"倡议并默认中国在新世界秩序中取代美国的决心；"一带一路"倡议在俄罗斯的后院建立了一个又舒适又不存在争议的中国利益区。 华盛顿的新姿态改变了亚洲的政治经济平衡；中国弥补东南亚地区的基本面弱点，会产生地缘政治上的制衡作用；韩国的例子凸显了随着双边经济关系的扩展，与中国打交道时的地缘政治风险也会上升。

报道议题	新闻事件（主题）	框架论点
经济框架	地缘经济，人民币国际化，中国在中亚、东南亚地区的基础设施建设	"一带一路"基础设施项目不是一项仅从传统的经济层面来衡量的投资计划，而是试图在今后几十年塑造全球的经济地缘战略结构的计划，具有政策上的"战略贸易性"和战略上的"政策影响性"；在华盛顿开倒车之际，中国显然是国际经济领导者游戏的新手，中国领导人仅是从现在才开始学习如何在世界舞台上行事。 美国正在拱手将多边体系的领导权交给中国，而中国作为其能力的证明，在展示一个巨额支票簿组合外交，中国国家开发银行的海外资产已经高出世界银行；反全球化情绪浪潮正席卷发达世界，这甚至让"一带一路"有机会成为全球贸易增长的主要工具。 "一带一路"倡议只是中国对外投资的开始，通过鼓励在贸易和金融交易中使用人民币进而促进人民币的国际化，而在贸易和金融交易中使用人民币将对英国起到促进作用；人民币国际化的空间将因"一带一路"倡议而扩大；中国想借"一带一路"下一盘很大的棋，而助推人民币国际化无疑是其中的重要一步；尽管怀着成为国际货币、为全球提供流动性的英雄梦想，但人民币目前还像个被嫌弃的孩子，一边试错，一边努力推销自己，暂时仍无法摆脱严格管理的枷锁。 东南亚国家对华盛顿的不确定性只会吸引东盟国家向中国进一步靠拢，中国将用廉价贷款、基础设施投资和关税减免来吸引它们，但它们将面临讨价还价能力降低的危险；中国在泰国存有争议的高铁项目是个重大考验，铁路计划的规模、成本和可行性的问题不断出现。 北京发起的打造现代"丝绸之路"的多项双边协议正为中国公司，特别是建筑、能源和资源公司提供进入"丝路"的特权；中国的"丝绸之路"对外政策为建筑业和重工业公司输出过剩产能创造了条件，也包含着国内其他部门龙头公司的国际抱负。

续表1

报道议题	新闻事件（主题）	框架论点
军事框架	军事威胁、联合军演、新疆生产兵团、"珍珠链"战略	中国现在能够用反舰导弹和潜艇威胁美国的战斗群；波罗的海的海上联合演习是中国日益增长的军事实力和全球角色的展示；在波罗的海的部署使北京的"一带一路"倡议向北极延伸。 中巴经济走廊让新疆生产兵团在巴基斯坦农业中发挥巨大作用；新疆生产兵团充当汉族人在中国西部边疆定居的先锋；中巴经济走廊之所以在巴基斯坦引起担忧，在一定程度上是因为计划中的中国军工部门的深度参与。 中国援建孟加拉国吉大港标志着中国海军潜心经营的"珍珠链"战略将逐步成形，这不仅是遏制印度的举措，更是为解决中国海上石油运输"马六甲困局"的解套措施。
社会框架	中亚问题、新疆问题	中国通过"丝绸之路经济带"参与中亚地区投资，可能加剧该地区的分化及治理不善等问题；中国的"非正式债务购销协议"会让中亚这些经济结构早已处于脆弱状态的国家，不断扩大债务敞口，加剧国内贫富分化。 哈萨克斯坦人对中国的动机心存怀疑，因为新土地法的颁布和担心政府会把土地廉价出售给中国，该国多个地方爆发了抗议活动。 中国对中亚的经济战略与国内对新疆的规划密切相关，地处中国西北边境的新疆聚居着大量少数民族穆斯林人口，这项规划基于的假设是，打造繁荣经济将带来政治稳定。

　　从表1不难看出，英国媒体有关"一带一路"报道中的政治框架依然是长久以来的关注点，多误解性报道，态度质疑否定。报道内容体现了中国与西方政治制度的差异性、中国的外交关系等，甚至有报道因为对中国的刻板印象，将"一带一路"称为"中国版马歇尔计划""中国的马可·波罗战略"。这类报道很大的一个特点是将新闻和评论分离开来，把事实的真相和作者的意图隐藏在报道内容中，利用模糊的信息来源，引述有利的他方观点进行报道。毋庸置疑，其态度往往是质疑和否定中国的政治体制，这很容易让不明真相的人误判、误读中国国家形象。

　　在经济框架上，多客观报道，态度模糊复杂。结合报道内容发现，英国媒体在报道中国经济发展时更多的是使用引用数据、与其他国家的经济数据做对比等较为客观的手法进行报道。因此，英国媒体呼吁英国正确处理中英关系，在谋求与中国共同发展的同时，也要警惕中国给英国带来的威胁。基于此，英国媒体更多从自身角度来报道中国"一带一路"倡议以及沿线国家的基础设施投资建设，对人民币国际化的议题表示关注但并不看好，更有持怀疑态度的观点，认为中国应当让外界看到人民币国际化进程的进展和节奏。另外，对中国在中亚、东南亚地区基础设施投资与建设的议题亦频繁出现，一方面质疑"一带一路"倡议在沿线国家的投资建设动机和可能存在的经济不稳定性，另一方面建议中亚、东南亚国家从中国获益的同时警惕中国带来的地缘政治风险。

在军事框架方面，多负面报道，持怀疑批判态度。尽管波罗的海中俄海上联合军演这项议题报道不多，但英媒认为这次引起北约密切关注的演习引起了西方国家的种种焦虑。一些媒体不停地追问为何中国舰队要不远万里赴波罗的海军演，惊讶于中国海军惊人的壮大速度，认为中俄军演就是向北约"展示肌肉"，或认为中国在波罗的海的部署是"一带一路"倡议向北极延伸的体现。英国媒体将中巴经济走廊这项议题与新疆地区串联，表明其显然意识到了新疆作为中国"向西开放"的前沿和丝绸之路经济带核心区的关键地位，而建设中巴经济走廊对新疆也有着特殊的重要意义。英国媒体重提美国炒作了十多年的"珍珠链"这一概念，比喻中国近年正串联起中国南海到中东的据点，这是一些"别有用心者"自行炒作的一种威胁论调。

在社会框架方面，与以往有较大变化，将视角从中国国内社会问题转向周边邻国，尤其是中亚国家和地区，认为"中国的官员和商人都急于给项目冠上新丝路项目之名，纷纷讨论基础设施建设是出口中国过剩的工业产能，或是转移不需要的工厂和设备"①，英国媒体将转移过剩产能视作"一带一路"倡议的国内经济动因显然是一种误解和误读。

4.2 报道倾向分析

4.2.1 报道的倾向分布

按照英国媒体报道所反映的中国形象，本文将所有有关中国的报道分为三类：正向/肯定型、负向/否定性以及中性/无法判定型。经统计，其中第一类报道 3 篇，第二类报道 8 篇，第三类报道 65 篇，各类报道分别所占百分比见图 4：

---

① 杰克·法尔基：《丝绸之路将为谁带来繁荣》，载《金融时报》，2016 年 5 月 9 日。

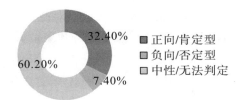

图4 英国媒体"一带一路"报道倾向示意图

由图4可见,"无法判定"类别比正向/肯定型比例要高,这表明了英国媒体更多的是采用模糊框架来报道中国"一带一路",典型表现为大多数媒体报道文章都是正负参半,绝对的否定和肯定在报道中相对较少。但需要说明的是,无法判定这一类别也是因为记者、编辑采用了平衡报道方式,即采用夹叙夹议的方式,在同一篇文章里既有肯定也有否定,综合分析的话,负面中国形象还是占有一定比例,他者塑造的中国形象也是模糊不清。

4.2.2 报道的侧重点分析

笔者在对2016年1月至2018年2月期间《金融时报》、路透社、《经济学人》等英国主流媒体的108篇涉"一带一路"报道样本进行数据分析的同时,对相关新闻报道的内容也进行了深入研读,由此发现,从具体报道内容大致能够能看出英国各阶层对"一带一路"倡议的反应,不同社会群体因为各种不同的因素表现出来的态度不尽相同。基于此,笔者根据其侧重点对报道进行了分类,见图5。

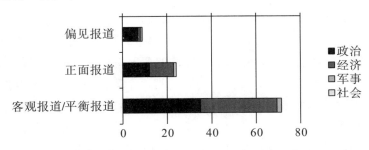

图5 英国媒体"一带一路"报道侧重点分布图

分析发现,英国媒体关于"一带一路"报道的侧重点呈现出三个特点。

一是客观报道、平衡报道所占比例大。长久以来,国内舆论普遍认为西方媒体对中国的负面报道很多,但通过对报道内容的研读,笔者发现,大多数报道结合了中国与英国、周边国家的关系现状与当前背景,对"一带一路"倡议的目的进行了客观报道、平衡报道，即便是在援引他方观点的时候也未做过多的延伸性阐释，如《金融时报》刊文表示：

> 随着焦点转向对 2018 年的经济展望，一个重要问题是，中国的新经济政策是否会对全球经济复苏构成风险。十九大传达了三大政治信息：反腐运动将继续进行，全面依法治国将持续推进，中国对全球事务和机制的参与将更加积极。①

该观点与中国未来发展的明确走向吻合，报道同时还对中国在全球国内生产总值中所占的分量进行了假设性分析，观点也是客观合理的。再比如，BBC 报道了卡塔尔断交危机对"一带一路"的潜在影响，卡塔尔及中东远离英国，本无关英国之痛痒，但是随着中国海外利益的扩大及"一带一路"倡议的推进，卡塔尔及中东与中国的关系日渐密切。在卡塔尔断交危机出现之际，英国媒体善意地建议"中国可能需要重新评估和卡塔尔的经贸合作，特别是和卡塔尔在金融领域的合作，努力寻求平衡"。从整体上看，英国媒体通过事实向受众阐明了"一带一路"倡议，而媒体的倾向性通过报道本身自然而然地显示出来，从侧面展现出英国媒体对中国国家形象的看法。

二是正面报道有所增加。通过统计、分析和解读英国媒体涉及"一带一路"的报道发现，英国媒体对中国国家形象的认知经历了一个从负面聚焦、理性批评到正视对待的逐步转变过程，尽管转变的幅度不是很大，但中国被描绘成一个"拥有广阔前景，具有改变世界经济版图、开创全球化发展新模式的潜力的智慧大国"。如《对于中国的扩张，应当悦纳而不是遏制》一文表示，"在西方日趋分裂和失调的情况下，中国的应对是在重新研究本国的政治、哲学传统，西方应当认识到，全球贸易投资的基本推动力已经发生根本变化，西方不再是施舍者，而是要恳求参与中国的非凡增长"，该观点有别于其他报道，是少有的支持中国的一篇报道。路透社的报道也呈现出积极正面的态度，如在报道人民币国际化和基础设施建设时，均表现出对"一带一路"倡议的肯定，一方面认为"一带一路"激发了丝路走廊沿线的贸易需求，改善了投资环境，另一方面则是结合对行业的专业认知对如何规避风险提出建设性意见。

---

① 《中国新政威胁全球复苏吗?》，载《金融时报》，2017 年 11 月 5 日。

三是偏见报道占比相对较少。对报道内容进行分析可以看出，有关"一带一路"的负面报道主要出现在与国际秩序、军事战略有关的议题中，借"中国版马歇尔计划""中国的马可·波罗战略""军事复兴""地区制衡""重建自由国际秩序"等议题进行隐晦的表达，有时还会加上具有明显意识形态倾向的词语，如"征服蛮夷、纳入麾下""中国辛迪加""维吾尔极端主义""穆斯林少数民族"等，很容易强化受众对中国形象的误读。还有些报道与香港问题、人权问题挂钩，具有较强隐蔽性。这说明，在英国主流媒体关于中国的报道中，仍然存在某种程度的思维定式，将个别现象同中国的政治情况联系起来，使得这些报道不同程度地偏离事实，扭曲了中国的形象。

5. 结语——报道中的中国国家形象

国家形象是一个综合体，它是国家的外部公众和内部公众对国家本身、国家行为、国家的各项活动及其成果所给予的总的评价和认定。国家形象具有极大的影响力、凝聚力，是一个国家整体实力的体现。[①] 国家形象被视为一个国家最大的无形资产，是国家软实力的象征，是国家利益的重要内容。"一带一路"倡议为构建国家形象提供了前所未有的机遇，是促进文明对话与合作交流的"大道"，"一带一路"建设的过程也是构建国家形象的过程。

从英国媒体对"一带一路"的新闻报道可以看出英国对中国国家形象的看法。一方面，英国媒体看好中国的经济发展，视中国为世界经济强国，并认为"一带一路"倡议对英国、欧洲以及沿线国家经济的发展具有积极作用，肯定中英是天然的合作伙伴、长期的全球合作伙伴。而另一方面，英国媒体又将中国看作"新的领导大国""崛起的超级大国""西方领导体系终结者"，认为中国国际地位的提升、对世界的影响力的扩大是一种"傲慢"的表现，特别是对"一带一路"倡议深入欧洲感到担忧，甚至有观点认为中国是英国的强劲竞争对手。分析认为，英国媒体报道中的中国国家形象不仅与中国政治、经济等领域的全面发展有关，同时也与英国自身的政治、经济、社会、文化等的发展状况有着密切关联。总体来看，英国媒体对中国的看法可谓是"五味杂陈"，会根据具体情况而变化，一旦对英国和欧洲有利，则积极看待，反之则消极看待。但不可否认的是，英国乃至欧洲经济的发展已经离不开中国。

[①]　管文虎：《国家形象论》，成都：电子科技大学出版社，2000年，第23页。

参考文献：

曹卫东，2016. 外国人眼中的"一带一路"［M］. 北京：人民出版社.

范红，郑晨予，2015. 国家形象研究［M］. 北京：清华大学出版社.

刘继南，何辉，等，2006a. 中国形象：中国国家形象的国际传播与对策［M］. 北京：中国传媒大学出版社.

刘继南，何辉，等，2006b. 镜像中国：世界主流媒体中的中国形象［M］. 北京：中国传媒大学出版社.

刘琛，张玉宁，等，2015. 镜像中的中国国家形象［M］. 北京：中国人民大学出版社.

刘卫东，田锦尘，欧晓理，等，2017. "一带一路"战略研究［M］. 北京：商务印书馆.

吴飞，2015. 流动的中国国家形象："中国威胁论"的缘起与演变［J］. 南京社会科学（9）：7－16.

于立新，王寿群，陶永欣，2016. 国家战略："一带一路"政策与投资：沿线若干国家案例分析［M］. 杭州：浙江大学出版社.

A Study on the International Media News Coverage of the "Belt and Road Initiative": A Case Study of Mainstream Media Reports of the United Kingdom

Li Hongbo

Abstract：National image communication is an important research field and topic in academic circles in recent years. At present, with the continuous improvement of the national comprehensive strength, China is showing itself in front of the world with the good image of the developing oriental power. Since the "Belt and Road Initiative" was put forward five years ago, it has received positive responses from more and more countries and regions. But at the same time, mainly due to the differences between the East and the West, the ideological prejudice, and China's own insufficient ability to communicate abroad, the national image of China presents an unstable and complex picture in the process of transmission, with many problems, such as misreading and misjudging, "otherization" and so on. This paper takes the major British media news reports and their related topics, including those from the *Financial Times*, BBC, Reuters, *the Economist*, *the Guardian* and others, as the reference object of the study on the "Belt and Road Initiative", aiming to explore the British public's perception of China's national image, and to deeply analyze China Image in those mainstream media coverage.

Key words：The Belt and Road Initiative; British mainstream media; China Image

"一带一路" 如何推动和深化中欧关系？
——一个欧盟的视角①

潘 文

（四川大学外国语学院，成都 610064）

摘 要：本文对欧盟委员会 2017 年《欧中关系常见问答》文本进行分析，结合欧盟智库"欧洲政治战略中心"（EPSC）对"一带一路"的解读，从欧盟视角对"'一带一路'如何推动和深化中欧关系"这个问题做出回答，并在此基础上对中国"一带一路"倡议的实施进行较为深入的分析和思考。从欧盟的角度看，"一带一路"并未影响到欧盟的对华政策和对华战略，"一带一路"对欧中关系的推动和深化基本上限于经济领域，力度和程度有限。

关键词："一带一路"；欧盟；中欧关系

2013 年 9 月至 10 月，习近平总书记提出建设"丝绸之路经济带"和"21 世纪海上丝绸之路"，这二者共同构成了"一带一路"倡议；同年 11 月，中共十八届三中全会将"一带一路"上升为国家战略；2015 年 3 月，《推动共建丝绸之路经济带和 21 世纪海上丝绸之路的愿景与行动》发布，"一带一路"的顶层规划设计完成（中国一带一路网，2017 - 05 - 11）。自倡议提出以来，"一带一路"建设的进度和成果远超预期：有 100 多个国家和国际组织积极响应，40 多个国家和国际组织与中国签署合作协议，并且在 2017 年 3 月，联合国安理会一致通过了 2344 号决议，支持中国"一带一路"建设并在安理会决议中首次载入"构建人类命运共同体"理念，这彰显了中国对全球治理的贡献（中国一带一路网，2017 - 05 - 10）。欧洲是中国"一带一路"、"海上丝绸之路"和"陆上丝绸之路"的交汇处，也是"一带一路"的另一端，"一带一路"建设无疑将对中欧关系产生影响。欧盟作为拥有欧洲 28 个成员国的区域一体化组织，是当前世界第二大经济体，

① 基金项目：四川大学中央高校基本科研业务费区域与国别研究专项项目"欧盟应对主权债务危机的政策措施及对中国的启示"（skzx2015 - gb70）、四川大学中央高校基本科研业务费项目"欧盟经济治理与欧洲一体化发展对中国的启示：理论与实践"（skyb201602）。

非常重视发展与中国的关系。①欧盟是一个代表着 28 个不同利益国家的超国家实体，"一带一路"要如何推动和深化中国与欧盟的关系？本文从欧盟的视角和立场出发，以欧盟委员会 2017 年 6 月 1 日发布的《欧中关系常见问答》（European Commission - Fact Sheet - MEMO/16/2258）和欧盟委员会内部智库"欧洲政治战略中心"（European Political Strategy Centre，简称 EPSC）对"一带一路"的解读（European Commission - EPSC Strategic Notes）为例，分析"一带一路"在欧盟对华战略中的地位及欧盟对"一带一路"的态度和立场，从而对"'一带一路'如何推动和深化中欧关系"做出一个欧方视角的回答，并在此基础上对中国"一带一路"倡议的实施进行较为深入的思考和提出相关的具体建议。

1. 2017 年欧盟《欧中关系常见问答》内容概述

2017 年 6 月 1 日欧盟发布了《欧中关系常见问答》（以下简称《问答》），其内容分为五个方面：（1）欧盟对欧中关系的定位；（2）《欧盟对华战略》要点；（3）欧中在外交、安全方面的合作与分歧；（4）欧中合作的突出点：经贸与气候问题；（5）欧盟响应"一带一路"倡议的举措。下面对这五方面分别进行阐述。

1.1　欧盟对欧中关系的定位

欧盟认为，欧中关系对彼此都很重要，如今中国是欧盟的第二大贸易伙伴，欧盟是中国最大的贸易伙伴和对外直接投资的关键伙伴之一。中国对外寻求稳定和有法律保障的投资环境，欧盟无疑是较优选择，欧洲现已成为中国公司进行对外直接投资最重要的目的地；中国在成为一个经济和金融重量级行为体的同时，也在全球各区域发挥越来越多的国际政治、军事影响。中国目前处于改革开放的关键时期，中国改革发展的目标是要实现经济的可持续发展，当前的中国需要向产业价值链的上游转移，升级国内（由消费驱动的）市场；而中国实现其改革面临的阻力较大，中国当然希望能得到最大化的外部支持，欧盟无疑是中国能争取的重要伙伴；对中国来说，欧盟解决经济问题的实际技术能支持中国的经济改革计划，中国还可以从欧盟的实

---

① 参见《欧盟概况》，载中华人民共和国外交部官网，2019 年 1 月，http://www. fmprc. gov. cn/web/gjhdq_ 676201/gjhdqzz_ 681964/1206_ 679930/1206x0_ 679932/。至 2019 年 2 月，英国还未正式脱离欧盟，英国仍是欧盟 28 个成员国中的一国。

践中汲取有益经验。欧盟得出的结论是：中国的政治、经济和社会发展对欧盟愈来愈重要，中国的发展为欧盟提供了大量机会，特别是在推动欧洲就业和经济增长方面，不过欧盟及其成员国应该以一种协调、有效的方式使与中国的发展效益最大化。

1.2 《欧盟对华战略》要点

《欧盟对华战略》（EU Strategy on China，以下简称《战略》）由两部分组成：《欧盟对华新战略要素》（Elements for a New EU Strategy on China）和《欧洲理事会对华战略决议》（Council Conclusions EU Strategy on China），二者反映出欧盟对华的总体立场及其政策涉及的多个层面：促进民主、法治和人权，尊重《联合国宪章》和国际法原则，在政治和经济关系中实现互惠互利。《战略》言明：在与中国打交道的过程中应该"有原则""实际和务实""坚持欧盟的利益和价值观"；整体而言，欧盟对欧中伙伴关系定调积极，并提出对双方有差异分歧的地方进行有建设性的操作。

《战略》强调欧盟应在中国改革开放的进程中找到切实可行的方法实现双方在政治、经济、贸易、投资、社会、环境及其他关系方面的"互惠互利"。"互惠互利"特别突出强调了在所有合作领域的公平竞争和双方对《投资全面协定》（Comprehensive Agreement on Investment，以下简称《投资协定》）的谈判。欧盟为"互惠互利"设定的目标主要有两点：一是创造出新的市场机遇；二是通过增强基础设施、贸易、数字化和民心（people-to-people）等联通，造福于参与的国家。欧盟认为，作为联合国和 G20 成员，欧中双方在促进全球化公共产品、实现可持续发展、维护国际安全及推进尊重法治和人权方面负有责任。在与中国进行互动时，欧盟将努力寻求其内部凝聚力和效率的最大化。2013 年，欧盟和中国达成《欧盟－中国 2020 合作战略规划》（EU-China 2020 Strategic Agenda for Cooperation），涉及的领域包括和平与安全、繁荣、可持续发展和民心沟通。目前双边关系的最高级机制是每年一度的欧盟－中国峰会。

1.3 欧中在外交、安全方面的合作与分歧

对中国香港和中国澳门，欧盟支持"一个国家，两种制度"，对待台湾问题，欧盟也坚持一个中国原则。在外交和安全政策方面，欧中设置有高级别的、由欧盟高级代表/欧盟副主席和中国负责外交的国务委员主持的年度"战略对话机制"（Strategic Dialogue）。欧盟希望增加与中国的接触，特别是

在下述几方面鼓励中国动用外交和其他资源维护国际安全：第一，朝鲜、阿富汗和叙利亚问题；第二，以符合国际法的方式维护欧盟邻国地区的和平与安全；第三，确保在中国东海和南海的海航和空航自由；第四，依照法律规则和平解决争议；第五，在裁军、防核武器扩散、反恐和网络空间方面寻求和中国的共同立场；第六，与中国共同工作支持在非洲的建设和维和行动。

在中国东海和南海问题上，由于该海域是大量国际贸易的通道，欧盟对其能在该区域自由海航和自由空航的合法性表现出强烈关注。欧盟一贯主张和平解决争端，希望中国和其他国家能遵守国际法。对于亚太地区的其他伙伴，欧盟将继续深化与他们的合作关系。欧盟的对华政策也将受到欧盟与日本、韩国、东盟国家、澳大利亚等关系的影响。欧盟将继续通过外交和经济途径维护亚太区域安全，对此欧盟与美国的合作将扮演重要角色。此外，欧盟继续坚持 1989 年《欧盟理事会决议》（European Council Conclusions in 1989）对中国实施武器禁运。欧盟与中国的一个重大分歧在中国的人权和基本自由方面，欧盟认为这是欧中关系的一个核心问题，在与中国积极发展合作伙伴关系的同时，欧盟表示将坚持自己的核心价值和原则。

1.4　欧中合作的突出点：经贸与气候问题

当前，欧盟认为欧中贸易、投资的重点和当务之急在于完成《投资协定》的谈判。欧盟认为和中国存在着不公平竞争，《投资协定》谈判的主要目的就是为商业投资创造一个更公平的竞争环境，促进中国在经济改革中给予市场更多决定性作用，为双方开辟新的市场机会。欧盟欢迎中国在欧洲投资，前提是中方应遵守欧盟法律法规，同时欧盟也希望打开中国市场、投资中国。欧盟认为实现欧中经贸繁荣的核心是采用共同的规范和标准框架，例如在知识产权、食品和消费品安全方面。欧盟优先考虑的事项是：通过对话促进中国采用国际化标准，这样不仅能降低成本和减少障碍，同时也能保障欧盟公司和公民使用到符合欧盟要求的产品。在欧盟认定的不公平竞争方面，欧盟认为中国的许多行业产能过剩，特别是钢铁、铝材料行业，这不仅对中国国内经济的发展提出了挑战，也导致了中国产品在欧洲的倾销问题。欧盟认为中国应从解决钢铁行业产能过剩开始，实行可衡量的、有时间限制的、有法律效力的措施，切实解决产能过剩问题。欧盟方面则要增强"欧盟贸易防御手段"（EU's Trade Defence Instruments）的有效性，并通过政治层面对话推动中国坚持国际化规范、标准，鼓励中国履行对世界贸易组织（WTO）补贴事项的规定。目前，欧盟正在修改其反倾销和反补贴立法，欧盟委员会已在 2016 年 11 月推出了新立法，在经过欧洲议会和欧洲理事会通过后将生效。

此外，欧盟认为中国是其在应对全球气候变化和环境保护方面的关键伙伴，欧盟的立场是：中国是世界上全球温室气体排放量最大的国家（占全球的1/4），有关气候变化的任何国际谈判都应有中国的参与。2015 年《欧中气候共同宣言》（EU-China Joint Statement on Climate Change）达成，欧盟当前的目标就是推动 2015《巴黎协定》的加速实施。欧盟计划与中国合作的具体领域包括：清洁能源、可再生能源的生产和能源效率、碳市场、低碳城市和氢氟碳化物（CFCs，有助于避免破坏臭氧层的物质）。欧盟的技术可以支持中国朝绿色、低碳、循环经济迈进，也能为中国面临的空气、水和土壤污染等环境问题提供帮助。已建立的双边对话机制，比如"环境政策对话"（Environment Policy Dialogue）和"气候变化合作"（Climate Change Cooperation）将继续发挥推动合作的平台作用。从国际层面来看，诸如 G20框架等也为欧中共同合作、找到可持续方案解决森林砍伐、非法采伐和非法买卖野生动物等问题提供了平台。

1.5 欧盟响应"一带一路"倡议的举措

在欧盟和中国跨洲连接方面，欧盟强调通过"物理"和"数字化"网络进行连接，从而推动沿线国家的贸易、投资和人文交流。在中国"一带一路"背景下，欧盟提出在欧中之间建立起一个政策论坛性质的"连接平台"（Connectivity Platform）专门帮助欧中双方政策项目的对接和协同。"连接平台"强调的是在具体基础设施建设方面的合作，包括融资、物流和相互操作性。2017 年 5 月 14—15 日，在北京举行的"一带一路论坛"上，欧盟对改进"欧亚连接"提出了进一步设想（参见 European Commission - SPEECH/17/1526）。

对上述欧盟 2017 年《问答》的文本进行梳理后发现：欧盟的对华政策和战略内容丰富，层次多样，既指出了欧中双方大量的利益共同点，也强调了双方的经贸摩擦及在外交和安全政策等方面的分歧。然而，《问答》文本表明，在整个庞大的欧盟对华政策和战略中，"一带一路"仅是一个小点，欧盟仅在一处提及"一带一路"：欧盟和中国连接双方大陆有何计划？（What are the EU's and China's plans to connect with each other across the continent?）"一带一路"字样并未出现在欧盟的对华战略内容中，这表明在

2017 年，欧盟并未把"一带一路"与其对华战略的各层次和各政策相关联。这也表明了欧盟对"一带一路"的定位：仅限于经济范畴，主要功能是连接欧亚大陆。

1.6 欧洲政治战略中心（EPSC）智库对"一带一路"的解读

欧盟 2017《问答》文本展现出了欧盟对"一带一路"的定位和期望：从欧盟的视角看，"一带一路"的功能主要是在经济层面连接欧亚大陆，对推动和深化欧中关系的力度和程度作用有限。那么仅定位于经济领域的"一带一路"如何推动和深化欧中关系呢？欧盟委员会的内部智库"欧洲政治战略中心"就欧盟对"一带一路"的态度和立场进行了分析和解读①。

第一，欧盟对"一带一路"性质和功能的认定。欧盟认为"一带一路"是中国地缘政治和经济外交的结合体，一方面展现出中国地缘政治的雄心，另一方面也是中国政府缓解国内产能过剩问题的一个措施。从国际层面上看，"一带一路"是中国经济外交的工具，它邀请亚洲、非洲和欧洲共同合作，为这些区域的经济发展合作提供了一个包容性发展前景，就公共关系和对外联系而言，这项倡议是成功的。从国家内部来看，"一带一路"不仅是中国领导力的展现，同时也是把中国西部内陆省份整合到国家广阔经济中的一个尝试，这为西部地区创造了更多的市场，从而有助于维护国内稳定。

第二，"一带一路"倡议实施中存在的问题、困境及对欧盟的挑战。在欧盟看来，"一带一路"是一个相当宽泛的框架，凡是位于欧盟－中国地理大区域的任何举措都可以归属到"一带一路"倡议中。现今"一带一路"这个说法很流行，但在具体实施中，中国也遇到了诸多困难，特别是在中亚。要在中亚地区实施盈利项目是非常具有挑战性的，某些"一带一路"项目，比如连接新疆和哈萨克斯坦的铁路建设在"一带一路"实施之前就已经计划了好几年，但目前（2017 年）基本上还处于停滞状态。另外，"一带一路"概念模糊，这也给予了欧洲国家用各自的方式参与和塑造项目的可能性。对欧盟来说，"一带一路"的大额度投资存在着"分裂"欧洲的潜在风险，因为中国在与欧盟谈判的同时还与单个的成员国、地区、城市、私人公司、地域集团进行谈判合作，比如"16 + 1 合作"，即中国与中东欧 16国，既包括欧盟成员国，也包括非成员国的合作框架。

---

① 具体参见"European Commission－EPSC Strategic Notes"，第 6－8 页。

第三，欧盟参与中国主导的制度化建设态度积极、目标明确。近年来，中国参与区域性制度化建设行动积极，例如2015年底，中国正式申请加入"欧洲复兴开发银行"（European Bank for Reconstruction and Development，简称EBRD），欧盟也是EBRD成员之一，这让中国公司在EBRD覆盖的国家获得了投资机会；同时，EBRD投资的国家与中国"一带一路"鼓励投资的国家部分重合，在欧盟看来，这就产生了一个新问题：中国在其主导的投资机制中，有能力在这些机制、制度中推行自己的标准。例如，2016年6月，EBRD和中国的"丝路基金"（Silk Road Fund）达成合作协议，二者同意对在各自区域内有可能实现双方共同投资的潜在项目进行相互通报，中国在其间发展和推行了自己的机制和标准。由此，欧盟呼吁其成员国加强彼此间的协调、统一，推动中国尊重国际标准，从而维护欧洲的集体利益。以亚洲基础设施投资银行（Asian Infrastructure Investment Bank，简称AIIB）为例。欧盟在评判AIIB时也考虑到了中国的立场，认为AIIB创立的地缘政治动机必须置于一个特定背景下：现今的世界银行由西方国家主导，中国领衔的AIIB是对当前国际秩序的一种批判。AIIB的区域成员将占不少于75%的股份，欧洲国家合计投票权仅为20%左右；到2015年底，14个欧盟成员国已经以各自的方式加入了AIIB。有担心认为AIIB将会成为世界银行或亚洲开发银行（Asian Development Bank）的竞争对手，并且在治理或采购方面实施较低标准，欧盟认为此种担心属合理关切，但欧盟需要采取的措施是：统一协调成员国步调，在欧盟成员国间达成一致行动，借机改善欧洲公司在亚洲的投资环境。欧盟认为其自身参与由中国推动的制度建设将会为新制度采用最佳实践经验和公平的全球化标准贡献力量，这样也将有助于AIIB与现有的多边开发银行（Multilateral Development Banks）达成合作关系。2016年4月至5月，AIIB已经与世界银行、亚洲开发银行和EBRD在共同融资、更广泛的合作和具体联合项目建设方面签署了协议。整体而言，欧盟对中国主导的制度建设持开放、乐观的态度。

2. 结论和思考

本文从欧盟的视角出发，通过梳理欧盟2017年《欧中关系常见问答》的内容和欧盟智库EPSC对"一带一路"的分析和解读，得出下述结论：

第一，从欧盟的角度看，"一带一路"并未对欧中关系和欧盟对华政策发挥深远影响。在内容丰富的《问答》文本中，"一带一路"仅是其中的一个小点，欧盟仅在谈及连接欧亚大陆计划方面提到了中国的"一带一路"。欧盟对"一带一路"倡议态度积极，提出了建立欧中政策"连接平台"的设想，这是欧盟层面对与"一带一路"对接的实际规划和行动，但也仅限于经济领域这个大范畴，欧盟强调在基础设施建设、融资、物流等相关政策方面的连接。在整个《问答》论述中，欧盟对"一带一路"持"经济切割"的观点，"一带一路"并未与欧盟的外交、安全等其他领域和政策相关联，这表明"一带一路"对推动和深化欧中关系的作用主要是在经济方面，且力度和程度有限。

第二，尽管"一带一路"对推动和深化欧中关系的作用主要体现在经济领域且力度和程度有限，然而"一带一路"的确对欧中关系产生了推动性影响。一方面，推动了双方的经贸合作："一带一路"蕴含着巨大商机，不仅有助于欧盟进一步打开中国市场（特别是中国的西部内陆地区），同时也为欧盟参与"一带一路"沿线国家的建设、投资、贸易等提供了机会，这显然将有助于欧盟经贸的对外发展及欧盟经济在主权债务危机后的复苏。另一方面，推动了双方各种经贸战略及政策的对接与合作，比如欧洲的EBRD和中国的"丝路基金"的合作，同时欧盟也积极参与中国主导的制度化机制建设，比如参与中国发起和主导的AIIB建设，这为欧盟发挥其国际影响力提供了一个平台。

第三，"一带一路"对欧中关系的"有限"推动主要源于欧盟自身的性质。作为28个不同主权国家的超国家行为体，欧盟很难实现不同经济利益体间的步调协调和统一行动，而主权国家直接与中国进行政策战略对接显然比通过欧盟进行对接来得更实际。在奉行多边主义的今天和迫切需要解决自身经济发展问题的情况下，欧洲各国显然不会轻易放弃参与"一带一路"的机会，这也是欧盟的担心所在："一带一路"有"分裂"欧洲的潜在风险，因为中国在欧盟框架之外还与单个的成员国、公司、地区组织等谈判合作，比如既包括欧盟成员国，也包括非欧盟成员国的"16＋1合作"框架。

此外，上述从欧盟的立场和视角进行的研究和分析也为中国的"一带一路"建设提供了四点思考。

首先，从欧盟的角度看，"一带一路"对深化和推动欧中关系的作用主要限于经济领域，那么从中国的利益出发，从长远来看，把"一带一路"作为"杠杆"，发挥从"经济"到"政治""外交"甚至"安全""军事"等方面的"溢出效应"非常重要。当然，此种"溢出效应"也有两面性，一方面能加大中国在国际事务中的话语权，提高中国的国际地位和影响力；另一方面也要防范出现"中国威胁论"的论调。

其次，从欧盟的立场看，"一带一路"有"分裂"欧盟的潜在风险，但从其成员国需解决国内问题、实现经济发展及中国的立场出发，单个成员国与"一带一路"直接对接无疑是最实际的互惠互利的举措。因而中国需要平衡和处理好多层次、多维度不同经济行为体间的利益关系，并且需要有一个能统筹全局的战略格局和目标。

第三，欧盟认为在中国主导建设的新制度和新机制中，应该采用国际标准，而非单一中国标准。从中国的角度出发，中国在新制度和新机构的建设中展现国家意志和中国话语权是必要的，但应注意制度措施的国际"通约性"，并且在与不同经济行为体签订不同政策、进行战略对接时也应注意战略、标准及操作之间多方对接的可能性。中国可以从欧盟的实践和现有的国际标准中吸取有益经验。

最后，欧盟对欧中关系的阐述也为"一带一路"可持续发展提出了一些值得关注的问题：（1）欧中双方关系是建立在互惠互利的基础之上，欧盟期待进入中国市场，而欧盟的先进技术是中方应多加关注的；（2）在欧盟与中国的贸易投资中，欧盟强调公平、法治、规范的竞争环境，中国产品进入欧盟要符合欧盟标准，中国公司应熟悉欧盟法律，欧盟的反倾销和反补贴立法对中国的某些产业会造成冲击，中欧双方还需克服贸易摩擦；（3）"一带一路"建设如何与现有的多层次、多类型的合作框架和机制（例如G20、欧盟－中国峰会、欧中战略对话机制、欧中环境政策对话机制等）及其下属政策、项目等合作或对接；（4）欧盟视美国为稳定亚太地区、稳定南海局势的关键伙伴，欧盟对华仍然实行武器禁运，并在人权问题上与中国有分歧；（5）欧盟认为能力与责任相伴相随，中国应负起更多的全球责任，对此中国应坚持自身立场，考虑历史、现实及未来。

参考文献：

中国一带一路网. 丝路问答："一带一路"朋友圈被刷屏 这件大事为何吸引关注？［EB/OL］.（2017－05－10）. https：//www. yidaiyilu. gov. cn/ydyldzd/slwd/12883. htm.

中国一带一路网. 丝路问答："一带一路"这些重大政策你知道吗？［EB/OL］.（2017－05－11）. https：//www. yidaiyilu. gov. cn/ydyldzd/slwd/12882. htm.（网址失效）

European Commission－EPSC Strategic Notes. Engaging China at a Time of Transition：

Capitalising on a New Era of Chinese Global Investment and Foreign Policy Initiatives [Z].
European Political Strategy Centre (EPSC), Issue 16, 15 July 2016.

European Commission – Fact Sheet – MEMO/16/2258. Frequently Asked Questions on EU-
China Relations [Z]. Brussels, 1 June 2017.

European Commission-SPEECH/17/1526. Speech by President Jean-Claude Juncker at the 12th
EU-China Business Summit [Z]. Brussels, 2 June 2017.

How Does "The Belt and Road Initiative" Promote and Deepen China-EU Relations? —An EU Perspective

Pan Wen

Abstract: Taking the European Commission's publication—*Frequently Asked Questions on EU-China Relations* in 2017 as a case and combining it with the analyses of "The Belt and Road Initiative" offered by the EU's in-house think tank European Political Strategy Centre (EPSC), this paper addresses the research question from an EU perspective: how does "The Belt and Road Initiative" promote and deepen China-EU Relations? Based on the research results, this paper also suggests some thinking on China's implementation of "The Belt and Road Initiative". From the EU's perspective, "The Belt and Road Initiative" has not exerted a strong influence on EU-China relations as well as EU's strategies and policies towards China yet, and its function to promote and deepen EU-China relations is basically confined in the economic area with a limited power and degree.

Key words: The Belt and Road Initiative; the European Union; China-EU relations

再论 "华英书局"
——析西方基督教差会在西南地区最大的文字机构①

张贵芳　苏德华
（四川大学外国语学院，成都 610064）

摘　要：在基督教于清末进入华西地区②的初期，作为其重要喉舌的文字材料主要从汉口及上海沿长江经水路运入内地，但随着华西地区基督教的发展及对文字材料需求的增长，本地基督教文字机构华英书局应运而生。华英书局是华西地区影响力最大的基督教文字机构，其发展和变迁过程与中国特别是四川地区的近代历史变迁特征紧密相关。本文试图在四川近代史的框架之内对华英书局的演变及运行进行分析及评价，以窥华英书局之发展动因及综合面貌。

关键词：基督教文字机构；嘉定教文馆；华英书局；华西地区

基督教自 1807 年由马礼逊传入中国以来，文字事工就一直是其传教的一个重要手段。到了清末，已经出现了一些大型的基督教出版机构。就四川而言，至 19 世纪末，广学会、圣经公会和圣教书会已在成都、重庆设立了代理处，但由于在汉口以西没有基督教的印刷机构，所以这些基督教文字机构的印刷品得从汉口运往重庆和成都，路途极为不便，耗时费力，损耗颇大，成本颇高，这大大限制了四川地区基督教文字材料的推广和使用。在此背景之下，加拿大英美会③创始人赫斐秋决定在四川创办印刷所，以应时局之需。英美会创办的华英书局④是华西地区影响最大的基督教文字机构，几乎垄断了整个华西地区的基督教文字印刷业务，在整个中国的基督教文字机构中也占有一席之地。因此，对华英书局的研究具有非常重要的意义，通过对书局的研究可以一窥华西地区文字出版事业之端倪。

目前关于华英书局的研究成果非常少，只有两篇文章面世。一篇是陈建

---

① 本文为国家社科基金重大招标项目"美英涉藏档案文献整理与研究"（18ZDA192）、四川大学中央高校基本科研业务费研究专项项目"加拿大差会在四川的传教活动及影响"（skqy201315）、"加拿大新移民 ESL 教育体系研究"（skzx2015 - gb72）阶段性成果。
② 本文中的华西地区指中国西南地区，包括四川省（包括今天的四川省和重庆市）、云南省、贵州省。
③ 英美会是加拿大基督教卫理公会派往华西地区的宣教差会，于 1892 年入川。
④ 为行文方便，下文中部分文字将"华英书局"简称为"书局"。

明撰《基督教在中国西南的出版机构——华英书局》，简要介绍了书局的创办过程、发展情况、业务范围及管理办法。另一篇是周蜀蓉撰《加拿大差会在华西地区的社会文化活动——以华英书局传教士为中心的讨论》，简要介绍了书局的创办，讨论了书局传教士参与的反鸦片、反缠足等社会文化活动。另外陈建明著《近代基督教在华西地区文字事工研究》一书中有关章节也涉及华英书局。但这些文章和著作都缺乏对原始档案的深入挖掘和梳理，因而在介绍华英书局时仅仅停留在表面现象，并未涉及这些现象背后的内在动因和动态过程，也未对书局进行全面的评价。本文通过对差会原始档案等的梳理，深入挖掘书局在创办及演变过程中的内在动因，同时还对书局的管理及经费、出版与发行等方面进行综合全面的考察分析，并据此对书局的特点进行客观的评价。

1. 华英书局的创立及演变

作为一名长期在华传教的资深传教士，英美会创始人赫斐秋对文字事工的重要性有着切身的体会。19 世纪末在汉口以西没有基督教的印刷所，而四川又是一个人口大省，传教所需的文字材料数量极大，从汉口运输文字材料耗时费力，成本不低，赫斐秋对此十分清楚。1896 年，在征得母会同意的情况下，赫斐秋利用他在加拿大的假期期间到各教堂四处游说，以期筹集资金在四川建立印刷所，并于 1896 年从一个有钱的朋友贾勒斯·哈特（Jairus Hart）那里筹得 1 000 美元（Hartwell，1941：180），后又经多方筹措，通过私人募捐的方式最后共筹得资金 1 500 美元，购得开办印刷厂的印刷机和汉字字模（Stursberg，1987：46 - 47），回到乐山开始创办印刷所。

1.1　嘉定教文馆时期（1897—1904 年）

1997 年夏，赫斐秋休假完毕，回到四川，利用筹得的捐款购买了一台戈登平压机和一台手摇印刷机，又从上海购得汉字字模，带到四川。同年夏天在乐山购得地皮，修建了一小幢砖房，占地面积近 93 平方米，二楼有一阁楼用于存放纸张。于同年秋天开始印刷，用的纸张是乐山当地生产的（Bond，1911：87）。该印刷所英文名称为 Canadian Methodist Mission Press，中文俗称"嘉定教文馆"①，是全川第一家采用近代印刷技术的印刷所。

1897 年 10 月 15 日嘉定教文馆印出了第一份小册子《劝世文》，售价 1 文钱。当时赫斐秋的心情非常激动，多年的努力终于结出了果实，他这样描写自己当时的心情："我们就这样一个人开始为 5 000 万人印刷所需的书籍，而且这个人还是外国人。我们进展缓慢，当第一本小册子印就时，他的眼睛闪闪发光地盯着这本书。"（Hart，1917：313）教文馆开业之后，因印刷质量较好，业务十分繁忙，1897 至 1900 年印刷总量达到 500 余万页（Bond，1911：88）。从开业至 1898 年的一个业务年度内，共印刷了 15 万本小册子，雇用了 2 个工人。1899 年又增加了六七个工人。1900 年有 16 名工人，当年印刷量达到 310 万页（Hart，1917：314）。但随着义和团运动的开始，传教士于 1900 年陆续撤离四川，教文馆关闭，赫斐秋也于同年离开四川回到加拿大。回到加拿大后，他对印刷所的未来仍然充满希望，并继续在加拿大四处奔走，以期为教文馆筹集更多的资金。但赫斐秋这次回到加拿大后由于身体原因就再也没能回到中国。

1902 年春，在赫斐秋的请求下，英美会年会决定委派文焕章协助负责经理印刷所的工作②，教文馆再度开业。文焕章是一位精力充沛的传教士，在他的主持下教文馆采取了新的管理模式，让经验丰富的华工从事印刷，西人负责技术指导及经费管理（周蜀蓉，2013：232）。文焕章接手书局后业务订单很多，特别是在义和团运动失败之后，更多中国人到传教士处要求了解"福音的真理"，新成立的华西圣教书会也发来很多订单，教文馆应接不暇。1904 年教文馆增购了印刷机和更多字模，其印刷量也比上一年翻了一番（Bond，1911：88）。

1.2 成都华英书局时期（1905—1951 年）

义和团运动失败后，中国官方及华人对传教士态度有所好转，华西基督教进入了快速发展时期，各差会相继在成都建立总部，成都逐渐成了全川的

---

① 关于教文馆的中文名称见黄鸿铨：《四川之印刷业》，载《四川月报》第 4 卷第 1 期，1934 年 1 月，第 3 页。目前学界在提及该印刷所时，如果是指其 1897 至 1904 年在乐山的时期，一般都采用嘉定教文馆这一称呼，如果是指其自 1905 年及之后在成都的时期，则采用华英书局这一称呼。

② 参阅加拿大联合教会档案馆馆藏资料：United Church of Canada Archives（以下简称 UCCA），Methodist Church（Canada）Missionary Society Fonds，Records Re Foreign Missions，West China Mission Collection，fonds 14/3/1，78.096C - Box 1 - File 1，7th Annual Council，May 23，1902，Chengtu，p. 24.

传教中心，嘉定教文馆搬迁至成都就成了水到渠成的事情。实际上，英美会早在 1900 年就在考虑搬迁印刷所的事情，而且在此后的每一届年会上都对这个问题进行讨论，做出决议。在 1900 年 5 月举行的会年会上，英美会在权衡了利弊之后决议把印刷所迁往成都。① 赫斐秋当时虽身处加拿大，也在为印刷所的搬迁筹集资金。1902 英美会年会又做出了同样的决议："目前有必要立即增添设备，当前最迫切的任务是完成印刷订单；一旦资金允许，即把教文馆迁往成都。"② 1903 年 2 月举行的英美会年会再一次就印刷所的搬迁问题做出决议："在 5 月份水路交通条件允许时，教文馆即搬往成都。"③ 但实际上搬迁所需的资金迟迟未能到位，搬迁条件并不成熟，真正完成搬迁是在成都新大楼落成后的 1905 年。

为了筹集搬迁的资金，赫斐秋在加拿大一直奔走努力，加拿大的青年基督徒在赫斐秋的倡议下为教文馆捐款，终于于 1904 年 5 月在成都东较场附近（四圣祠北街 20 号）的一块已购地皮上开始修建新印刷所，同年 10 月教文馆的设施陆续从乐山搬迁至成都，但要等到第二年春才能搬进新大楼。1905 年 4 月的第一个礼拜日（即 4 月 6 日），新大楼终于落成，"教文馆"改名为"华英书局"，占地面积近 1 万平方英尺（约 929 平方米），资产价值约 4 000 金元。同时还建有华人职工窄舍楼和传教士住宅楼。在其落成典礼上，除了各差会在成都的传教士之外，四川总督、将军、督军及另外 10 名政要应邀出席，典礼上还有军乐队的表演（Bond，1911：88 - 89）。四川官员出席这种场合是四川官方的一种姿态，在四川基督教史上四川官员第一次如此隆重地公开支持传教士。英国领事甘伯乐代表英美会传教士用中文向在场的中国达官贵人发表演讲，就书局的作用进行说明（The West China Missionary News，1905：91 - 92）。甘伯乐领事的发言最主要的目的是消除可能的误会，为传教士说话，并代表外国政府表态支持传教士的工作。英国领事和四川官员的到场说明了书局既得到了外国官方，又得到了中国官方的承认和支持。

书局搬到成都之后，设施更先进，人员逐渐壮大，业务量不断增加，印

---

① UCCA, fonds 14/3/1, 78. 096C - Box 1 - File 1, 6th Annual Council, May 5, 1900, Chengtu, p. 7.

② UCCA, fonds 14/3/1, 78. 096C - Box 1 - File 1, 7th Annual Council, May 23, 1902, Chengtu, p. 24.

③ UCCA, fonds 14/3/1, 78. 096C - Box 1 - File 1, 8th Annual Council, Feb. 11, 1903, Kiating, p. 46.

刷的语种开始丰富起来。1905 年书局开始印刷花苗文字，1906 年秋开始印刷英文书籍，1908 年开始印刷藏文。1906 年倪焕然加入书局；1907 年魏绍征来到书局，他是书局第一个专业的印刷工；1908 年彭普乐来到书局，他是书局第二个专业的印刷工；1911 年陈文增加入书局。1911 年书局共有 4 位传教士在为其服务。这一时期的业务量大幅增加。1902 至 1911 年，书局印刷的各类出版物共达 1 亿余页，其内容几乎都是关于"宗教真理"方面。书局还负责两本期刊的印刷，一本为供传教士阅读的英文期刊《华西教会新闻》，另一本为供国人阅读的中文期刊《华西教会报》，同时还印刷主日学材料和附有插图的日历（每年 4 万份）。以 1911 年为例，该年度用四种语言共印刷了 3 000 多万页（见表 1），其中绝大部分印刷的是中文，占95%，花苗文占 1.9%，藏文占 1.4%，英文占 1.7%。与十余年前（1900年）的印刷量 310 万页相比，该年度的印刷量增加了十余倍。该年书局购得石印机，可以提供彩印服务。到了 1913 年，进口纸张用得越来越多，于是在书局大楼旁修了附楼，主要用于贮存进口纸张，附楼的底楼还用作英文排字房。

表 1　华英书局印刷量（1910—1911 年）

数量	中文	花苗文	藏文	英文	总数
册数	1 761 777	19 210	66 580	62 436	1 910 003
页数	32 979 805	674 980	481 120	572 480	34 708 385
页数比例	95%	1.9%	1.4%	1.7%	100%

注：数据来源于 UCCA, fonds 14/3/1, 78.096C‐Box 16, Work Report: Press, 1910—1911，第 91 页。表格为笔者自制。

辛亥革命后华西基督教在各个方面的事工都有了很大的发展，这促使了英美会的业务量继续逐年攀升。书局的客户包括华西的各个基督教机构。当时在华西的外国传教士多达 400 余人，需要大量的印刷品来满足各差会的教堂、医院、学校、团契的文字需求。20 世纪 10 年代书局常年的工作人员有传教士 4～5 人，中国籍工人 60 多人（Hart，1917：316），能够印刷汉、英、苗、藏四种语言，每年的印刷量达 3 600 余万页，其印刷品发行到全国的 14 个省（Westaway，1920：422）。书局已不再只是一个省级机构了，其影响已波及中国的大部分地区。进入 20 世纪 20 年代之后，华籍员工人数一直都维持在 60 名左右，员工的工种趋于完备，有排字工、印刷工、校对员、会计、装订工、封面工、画工、雕工、门卫、木工、电工、苦力等，书局甚至考虑到重庆建立分部，为川东的基督教提供印刷服务（Stewart，1928：271，274）。但由于国内外形势的影响，该计划无疾而终。

1925年之后，四川基督教开始由高峰期下行，造成书局业务量也呈下降趋势，书局规模一度缩小，至30年代初期内部职工减至30~40人（黄鸿铨，1934：6），但这个时期，华西地区的基督教印刷厂仍然只有华英书局一家，它仍是华西地区基督教最为重要的文字机构。据统计，20世纪30年代左右在华西的基督教印刷出版发行机构有大英圣经公会成都书局、大美国圣经会重庆书局、大美国圣经会成都售书处、嘉定教文馆、华西圣教书会、大英圣经公会昆明书局、华英书局、苏格兰圣经会售书局、西藏宗教书局、博文印字馆、华西协合大学出版部。这些机构中，只有嘉定教文馆（即华英书局）才提供印刷服务。书局除为这些机构提供印刷服务外，还要为各西方差会提供印刷服务。

抗日战争全面爆发后，各基督教团体及机构自东部涌入大后方的四川，各基督教文字出版机构也纷纷内迁，另外在四川还成立了中国圣教书会临时委员会、载社、宣道书局、基督教联合出版社等基督教出版机构，这些机构的印刷业务都交给华英书局，书局印刷业务开始呈井喷式增长，最盛时有职工近200人（刘吉西等，1992：321）。在全面抗战的绝大部分时间里，华英书局是中国唯一在印刷《圣经》、各《福音书》及《赞美诗》的印刷所，也是中国唯一正常运转的基督教印刷机构。抗战期间，书局还给内迁的各基督教文字出版机构提供办公地点。

抗日战争结束后，由于大规模战争的影响，整个基督教出版界都不景气，出版的新书和再版书数量很少。另外，抗战期间从东部内迁华西的各基督教出版发行机构也纷纷在抗战结束后迁回原址，这也给书局的业务量带来负面影响。同时，成都的其他商业性印刷机构的兴起也对书局的业务带来冲击，书局以前承印的各教会学校的教材不再由华英书局承印，而之前承印的这些教材印刷业务是书局的重要收入来源。物价飞涨也使得书局筹集经费出现很大的困难。这时的书局已日薄西山，到了1950年，书局职工只剩下48人，与极盛时期的200余人比相去甚远。1951年7月14日书局被人民政府接办，更名为成都印刷厂（刘吉西等，1992：320-321），结束了它作为基督教文字机构的历史使命。

2. 华英书局的管理及经费

2.1 管理措施

在 1897 年开创之初，嘉定教文馆只有赫斐秋一人，所有工作都由他一人承担，第二年才开始雇用 2 个中国籍工人。虽然在 1900 年 5 月英美会年会上，决议让何忠义和余安组成一个委员会来共同负责嘉定教文馆的工作[1]，但两个月之后因义和团运动的影响，传教士先后撤离了四川，这个委员会也就不了了之。1902 年传教士陆续返回四川，由文焕章代替赫斐秋负责教文馆的工作。在文焕章的主持下，教文馆于 1904 年秋迁往成都，于1905 年春重新开工。直到 1906 年，书局一直都由一名传教士负责，所有事务都由他全权专断，直接向英美会负责，传教士手下有数个至十几个中国工人，但中国工人没有任何话语权。

自 1906 年倪焕然来到书局之后，陆续又有传教士加入书局的工作，他们开始分工合作，共同负责书局的管理运营，但由一个主要负责人任经理。随着华人员工的增加和成长，经验丰富的中国人也开始任工头等职务。如1911 年书局最为显著的特点就是"书局的权力逐渐转让给华人工头，让传教士能腾出更多的时间做更加重要的工作"（Bond，1911：93）。但中国人一直都处于弱势地位，"书局完全是由传教士监督掌控，对中国人助手进行培训"[2]。通过书局历年的负责人及重要职员（见表 2）名单可以看出，书局重要职务一直都是由传教士担任，只是到了中华人民共和国成立后，传教士撤离四川时才把重要职位交由中国人担任。

表 2 华英书局历年负责人及重要职员

姓名	性别	职务	任职年限	简历
赫斐秋	男	经理	1897—1900	美国人，资深传教士，英美会鼻祖，书局创办人
文焕章	男	经理	1902—1909	加拿大人，牧师，后任加拿大卫理公会海外宣教部总干事
彭普乐	男	经理	1909—1939	加拿大人，传教士，专业印刷工

---

[1] UCCA, fonds 14/3/1, 78.096C - Box 1 - File 1, 6th Annual Council, May 5, 1900, Chengtu, p. 16.

[2] UCCA, fonds 14/3/1, 78.096C - Box 16, Work Report：Press, 1924, p. 88.

续表2

姓名	性别	职务	任职年限	简历
秦约翰	男	经理，兼印刷	1920—1950.6	加拿大人，牧师
戴尔福	男	发行	1945—1946	加拿大人，牧师
周启明	男	会计主任	1945—1947	加拿大人，牧师
斐成章	女	主任	1947—1950	加拿大人，教师
斐尔思	男	董事及重要股东	在职 20 年	加拿大人，传教士，英美会总干事
郑子良	男	经理	1950.8—1951.7	中国人，任传道人、牧师 20 多年
黄培德	男	工务	1950.8—1951.7	中国人，历任工务多年
郑培德	男	会计主任	1950.8—1951.7	中国人，任簿记 20 余年
李灵根	男	营业主任	1950.8—1951.7	中国人，机器房管理及本职
李果良	男	秘书	1950.8—1951.7	中国人，曾作小学教员 20 余年

　　注：资料来源于陈建明：《基督教在中国西南的出版机构——华英书局》，载《宗教学研究》，2002 年第 4 期，第 70 页。笔者做了部分补充。

2.2　经费来源

　　在经费方面，书局绝大部分时间都能做到收支平衡，基本上不需要母会或差会专门拨款来维持正常的运转，有时甚至能有节余的经费扩张书局的规模，但在书局工作的传教士的工资不由书局支付，而由母会付给。早在1900 年赫斐秋在多伦多市维多利亚学院为教文馆募捐的一次演说中就提到，除了传教士的工资之外，教文馆在其他方面基本上能够维持自养。赫斐秋在演讲中说："自从我们收到第一笔资金开始教文馆的支出后，教文馆就一直完全能够自养了！不但如此，我们还赚了点钱，而且我们还能赚更多的钱！……我们不但能够付得起传教士的工资，而且还能设立一个支持传教工作的基金……"（Wallace，1907：164－165）赫斐秋这里所谓的"能够自养"是指没有花费差会的钱，因为购买第一批印刷设备以及到 1902 年 6 月为止的教文馆扩建工程都是依靠私人捐赠，教文馆的运行费是自己挣来的。以 1911 年为例（见表3），当年书局预算总支出 7 150 美元，预算总收入是5 800 美元。在预算总支出中除了传教士的工资及传教士子女补贴、传教士家庭教师工资（这些费用由母会统一支付）之外，用于书局运行的预算总支出为 5 580 美元。也就是说，该年预算总收入实际上大于预算总运行费，母会不需要补贴书局的日常运行费用。

表 3　华英书局预算表（1911 年）

	预算项目	支出预算（美元）	收入预算	差额
魏绍征	工资	800		
	3 个孩子的补贴	150		
	家庭教师工资	60		
	1 号住宅楼修缮	25		
彭普乐①	工资	500		
	家庭教师工资	60		
	书局大楼的修缮	20		
	2 个门卫的工资	40		
	纳税	5		
	当前费用（含保险费）	100		
	书局大楼的扩建	600		
	华人职工工资、煤炭	1 320		
	设施设备（机器、纸张、墨水）	3 470		
总计	—	7 150	5 800	1 350

注：数据来源于 UCCA, fonds 14/3/1, 78.096C - Box 1 - File 2, Minutes of the 16th Annual Council of the Canadian Methodist Mission West China, Chengtu, Jan. 20th to Feb. 2nd, 1911, 第 58 - 59 页。表格为笔者自制。

在经费来源方面，书局的收入主要来自六个方面。

（1）加拿大母国的个人捐资。1895 年赫斐秋就在加拿大从他的朋友 Jairus Hart 那里筹得 1 000 美元，又从加拿大青年基督徒中筹得 500 美元，从而得以购买所需的印刷设备。他在 1900 年再度回到加拿大，又从各个教堂筹得资金，得以修建成都的华英书局大楼。这些个人捐资主要用于印刷所的基础建设，如修建房屋、购买设施等，一般不用作印刷所的日常运行费。

———

① 由于彭普乐是书局经理，所以书局的日常运行费（如门卫工资、纳税、当前费用等）算在他名下。

（2）差会的拨款。虽然书局在日常运行中基本能够保持收支平衡，但在初期基础建设阶段，差会还是要考虑拨款。如在1900年，当英美会打算将印刷所由乐山迁往成都时，年会上就决议拨款3 000美元给印刷所。① 随着成都华英书局基础设施的完成，虽然英美会年会在每年做预算时都把书局包括进去，但书局支出预算一般都能通过其收入预算进行抵销。

（3）各基督教团体、机构的订单收入。在很长时间内作为华西地区唯一的基督教印刷机构，书局除了给英美会自己印刷各种所需的文字材料之外，还积极向华西的各个基督教团体及机构拓展业务，特别是为各个差会提供印刷服务。各差会的年报是书局的一个稳定的订单来源。

（4）英文书刊的印刷收入。书局从1907年开始就长期承印华西顾问委员会的机关刊物《华西教会新闻》。虽然英文书刊的印刷量只占其总印刷业务的一小部分，占出版总额的1/50，但却是书局最为重要的收入来源，从中取得的纯收入占总收入的1/2（中华续行委办会调查特委会，2007：1230）。英文印刷品是最主要的创收渠道，主要客户是各个差会及华西协合大学。如在1924年，仅英文印刷品的营业额就达到12 215美元。②

（5）华西教育会的教材印刷收入。1906年，华西基督教各差会为了相互协同促进基督教的教育事工，联合成立了华西教育会。绝大部分教会学校都加入了华西教育会，统一了教材。在华西有数百所教会学校，每年一万多名学生所需要的教材是一项数量巨大、稳定的印刷业务。

（6）印刷品的销售收入、广告收入。书局有自己的一套发行系统，经常给其他基督教文字机构代销文字材料，在其所属的《希望月刊》上也不定期地发布代售书目的广告。当然，书局主要还是靠销售英美会本身印刷的各种书刊，如《圣经》《希望月刊》等获取收入，但这部分收入十分有限，因为书局作为英美会的一个分支机构，印刷出来的各种宣教材料经常都是由英美会免费发放的。此外，书局所办的《希望月刊》经常性地为客户刊登广告，这也是一种收入来源。如1931年7月，《希望月刊》的广告价格为"底页每期五元，中页每期三元，半页只付半价"。绝大多数期数的《希望月刊》最后一页都要刊登各种广告，特别是图书广告，挣取广告收入。有时甚至会花整个版面为某一客户发布广告，如1928年在其4卷2期至5卷8

① UCCA, fonds 14/3/1, 78.096C‐Box 1‐File 1, 6th Annual Council, May 5, 1900, Chengtu, p. 12.
② UCCA, fonds 14/3/1, 78.096C‐Box 16, Work Report: Press, 1924, p. 88.

期合刊中就花了整整一页专门为商务印书馆发布图书广告。

3. 华英书局的出版与发行

书局虽然主营印刷业务，但同时也兼有出版和发行的功能，其出版范围很大，发行渠道自成体系。

3.1 出版范围

书局在很长一段时间内是华西地区唯一的基督教印刷所，利用业务之便不但自己出版书籍，还为其他基督教文字机构出版发行书籍。据不完全统计，截至 1951 年 6 月，书局共出版了 517 类图书，其中绝大部分都刊登在《希望月刊》的广告栏目宣传出售。这些书籍中绝大部分都是关于基督教方面的书籍，内容及主题涉及布道、基督传汇、基督教训汇、基督圣德汇、基督时代汇、基督实行类、基督事业汇、基督终身经课汇、基督终身图画汇、经文、神修、神学、圣经典汇、圣经故事、圣经规俗汇、圣经教授汇、圣经课汇、圣经日课汇、圣经图表汇、圣经小学汇、圣经研究、圣经因读汇、耶稣终身故事书类、耶稣终身图表汇、宗教、宗教歌曲、宗教教材、宗教音乐、宗教与科学等各个方面。除此之外，还有少部分非宗教类书籍，内容及主题涉及传记、儿童文学、歌本、古典、故事书、健康、教材、教育、科技、科普、课本、农业、日历、卫生、文学、文娱、小说、学校游戏、音乐等方面。① 其中绝大部分是中文书籍，只有少量英文书籍。

3.2 发行渠道

书局不但要发行自己出版的书籍，有时还为其他机构发行文字材料。书局发行部主要通过四种渠道来开展发行工作。

（1）华英书局附属书屋。1892 年 11 月，英美会传教士在成都四圣祠街开办西医诊所时，也在四圣祠街开办了一间书屋，提供一些福音读物、图片、科普方面的书籍供人们浏览、阅读，同时销售部分书籍。书屋雇了一个中国人，对读者提出的各种问题进行回答，兼销书籍和小册子。当年即售出 2 000 多本书籍、小册子和日历。② 印刷所迁至成都后，书屋于 1906 年并入

---

① 出版书目清单参阅陈建明：《近代基督教在华西地区文字事工研究》，成都：四川出版集团巴蜀书社，2013 年，第 137 – 147，149 – 152，265 – 269，270 – 284 页。

② UCCA：The 69th Annual Reports of the Missionary Society of the Methodist Church from June 1892 to June 1893，p. xxxiv.

书局，作为其发行机构之一，开始销售书局的印刷品，代售其他机构的出版物，读者可在书屋现场购买书籍。

（2）邮政系统。书局销售的书籍以及代售的书籍还通过中国的邮政系统进行发行。书局在《希望月刊》上发布售书广告时告诉读者："以上各书外加邮费、定单寄款同来生效。附银信宜挂号。定书公司名暨书名宜写清。"（《希望月刊》，1924：10）书局承办的《希望月刊》也可通过邮局系统进行订阅。特别是在进入民国之后，政府的邮政系统逐渐成熟，邮政系统开始成为书局非常重要的一种发行渠道。

（3）教会系统。英美会的书籍及宣传材料经书局印就后，除了书局要帮助发行外，英美会的各个总站、堂点、部门、传教士都会在宣教活动中进行销售或免费赠发。传教士及华人传道员在进行巡回布道时往往要随身带上一些布道材料，在开展布道活动时或进行免费赠送，或进行销售。如在民国军阀混战期间，由于时局混乱，四川的邮政系统时有瘫痪，这时英美会就雇人力运送印刷品，"川战发生，应发行之各种印刷品，邮运不便，遂出重价，雇人运送。美道会各连环，每年由本部输送各种传单三四次，每次一二挑，系年会所定，于各堂附近村镇曾设立教会之处，广为散布"（秦约翰、杨汉声，1933：19）。可见，书局在散发印刷品时会根据实际情况见机行事，不拘形式。

（4）其他渠道。书局除了依靠自身差会力量和政府邮政系统来发行印刷品之外，还利用其他可能的渠道来促进发行工作，如利用各差会在成都联合开办的真光书社来销售印刷品。该书店主要出售华英书局印刷出版的书籍和刊物。另外，书局有时还在其他地方开设临时售书处，如曾短期在暑袜北街苏特兰纪念堂门前开设分销处。

4. 对华英书局的评价

华英书局是华西地区非常重要的文字机构，在开展业务的过程中呈现出三个方面的特点。

4.1　在华西地区基督教文字事工方面的龙头地位

书局长期承担甚至垄断了西南各基督教会、基督教团体和机构的印刷业务。虽然在20世纪初成都和重庆都出现了一些世俗的印刷机构，但各基督教机构仍把所需的文字材料交由书局印刷。由于书局有一套较为完备的发行系统，所以各基督教机构有时甚至把其文字材料交由书局代为出版发行。特别是在抗日战争期间，书局几乎成了整个大后方唯一的基督教印刷机构，当时大后方基督教各教堂的主日材料都是书局出版的。①

4.2　印刷品始终供不应求

书局创办以后，一直都处于满负荷的状态，印刷机器长期都是满负荷运转。如在 20 世纪初刚成立的华西圣教书会需要大量的小册子，给书局的订单总是超过书局的承印能力（*The West China Missionary News*，1916：5）。为了扩大书局的规模，以满足不断增长的业务需求，英美会传教士不止一次向加拿大基督徒募捐。英美会传教士不止一次向母会提出申请，要求委派更多的传教士来书局服务，以满足不断增长的业务需求。

4.3　对华西地区文字事业及出版业的推动作用

书局承办的《希望月刊》特别鼓励华人投稿，因为这些华人作者对自己民族的生活和思想有切身的体会和了解，能够"用普通人能够读懂的语言来对福音进行解释"（Beaton，1948：127）。为了鼓励更多的华人投稿，《希望月刊》还设了各种有奖征文活动，培养了一批华人作者。同时，书局也为四川的出版业培养了一批印刷专业人才，可以说成了印刷工的"培训学校"。20 世纪 40 年代初成都有 15 家印刷所的工头都是来自华英书局的学徒，"由于他们接受过精确的训练，工作忠诚，使得当时的私营印刷所都迫切需要他们的服务"（Beaton，1941：178 - 179）。另外，书局使用的现代印刷机在当时的华西地区是最为先进的，这也推动了华西地区的印刷业发展。

参考文献：

黄鸿铨，1934. 四川之印刷业［J］. 四川月报，4（1）.

刘吉西，等，1992. 四川基督教［M］. 成都：巴蜀书社.

秦约翰，杨汉声，1933. 美道会文字事业的报告［J］. 希望月刊，10（3）.

中华续行委办会调查特委会，2007. 1901—1920 年中国基督教调查资料：原《中华归主》修订版［R］. 蔡咏春，等译. 北京：中国社会科学出版社.

周蜀蓉，2013. 加拿大差会在华西地区的社会文化活动——以华英书局传教士为中心的讨论［J］. 宗教学研究（3）：231 - 237.

1924，希望月刊，1（7）.

---

① UCCA, fonds 502/4/1, sectionI, 1983.047C - box 9 - file 230, Canadian Mission Press and Synod Literature Department, Report of Work, 1943, p. 1.

1905. The opening of the Canadian mission press Chentu ［J］. The West China Missionary News, 7 （5）.

1916. Canadian Methodist Mission Press Chentu ［J］. The west China missionary news, 18 （6）.

BEATON K J, 1941. Serving with the sons of Shuh: fifty fateful years in west China （1891— 1941） ［M］. Toronto: The United Church Publishing House.

BEATON K J, 1948. West of the gorges ［M］. Toronto: The Committee on Missionary Education, The United Church of Canada.

BOND G J, 1911. Our share in China and what we are doing with it ［M］. Toronto: The Missionary Society of the Methodist Church, The Young People's Forward Movement department.

HART E I, D D, 1917. Virgil C. Hart: missionary statesman ［M］. New York: Hodder & Stoughton.

HARTWELL G E, 1941. Granary of heaven （Jubilee Edition, 1891—1941） ［M］. Toronto: The Committee on Missionary Education & The Woman's Missionary Society.

STEWART J L, 1928. The gospel in Szechuan——our missions in west China ［C］ //Board of Foreign Missions, United Church of Canada. Forward with China: the story of the missions of the United Church of Canada in China. Toronto: United Church of Canada Committee on Literature, General Publicity and Missionary Education.

STURSBERT P, 1987. The golden hope: Christians in China ［M］. Toronto: The United Church Publishing House.

WALLACE E W, 1907. The heart of Sz-Chuan ［M］. 3rd ed. Toronto: The Methodist Mission Rooms.

WESTAWAY S P, 1920. Departmental surveys, the mission press ［C］ //STEPHENSON F C. Our west China mission. Toronto: The Missionary Society of the Methodist Church & The Young People's Forward Movement Department.

Review of the Canadian Mission Press:
A Leading Press for Protestant Missions in Southwest China

Zhang Guifang , Su Dehua

Abstract: In the early period of Protestant missionary work in China, the Christian literatures were transported to inland China mainly through the Yangtze River from Wuhan or Shanghai, but with the development of Christianity in West China and the corresponding increasing demand of the Christian literatures in West China, an inland Christian press, i. e. the Canadian Mission Press, emerged as the times required. This press was the most influential Christian press in West China, and its rise and fall were closely related to the historical ebbs and flows in modern China, particularly in modern Sichuan. This paper aims to delve into the development and operation of the Canadian Mission Press within a historical context.

Key words: Christian press; Canadian Methodist Mission Press; Canadian mission press; West China

浅析中国民间的祖先崇拜①

赵　毅　杨敏慧

（四川大学外国语学院，成都 610064）

摘　要：中国自古以来就是礼仪之邦，慎终追远、饮水思源是中华民族的优良传统，这也造就了中国民间浓厚的祖先崇拜观念，对中国人的思维方式和文化心理产生了深远影响。祖先崇拜有其社会功能，在维系家族内部团结、维持社会和谐稳定等方面意义重大，但由祖先崇拜发展而来的一些民间崇拜仪式在新时代却显得格格不入，给社会带来一系列负面影响。本文追本溯源，旨在分析中国人的祖先崇拜观念传统，探讨当代中国民间祖先崇拜仪式中出现的主要问题和革新途径。

关键词：祖先崇拜；崇拜仪式；解决途径

在中国民间，祖先崇拜有着悠久的历史，并渗透进了中国人的日常生活，民间崇拜祖先重于崇拜鬼神，"祖宗保佑"是中国人在遇到不顺的事情时经常挂在嘴边的话，因为人们相信人的肉体和灵魂是分开的，已逝先祖有灵，会保佑家人平安顺遂。曾参曰："慎终追远，民德归厚矣。""慎终"和"追远"是中国民间祖先崇拜的主要体现，对先辈的葬礼慎重地处理，在日久之后也定期举行祭祀仪式以表对先人的怀念追思。由于人们对祖先有着无条件的崇拜，因此祭祀祖先在中国民间是一件非常神圣的事情，一般要遵循很多严格的规矩，举行很多复杂的祭祀仪式，这些仪式在一定程度上可以起到团结家族的作用。

如今，一些民间祭祀仪式陷入沿袭传统与迈向现代的矛盾冲突中，本文拟对当下民间祖先崇拜仪式中出现的主要问题进行分析，并提出可供参考的途径。

1.　中国人的祖先崇拜观念

"祖先崇拜是一种以崇祀死去祖先亡灵而祈求庇护为核心内容，由图腾崇拜、生殖崇拜、灵魂崇拜复合而成的原始宗教，是远古时代统协原始先民

---

①　本文系四川大学 2018 年度"跨学科专业一贯通式"人才培养专项项目"中西礼仪文化差异"和四川民间文化研究中心 2009 年度项目"'中元节'与'万圣节'的比较研究"阶段性成果。

群体意志，有效地进行物质资料的生产和人类自身的生产的不可缺少的重要精神力量，在人类文明发展史上产生了极为广泛而深远的影响。"（梅新林，1994）作为一种世界范围的普遍文化现象，祖先崇拜出现在世界不同文明中，王玉芝认为随着原始社会的终结，各文明区域的祖先崇拜被神取代，"只有中华民族一直在民族认同感中延续发展着他们在原始社会末期形成的炎黄祖先崇拜，这种宗教信仰延续不断地与中华文明相伴随"（王玉芝，2006）。陕西黄帝陵凝聚着人们对祖先的共同信仰，成为中华民族的精神纽带，构建起华夏民族的生存之基。吉成名（2015）也认为"在世界各国中，中国的祖先崇拜是非常突出的，对于中国社会产生了深刻的影响。中国文明之所以生生不息、蒸蒸日上，长期奉行祖先崇拜是一个重要的原因"。中华民族的祖先崇拜伴随着中华文明的发展演进，以农业文明为基础建立起涵盖整个中华文明的社会关系网，并融入血缘家族体系。

从狭义来看，随着氏族社会父权制的确立，以父系家长制为依托的家庭制度逐步建立和完善，祖先崇拜成为中国一项重要民俗，人们尊重、敬奉自己的祖先，并举行仪式祭祀自己的祖先，宣扬祖先的功德，祈求祖先保佑自己化险为夷，在事业上希望在祖先的保佑下飞黄腾达，光宗耀祖。

民间有这样的说法，每个人都有三个灵魂，当祖先去世后，其中一个灵魂就会进入阴间，那里阴暗潮湿，环境恶劣；第二个灵魂会留在刻有碑文的坟墓中，人们会根据风水迷信为祖先挑选适宜的坟地，山区地带和南方的丘陵一般是人们偏爱的选择，并在每年的清明时节为祖先扫墓；第三个灵魂则会进入祖先的牌位，人们修祠堂，立牌位，一般的话，牌位只能放在老家的一个合适之处，以供亲友或后人来缅怀吊唁，而中国民间祖先崇拜主要表现在对后二者的祭祀上。

关于丧葬仪式，中国民间很有讲究，晚辈一般都会慎重对待祖先的葬礼，这也与儒家提倡的孝道学说有关，民俗学家林耀华在论及中国民间丧礼时指出，"丧葬祭祀乃子女对父母应尽的义务，孝道所系，稍有疏忽，不但被人窃笑悭吝，而且被讥为大逆不孝"（林耀华，2000）。中国民间多为土葬，用木质棺材盛放尸体，后辈们以事死如事生的态度尽己所能厚葬祖先，并为祖先守孝。至于祭祀仪式或供养仪式则更为复杂，一般在祠堂或墓地进行，以酒肉、水果、点心作为供品，焚香燃蜡，鸣放鞭炮，焚烧纸钱，祭祀时间一般为清明时节，有些地方在一些特殊的节日，如中元节、冬至日和除夕夜也有祭祀习俗。

中国民间祖先崇拜观念浓厚，对中国人的思维方式和文化心理影响深远。"家庭祖先神系强调血缘的亲疏关系，这个团队拒斥一个缺乏正当资格（没有血缘关系）者的加入，除非在死前或死后按照一定程序（如丧葬仪式）进行'认祖归宗'并获得同意，否则他只能游离于祖先神集团之外，沦为孤魂野鬼的悲惨下场。"（梁宏信，2014）除了"认祖归宗"观念，由祖先崇拜产生的香火观念在中国民间也很浓厚，"不孝有三，无后为大"的传统观念根深蒂固，至今在中国民间依然留存。在中国民间，很多地方至今还编有家谱、族谱，人们可以通过家族和族谱弄清身世和家族渊源，这也是中国民间对祖先尊崇的一个重要体现。此外，从明清文学作品中，我们可以看出祖先在中国人心目中的神圣地位。当做错事的后辈被家中长者责备时，通常会被拉进家族祠堂，跪着求祖先原谅，并对列祖列宗起誓，永不再犯。可见中国民间对祖先的崇拜是彻底的，无保留的。

2. 中国民间祖先崇拜仪式中的主要问题

祖先崇拜在中国民间是一个普遍现象，社会学家杨庆堃指出中国民间的祖先崇拜由人死后所举行的埋葬仪式和保持生者和死者长久联系的供奉仪式两部分组成，"祭奠仪式有助于保持群体对宗族传统和历史的记忆，维持道德信仰，群体的凝聚力借此油然而生"（杨庆堃，2007）。一方面，同一宗族的人，因长辈的离世或因祖先的祭祀聚在一起，有助于强化家族关系，起到交流情感、化解矛盾的作用。此外，家中长辈带着后辈共同祭祀祖先，言传身教，追思先人，教育后人，给后辈树立起尊老敬老的优良传统，这是一种代际文化传承和延续。但另一方面，随着时代的发展和社会的进步，祖先崇拜，尤其是丧葬仪式和祭祀仪式在与新时代的融合中出现了很多问题，给社会带来了一系列负面影响。

首先，在我国传统的丧葬方式中，土葬是最普遍的安葬方式，环境优美、视线开阔的山区和丘陵地带是最优的选择，祖先的遗体会随着时间的流逝，与棺材一同自然降解。但步入新时代，随着科技水平的提高，钢筋水泥和石材的坟墓难以自然降解，无论是公墓墓园还是散落在山间田园的坟墓，都需要占用土地，坟场的扩大就意味着生活家园的缩小。1997 年，我国颁布了《殡葬管理条例》，殡葬用地的选择受到规范，但中西部山区和丘陵地区受自然条件和习俗影响呈现出一定的文化封闭性，殡葬用地执法难度大。丁文和冯义强（2019）在对中西部地区农村殡葬用地情况的问卷调查中发现，"由于农村殡葬用地为非可重复利用建设用地，且随着我国人口老龄化速度加快，农村殡葬用地占用农地面积呈快速上升趋势"。在土地资源短缺的时代，这无疑制约了社会的发展。

与此同时，随着时代的变迁，一些传统的殡葬习俗与新时代产生了疏离，使得一些习俗愈发变味，社会殡葬出现很多乱象。比如丧事大操大办，人们觉得殡葬仪式越隆重越能显示其孝心，实则是在满足自己的虚荣心，正如著名民俗学家林耀华（2000）所说："今世俗丧葬，则更藉以铺张，表示丧家雄厚富有；同族之内，因支派不同，亦相互竞争豪侈，礼仪形式虽存，而哀悼真情，则等于零。"丧葬仪式引来奢侈攀比之风，沦为炫富工具，实在令人唏嘘。此外，在中国的一些农村地区，封建迷信思想依然流行，根据梁香连（2016）在其家乡广西南宁周边地区对村镇殡葬习俗的观察，"丧家为了让丧事办得不留遗憾，基本都会请来念经超度的道士，为死者做老妇的法事，愿其早登极乐世界，有些还请来敲打的乐队，为宾客奏乐娱乐，锣鼓声严重影响到附近居住村民，花销也并不便宜"。这种落后的封建迷信思想显然与崇尚文明新风的新时代格格不入。

值得注意的是，在清明节和中元节等特殊节日举行的一些祭祀仪式中也出现了不文明现象。随着社会物质条件的改善，人们在祭祀祖先时不仅大量焚烧纸钱，还把现实生活中的东西，如豪华别墅、名车名表、手机电脑，甚至俊男靓妹等用纸做成模型，祈求通过焚烧寄送到另一个世界。虽然初心是好的，但将庄重虔诚的缅怀追思变成物质性行为，未免有些庸俗。关于"清明"，《岁时百问》里说："万物生长此时，皆清洁而明净，故谓之清明。"意思是在清明时节行清洁而明净之事。然而，焚烧纸钱等祭品产生的大量浓烟和震耳欲聋的鞭炮声使得如今的清明节一点也不"清明"，不仅给生态环境造成污染，而且也不利于构建文明社会。在山区，随地焚烧纸制祭祀品、焚香烧烛、鸣放鞭炮等不文明行为，极易引发森林火灾，造成重大损失。对城市来说，不文明祭祀方式对道路、交通标志、绿化植被等社会公共财产造成一定程度的破坏，并且影响城市面貌，带来噪声污染，影响居民正常生活，甚至可能带来火灾和交通意外。此外，由此产生的 PM 2.5 和二氧化硫等污染物会造成空气污染，加重雾霾。

慎终追远不仅是精神的洗礼，也应是文明的回归。在肃穆的祭祀仪式中缅怀祖先，让我们对生命有了更深的领悟，使我们的内心更加庄严。古人讲"祭如在"，强调祭祀仪式中重要的是虔诚的孝心，所谓心诚则灵，若盲目因袭传统，过于追求形式则有本末倒置之嫌。

3. 新时代革新祖先崇拜的主要途径

今天，要革新祖先崇拜，当务之急是改变不文明的祖先崇拜仪式。合理丧葬，文明祭祀，将心诚放在首位，不仅节约资源、保护环境，更体现了对生命的尊重。为了突破形式束缚，展现时代新风，我们结合现实情况总结出几个改变不文明的祖先崇拜仪式的主要途径。

首先，大力推行生态安葬。所谓生态安葬，即符合可持续发展观念的"绿色安葬"，如海葬、树葬、花葬、草坪葬等安葬方式，这些安葬方式不留墓、不立碑，符合当代殡葬的发展趋势。在我国老龄化问题日益严重、殡葬用地需求不断增长的背景下，生态安葬符合社会发展的需要，符合大多数人的利益。"落红不是无情物，化作春泥更护花"，用绿色安葬的方式让骨灰回归自然，与中国传统哲学的自然生死观相契合。革除旧习不是一朝一夕的事，殡仪馆和政府宣传部门等应该积极向民众宣传生态殡葬理念，引导家属参观绿色安葬，用奖励方式鼓励绿色安葬。加强礼仪和节俭教化，针对农村地区残留的封建迷信和丧葬仪式铺张浪费的现象，梁香连（2016）提出要宣扬规范化的殡葬礼仪，通过规范的、专业的殡葬方式来矫正农村殡葬的封建礼仪，"殡仪馆应建立完善的墓葬管理制度，吸收高素质殡葬服务人员，对民众进行'厚养薄葬'的教化，为民众量身打造经济的殡葬仪式，达到为死者尽孝送行的目的"，这也符合中华民族崇尚勤俭节约的传统美德。

其次，加强殡葬立法，加大执法力度，民政部门要落实管理职能。丁文和冯义强（2019）在分析中西部农村殡葬用地管理现状后建议，"民政部门必须建立一支专门从事农村殡葬用地管理的工作队伍，并积极指导农村地区审批确定农村公益性殡葬用地，以推动我国农村殡葬用地制度的全面落实"，民政部门的专业队伍有利于殡葬改革的推进。此外，为民众提供政策保障，实施殡葬救助政策，实行惠民殡葬，有助于激发民众的积极性。

最后，在祭祀问题上，应树立文明祭祀观念，抵制一些不良风气，打破"祭品越多，越能体现对已故祖先或亲人的思念"的僵化思维。倡导科学祭祀，摒弃不文明的祭祀方式，提倡网上祭奠。"朋友圈将散居各地的亲朋好友重新勾连，共同在微信圈随时随地祈福上香，甚至赠送花篮、水果等，各种供品在鼠标点击的瞬间一触即达"（毛巧晖，2017）。民俗学者张勃

（2016）也认为，"网祭，虽然将祭祀行为从线下搬到线上，从真实空间发展到虚拟空间，但是在祭祀场所的布置、祭祀用品的使用、祭祀环节的安排等方面，网祭甚至比墓祭更加系统与完整"。倡导低碳祭祀，引导民众树立低碳环保理念，可以开展"鲜花换鞭炮，鲜花换纸钱"等活动，减少焚烧冥币和燃放鞭炮等不文明的丧葬、祭祀活动，鼓励民众通过植树祭祀、书写寄语、朗诵颂歌等形式表达哀思。此外，除探索新的文明祭祀形式、营造文明祭祀环境外，相关部门也需要加强基层管理，推行有效措施，对不文明祭祀行为进行劝阻、禁止等，对严重不文明祭祀者应依法依规处理，造成严重后果的予以追究法律责任等。

革新祖先崇拜仪式中的弊端，有赖于观念的转变和移风易俗的推进，以及在全社会营造崇尚文明的氛围。个人、社会、相关部门都应积极行动起来，唯有如此，社会才能变得更文明，也才能真正体现祖先崇拜仪式所饱含的追思、纪念、感恩、孝道等精神内核。

4.　结语

中国民间祖先崇拜仪式，经过几千年的演变，在内容和形式上总是在顺应时代变迁。过去与现在的交替，也应是传统文化与现代文明的深度融合，祖先崇拜仪式中对思想、环境、风气等造成负面影响的旧习惯必须抛弃。进入新时代，探索适应现代文明的祖先崇拜仪式有着深刻的现实意义。孝心纯正、哀思虔诚才是丧葬和祭祀仪式的真谛。文明寄托哀思的方式不应拘泥于形式，我们的祭祀观念应该与时俱进，要与节约资源、保护环境的观念相契合。合理丧葬，文明祭祀，让现代与传统在文明交汇中得到升华。

参考文献

丁文，冯义强，2019. 我国农村殡葬用地制度的困境及其完善研究［J］. 华中师范大学
　　学报：人文社会科学版（2）：30－38.

吉成名，2015. 论祖先崇拜［J］. 湘潭大学学报：哲学社会科学版（4）：141－144.

梁宏信，2014. 祖先崇拜——论人神互动与社会秩序有序性问题［J］. 重庆文理学院学
　　报：社会科学版（3）：130－134.

梁香连，2016. 论当代殡葬改革［J］. 市场论坛（11）：15－17＋31.

林耀华，2000. 义序的宗族研究［M］. 北京：生活·读书·新知三联书店.

毛巧晖，2017. 微信时代清明节仪式空间与民间叙事的重构［J］. 中原文化研究（3）：

54 - 59.

梅新林, 1994. 祖先崇拜的起源论 [J]. 民俗研究 (4): 70 - 75.

王玉芝, 2006. 祖先崇拜与中华文明的连续传承 [J]. 红河学院学报 (3): 46 - 52.

杨庆堃, 2007. 中国社会中的宗教——宗教的现代社会功能与其历史因素之研究 [M].
范丽珠, 等译. 上海: 上海人民出版社.

张勃, 2016. 坚守与调适: 城市化进程中清明节的传承与变迁 [J]. 文化遗产 (1):
32 - 41.

An Analysis of Chinese Ancestor Worship in the Folk

Zhao Yi , Yang Minhui

Abstract: China has been a country of etiquette since ancient times: paying respect to our ancestors and showing gratitude for the source of benefit are fine traditions of the Chinese nation, which has also led to a strong concept of ancestor worship. It has exerted a far-reaching impact on the way of thinking and cultural psychology of the Chinese people. Ancestor worship still has its social function, which is of great significance in supporting the unity within the family and maintaining social harmony and stability. Some folk worship rituals developed from ancestor worship are out of place in the new era and bring a series of negative effects to the society. This paper traces back to the origin, firstly analyzes the Chinese traditional concept of ancestor worship, and then discusses the main problems in the contemporary Chinese folk ancestor worship ceremony, and tries to explain the main ways to innovate ancestor worship in the new era.

Key words: ancestor worship; worship ritual; sclutions